M. I.

[redacted]

Progress in Mathematics
Vol. 12

Edited by
J. Coates and
S. Helgason

Birkhäuser
Boston · Basel · Stuttgart

Séminaire de Théorie des Nombres, Paris 1979-80

Séminaire Delange-Pisot-Poitou

Marie-José Bertin, editor

1981

Birkhäuser
Boston · Basel · Stuttgart

Marie-José Bertin, editor
Institut Henri Poincaré
Paris 5
France

CIP— Kurztitelaufnahme der Deutschen Bibliothek
Séminaire de Théorie des Nombres, Paris: 1979-80
Edited by Marie-José Bertin
Boston:Basel:Stuttgart:Birkhäuser, 1981.
(Progress in Mathematics:12)
Auf D. Haupttitels. Auch: Seminaire Delange-Pisot-Poitou
ISBN 3-7643-3035-X
NE: Bertin, Marie-José (HRSG.): HST:GT

ISBN 3-7643-3035-X
Printed in USA

CONTENTS

Les volumes précédents (1959-1979) du séminaire de théorie des nombres (Delange-Pisot-Poitou) ont été édités par le Secrétariat Mathématique de l'Institut Poincaré et distribués par OFFILIB, 48 rue Gay-Lussac 75240 PARIS Cédex 05.
L'index cumulatif figure à la fin du fascicule 2 de l'année 1978/79.

Liste de Conférences 1979-80

1er Octobre Jing-Run CHEN. On some problems in prime number theory.

8 Octobre W. SINNOTT. Stickelberger ideals and cyclotomic units of abelian fields.

15 Octobre G. HENNIART. Lois de réciprocité explicites.

22 Octobre R. GILLARD. Unités elliptiques et fonctions L p-adiques.

29 Octobre SHINTANI. On Siegel modular forms of integral and half integral weight.

12 Novembre H. IWANIEC. The sieving limits.

26 Novembre M.J. TAYLOR. Structure galoisienne d'anneaux entiers.

3 Décembre J.L. WALDSPURGER. Correspondances de Shimura et Shintani.

10 Décembre P. CARTIER. Comment l'hypothèse de Riemann n'est pas démontrée.

17 Décembre G. CHRISTOL. Solutions algébriques d'équations différentielles p-adiques.

7 Janvier J. QUEYRUT. Structures galoisiennes des extensions sauvagement ramifiées.

Ph. CASSOU-NOGUES. Structures galoisiennes des extensions sauvagement ramifiées.

14 Janvier R. TIDJEMAN. Uniform distribution of real sequences.

21 Janvier D. MASSER. Minoration de la hauteur de Néron-Tate sur des variétés abéliennes.

28 Janvier R. HEATH-BROWN. Mean value theorems for the Riemann zeta function.

4 Février M. MENDES-FRANCE. Sur le principe de la symétrie perturbée.

18 Février K. RIBET. Endomorphismes des jacobiennes des courbes modulaires.

3 Mars D. BERNARDI. Hauteur p-adique sur les courbes elliptiques.

10 Mars P. KAPLAN. Congruences modulo 16 entre des nombres de classes de certains corps quadratiques d'après K.S. Williams.

17 Mars G. RAUZY. Itération des endomorphismes d'un intervalle.

24 Mars P. ERDÖS. On some problems in number theory.

J. VELU. Sommes de Kummer et fonctions elliptiques d'après C. Matthews.

21 Avril J. M. FONTAINE. Formes différentielles et modules de Tate.

J. NEUKIRCH. Extensions of number fields with solvable galois groups.

28 Avril N. KATZ. Théorèmes de Davenport-Lewis sur la monodromie.

5 Mai M. F. VIGNERAS. Valeurs au centre de symétrie des séries L attachées aux formes modulaires.

12 Mai B. PERRIN. Groupe de Selmer de deux variables pour une courbe elliptique de type C.M.

19 Mai D. ZAGIER. Sur le relèvement de Maas et Andrianov.

2 Juin W.M. SCHMIDT. p-adic zeroes of quadratic forms.

9 Juin V.G. SPRINDZUK. Reducibility of polynomials and rational points on algebraic curves.

HAUTEUR p-ADIQUE SUR LES COURBES ELLIPTIQUES

Dominique Bernardi

Introduction

On sait depuis les travaux de Néron [2] et Tate (c.f. Lang [1]) qu'il existe sur le groupe des points algébriques d'une courbe elliptique définie sur un corps de nombres, une forme quadratique positive, dont le noyau est le sous groupe de torsion, égale, à une fonction bornée près à la hauteur "naïve" de la x-coordonnée. Fidèle à la tradition consistant à chercher des analogues p-adiques, je vais décrire la construction de telles formes quadratiques à valeurs dans $\underline{Q}_p$, suivant une idée d'Abramov et Rosenblum (rien n'est publié à ce jour à ma connaissance). Il y a en fait des raisons sérieuses pour construire de telles formes: la conjecture de Birch et Swinnerton-Dyer concernant la fonction L de Hasse-Weil d'un courbe elliptique fait intervenir le discriminant du groupe des points rationnels de la courbe par rapport à la hauteur de Néron-Tate. Il est donc naturel d'espérer formuler une conjecture du même genre pour les diverses fonctions L p-adiques attachées à la courbe. Une telle conjecture semble plus accessible que la conjecture de Birch et Swinnerton-Dyer complexe. Disons tout de suite que la situation n'est pas encore claire, et que je ne sais toujours pas, ni laquelle de ces formes est canonique -- sauf dans le cas de multiplication complexe -- ni surtout si cette forme est non dégénérée.

Hauteur de Néron-Tate et hauteur p-adique

Nous allons construire parallèlement les deux hauteurs, en suivant pour la première une lettre non publiée de Tate à Serre (mais voir Lang Elliptic curves, diophantine analysis, Springer 1978); commençons par quelques notations. Dans toute la suite K sera un corps de nombres de degré n sur $\underline{Q}$. Si v est une place de K, K_v sera le complété de K en v, et n_v le degré local. Si v/p ou ∞, on suppose que $| \ |_v$ prolonge $| \ |_p$ ou $| \ |_\infty$ qui sont normalisées sur $\underline{Q}$ par $|2|_\infty = 2$, $|p|_p = 1/p$. On pose $v(x) = -(1/n_v)\log|N_{K_v/Q_p}x|_p = -\log|x|_v$ la "formule du produit" s'écrit alors, pour x dans $K^\times$

$$\sum_v n_v\, v(x) = 0$$

On note E une courbe elliptique définie sur K. Par équation de Weierstrass, on entendra une équation de E de la forme

$$y^2 + a_1xy + a_3y = x^3 + a_2x^2 + a_4x + a_6$$

où les coefficients sont dans K ou dans les complétés de K. Le point de départ de la construction est le

Théorème Pour toute place v de K, il existe une fonction $\lambda_v = E(K_v) - \{0\} \longrightarrow \underline{R}$ et une seule, qui est continue pour la topologie v-adique et qui vérifie

1) $\lim_{p\to 0} \lambda_v(P) - v(t(P))$ existe pour un, donc pour tout, paramètre uniformisant t de la courbe à l'origine

2) $\forall\ P,q \quad P \pm q = 0$

$$\lambda_v(P+q)+\lambda_v(P-q) = 2\lambda_v(P)+2\lambda_v(q)+v(x(P)-v(q))-\frac{1}{6}v(\Delta)$$

pour une, donc pour toute, équation de Weierstrass de E sur K_v.

Remarques

-L'assertion d'unicité implique que pour tout $P \neq 0$ on a

$$\lambda_v(-P) = \lambda_v(P).$$

-De même si L/K est une extension et w une place de L prolongeont v, il est claire que λ_w prolonge λ_v.

-On peut déduire de 1) et 2) la loi de duplication

3) $\forall P,\ 2P \neq 0$

$$\lambda_v(2P) = 4\lambda_v(P) + v(2y(P)+a_1x(P)+a_3) - \frac{1}{4}v(\Delta)$$

pour une, donc pour toute, équation de Weierstrass de E sur K_v, et on pourrait remplacer 2) par 3) dans le théorème.

-Plus généralement si $E \xrightarrow{\alpha} E'$ est une isogénie définie sur K_v on a la

Proposition Pour tout P tel que $\alpha P \neq 0$, on a

$$\lambda'_v(\alpha P) = (\deg\alpha)\lambda_v(P) + \frac{1}{2}v(F_\alpha(P)) + \frac{1}{12}v(m(\alpha))$$

$$- \frac{\deg\alpha-1}{12}v(\Delta)$$

où $F_\alpha(P) = \prod_{\substack{t\in\mathrm{Ker}\,\alpha\\ t\neq 0}}(x(P)-x(t))$ est défini sur K_v et $m(\alpha) = \lim_{P\to 0}[(x(P)/(x'(\alpha P)]^6\,\frac{\Delta'}{\Delta}$ est un élément de $K_v^\times$ qui dépend de α mais non des équations de Weierstrass de E et E'.

Démonstration

Posons $f(P) = \lambda'_v(\alpha P) - (\deg\alpha)\lambda_v(P) - \frac{1}{2}v(F_\alpha(P))$, on a

$$f(P+Q) + f(P-Q) - 2f(P) - 2f(Q)$$

$$= \frac{1}{2}v\left[\frac{(x'(\alpha P)-x'(\alpha Q))^2}{(x(P)-x(Q))^{\deg\alpha}}\cdot\frac{F_\alpha^2(P)F_\alpha^2(Q)}{F_\alpha(P+Q)F_\alpha(P-Q)}\right]$$

L'expression entre crochets est une fonction sur E x E dont le diviseur est nul. C'est donc une constante. De ceci et de la continuité de f pour la topologie v-adique, on déduit que f est constante. Il reste à faire tendre P vers O pour constater que

$$f(P) \equiv \frac{1}{12}v(w(\alpha)) - \frac{\deg\alpha-1}{12}v(\Delta)$$

En particulier, si $\alpha E \longrightarrow E$ est une multiplication complexe définie sur K_v, on peut considérer α comme un élément de K_v et on a $m(\alpha) = \alpha^{12}$. De plus si deg α est impair ou si α se factorise par 2 -- par exemple si α est un entier -- F_α est le carré d'une fonction E_α définie sur K_v et $\frac{1}{2}v(F_\alpha(P)) + \frac{1}{12}v(m(\alpha))$ devient $v(\alpha G_\alpha(P))$.

Dans tous les cas, des formules explicites pour λ_v sont connues.

Si v est non-archimédienne et E/K a bonne réduction en v on a

$$\lambda_v(P) = \mathrm{Sup}\ (0,-\tfrac{1}{2}v(x(P)))$$

où la coordonnée x(P) est prise dans une équation de Weierstrass v-minimale de E. Il est alors clair que

$$\mu_v(P) = e^{n_v\lambda_v(P)}$$

est un nombre entier, en fait une puissance de p, où $v|p$.

Si v est non-archimédienne et E/K a bonne réduction potentielle en v, c'est à dire si $v(j) \geq 0$, il existe une extension L_w/K_v de degré 24 telle que E/L_w ait bonne réduction. On en déduit que

$$\mu_w = e^{n_w\lambda_w} \quad \text{et} \quad \mu_v^{24} = e^{24 n_v \lambda_v}$$

ne prennent que des valeurs entières.

Si v est non archimédienne, $v(j) < 0$ et E/K_v a une réduction multiplicative décomposée, on sait qu'il existe $q = K_v^x$ tel que $|\phi|_v < 1$ et un paramétrage

$$K_x^v/q\mathbb{Z} \xrightarrow{\sim} E(K_v).$$

Soit pour tout point P l'unique paramètre t_p vérifiant $|q|_v < |t_p| \leq 1$. Posant $\alpha(P) = \frac{v(tp)}{v(q)} \in [0,1[$ on a

$$\lambda_v(P) = v(1-t_p) + \frac{6\alpha^2(P)-6\alpha(P)+1}{12}v(q).$$

Soit π une uniformisante de K_v; $k = \frac{v(q)}{v(\pi)}$ est un entier naturel et $k\alpha(P)$ aussi. On en déduit que

$$\mu_v(P)^{12k} = e^{12kn_v\lambda_v(P)}$$

est une puissance entière de p, où $v|p$. Ce n'est plus toujours un entier, mais on peut montrer que $\lambda_v(P) \geq \frac{1}{24}v(j_E)$ et alors

$$\mu_v(P) \geq |N_{K_v|\mathbb{Q}_p} j_E|^{-1/24}$$

Si v est non archimédienne et $v(j) < 0$, il existe une extension quadratique L_w/K_v telle que E/L_w soit dans le situation précédente

$$\mu_v^{24k}(P) = e^{12k\cdot 2n_v\lambda_w(P)}$$

est donc encore une puissance entière de p.

Enfin si v est une place archimédienne on peut supposer que $K_v = \mathbb{C}$. Il existe un réseau L de $\mathbb{C}$ et un paramètrage

$$\mathbb{C}/L \xrightarrow{\sim} E(\mathbb{C})$$

par les fonctions de Weierstrass attachées à L. Notons σ et η les fonctions de Weierstrass classiques et prolongeons η à $\mathbb{C}$ par $\mathbb{R}$-linearité. Si u est un paramètre quelconque de P, on a

$$\lambda_v(P) = -\log|\sigma(u,L)| + \frac{1}{2}\mathrm{Re}(u\cdot\mu(u,L) - \frac{1}{12}\log|\Delta(L)|.$$

La hauteur de Néron-Tate

On constate que, dans presque tous les cas, la fonction $|\lambda_v(P) - \frac{1}{2}\mathrm{Sup}(o_1 - v(x(P))|$ est identiquement nulle et que, dans tous les cas, elle est bornée sur $E(K_v) - q\{o\}p$. On en déduit que la fonction

$$\lambda(P) = \frac{1}{n}\sum_v n_v\lambda_v(P)$$

est bien définie et vérifie

$|\lambda(P) - \frac{1}{2}h(x(P))|$ borné. De plus les formules 2) et 3), ainsi que la formule du produit, montrent que la fonction λ prolongée en O par O vérifie

$$\lambda(P+q) + \lambda(P-q) = 2\lambda(P) + 2\lambda(q)$$

pour tous P et q dans E(K), c'est à dire qu'elle est quadratique. C'est donc la hauteur normalisée associée au diviseur (o) sur E.

Partie rationnelle de la hauteur p-adique

Posons maintenant, pour P non nul dans E(K)

$$\mu(P) = \prod_{v \text{ fini}} \mu_v(P) = \prod_{v \text{ fini}} e^{n_v\lambda_v(P)}$$

C'est un réel positif dont une puissance (N-ième, disons) est toujours rationnelle, le dénominateur de $\mu^N(P)$ étant un diviseur de $[N_{K/Q}d]^{N/24}$ où d est un "dénominateur" de j_E. Des formules 2) et 3), et de la formule du produit on tire:

$\forall\ P,q \quad P \pm q \neq 0 \quad \varepsilon\ E(K)$

$$\frac{p(P+q)p(P-q)}{p^2(P)p^2(q)} = \frac{\prod_{v\ \text{fini}} |\Delta|_v^{n_v/6}}{\prod_{v\ \text{fini}} |x(P)-x(q)|_v^{n_v}}$$

$$= \frac{\prod_{v|\infty} |x(P)-x(q)|^{n_v}}{\prod_{v|\infty} |\Delta|_v^{n_v/6}}$$

$$= \frac{|N_{K/Q}(x(P)-x(q))|_\infty}{|N_{K/Q}\ \Delta|_\infty^{1/6}}$$

$\forall\ P \quad 2P \neq 0 \quad \varepsilon\ E(K)$

$$\frac{\mu(2P)}{\mu(P)^4} = \frac{|N_{K/Q}(2y(P)+a_1x(P)+a_3)|_\infty}{|N_{K/Q}\Delta|_\infty^{1/4}}$$

de même on déduit de la proposition que si $\alpha : E \to E'$ est une isogénie définie sur K et P un point de E(K) tel que $\alpha P \neq 0$

$$\frac{\mu'(\alpha P)}{\mu(P)^{\deg \alpha}} = \frac{|N_{K/Q}F_\alpha(P)|_\infty^{1/2}|N_{K/Q}m(\alpha)|_\infty^{1/12}}{|N_{K/Q}\Delta|_\infty^{(\deg \alpha - 1)/12}}$$

où $m(\alpha)$ et F_α ont été définis dans la proposition.

Partie transcendante de la hauteur p-adique

A partir de maintenant p sera un nombre premier fixé. On considère une équation de Weierstrass de E sur K qui est v-minimale pour tout v au-dessus de p.

$$y^2 + a_1xy + a_3y = x^3 + a_2x^2 + a_4x + a_6$$

On note $t = -x/y$. C'est un paramètre uniformisant de la courbe à l'origine. Considérons la forme différentielle invariante

$$\omega = \frac{dx}{2y + a_1x + a_3} = k(t)dt \quad k \in \underline{Z}[a_1 \ldots a_6][[t]]$$

la série entière formelle $z = L(t) = t + \ldots$ telle que $L'(t) = k(t)$ est le logarithme du groupe formel $\hat{E}$ associé à l'équation. Notons $t = \phi(z)$ la série entière réciproque. On peut alors définir l'analogue v-adique de la fonction $\wp$ de Weierstrass par

$$P_v(z) = x(\phi(z)) + \frac{a_1^2 + 4a_2}{12} \frac{1}{z^2} + \sum_{k=2}^{+\infty} \gamma_k z^{2k-2}$$

la série $x(t)$ est à coefficients dans $\underline{Z}(a_1 \ldots a_6]$

Posons alors

$$\sigma_v(z) = z \exp\left(-\sum_{k=2}^{+\infty} \gamma_k \frac{z^{2k}}{(2k)(2k-1)} \right) \varepsilon K[[z]]$$

Si z est un élément de K_v tel que $v(z) > \frac{v(p)}{p-1}$ alors $t = \phi(z)$ converge et $v(t) = v(z)$, puis $P_v(z)$ converge et $v(P_v(z)) = 2v(z)$ (en effet, c'est le cas pour $x(\phi(z))$ et le terme $\frac{a_1^2 + 4a_2}{12}$ a une valuation supérieure ou égale à $-\frac{2v(p)}{p-1} > -2v(z)$). De plus, on a les identités formelles

$$P(u) - P(w) = -\frac{\sigma(u+w)\sigma(u-w)}{\sigma^2(u)\sigma^2(w)}$$

$$P'(u) = -\frac{\sigma(2u)}{\sigma^4(u)}$$

qui sont donc valables dans le domaine de convergence, à condition de supposer u et v non nuls pour la première, et u non nul pour la seconde.

Posons alors

$$E_p^*(K) = \{P\varepsilon E(K)/\forall v|p\ v(x(P)) < 0 \text{ et } v(t(P)) > \frac{v(p)}{p-1}\}$$

et pour P dans $E_p^*(K)$

$$\nu(P) = \prod_{v/p} N_{K_v/Q_p} \sigma_v L_v(t(P))$$

c'est un élément de Q_p qui a même valuation que $N_{K/Q}t(P)$ les identités qui précèdent impliquent alors

$\forall$ P, q $\neq$ 0 dans $E_p^*(K)$

$$\frac{\nu(P+q)\nu(P-q)}{\nu^2(P)\ {}^2(q)} = (-1)^n N_{K/Q}(x(P) - x(q))$$

$\forall$ P $\neq$ 0

$$\frac{\nu(2P)}{\nu^4(P)} = (-1)^n N_{K/Q}(2y(P)+a_1x(P)+a_3)$$

Il est d'autre part facile de voir que la fonction $(N_{K/Q}\Delta)\nu^{12}$ ne dépend pas du modèle choisi sans les conditions précédentes.

<u>Une hauteur p-adique</u>

Soit maintenant N un entier divisible par 12 et tel que μ^N soit à valeurs rationnelles. Pour P dans $E_p^*(K)$ on définit un élément de Q_p par la formule

$$\phi(P) = \frac{1}{N} \log \mu^N(P)\nu^{-N}(P)[N_{K/Q}\Delta]^{-N/12}$$

pour P non nul, et $\phi(0) = 0$

le logarithme étant défini classiquement sur Q_p^x

Il résulte alors des formules précédentes que

$\forall\ P, q \quad P \pm q \neq 0$ dans $E_p^*(K)$

$$\phi(P+q) + \phi(P-q) = 2\phi(P) + 2\phi(q)$$

$\forall\ P,\ 2P \neq 0$ dans $E_p^*(K)$

$$\phi(2P) = 4\phi(P)$$

La formule $\phi(P+q) + \phi(P-q) = 2\phi(P) + 2\phi(q)$ est donc valable sans restriction sur P et q, et ϕ est une fonction quadratique de $E_p^*(K)$ dans Q_p. Or $E_p^*(K)$ est un sous-groupe d'indice fini M de E(K). On pose alors pour P dans E(K)

$$\phi(P) = \frac{1}{M^2}\,\phi(MP).$$

Il est alors clair que ϕ est une forme quadratique sur E(K), définie indépendemment du modèle. D'autre part il est facile de voir que $\frac{1}{n}\phi$ ne dépend pas du corps K: on peut donc, comme dans le cas classique, étendre cette fonction en une forme quadratique sur $E(\overline{K})$ à valeurs dans Q_p.

La hauteur p-adique canonique; cas de multiplication complexe

La forme quadratique précédemment définie n'a pas été construite de manière exactement semblable à la hauteur de Néron-Tate en ce sens qu'on n'a pas introduit d'analogue du terme $\frac{1}{2}\mathrm{Re}(\eta(u,L).u)$ du cas archimédien. Ce faisant, on a perdu la propriété $\hat{h}(\alpha P) = \deg \alpha\ \hat{h}(P)$ qui est valable pour toute isogénie dans la hauteur de Néron-Tate. Les termes correctifs cherchés, modifient la fonction $\sigma_v(z)$ par un facteur $e^{-a_v z^2}$ et on écrira, pour P dans $E_p^*(K)$

$$\hat{h}_p(P) = \phi(P) + \sum_{v/P} \mathrm{Tr}_{K_v/Q_p}\, a_v (\mathcal{L}_v(t(P))^2$$

et il s'agit de trouver les a_v qui marchent: ils doivent être "de poids 2" c'est-à-dire que le terme $a_v\mathcal{L}_v(t(P))^2$ ne doit pas dépendre du modèle choisi. Dans le cas général, je ne sais pas le faire; par contre, si E admet des multiplications complexes, il y a un choix canonique des a_v.

Rappelons tout d'abord que, si $L < \underline{C}$ est un réseau, on définit

$$S_2(L) = \lim_{\varepsilon \to 0+} \sum_{\substack{w \in L \\ w \neq 0}} \frac{1}{w^2 |w|^{\varepsilon}}$$

et $$\theta(z,L) = \Delta(L) e^{-6S_2(L)z^2} \sigma^{12}(z,L)$$

Si α est un élément de $\underline{C}^x$ tel que $\alpha^{-1} L > L$ (α est alors un entier de Q on d'un corps quadratique imaginaire), la fonction

$$\frac{\theta(z,L)^{\alpha\bar{\alpha}}}{\theta(z,\alpha^{-1}L)} = \alpha^{-12} \prod_{\substack{\ell \varepsilon \alpha^{-1} \bmod L \\ \ell \neq 0 \bmod L}} \frac{\Delta(L)}{(p(z,L)-p(\ell,L))^6}$$

est une fonction L-elliptique appartenant à $Q(g_4(L), g_6(L), \alpha, p, p')$ et a pour derivée logarithmique

$$\frac{d}{dz} \log \frac{\theta(z,L)^{\alpha\bar{\alpha}}}{\theta(z,\alpha^{-1}L)} = \frac{12}{z}[(\alpha\bar{\alpha}-1)+z^2(\alpha^2-\alpha\bar{\alpha})S_2(L)+\ldots$$

Fixons maintenant une équation de Weierstrass sur K de la courbe E dont on suppose qu'elle admet des multiplications complexes définies sur K. Pour chaque plongement de K dans $\underline{C}$, on obtient une équation de E sur $\underline{C}$ et un réseau L. Choisissant alors α non entier tel que $\alpha^{-1}L > L$, on déduit de ce qui précède que $S_2(L) \varepsilon \underline{Q}(g_4(L), g_6(L), \alpha)$ est en fait l'image par le plongement choisi d'un élément de K qui ne dépend pas du plongement mais seulement du modèle de E sur K. De plus, si on change de modèle on trouve, avec des notations classiques

$$s_2 = u^2 s_2'$$

c'est-à-dire que $s_2(L_v(t(P)))^2$ ne dépend pas du modèle.

Si l'on pose maintenant

$$\tilde{\nu}^{12}(P) = \prod_{v/p} N_{K_v/Q_p}(\Delta\sigma_v^{12}(L_v(t(P)))e^{-6s_2 L_v(t(P)))^2})$$

l'équation concernant la fonction θ implique

$$\frac{\tilde{\nu}^{12}(P)^{\deg\alpha}}{\tilde{\nu}^{12}(\alpha P)} = \frac{(N_{K/Q}\alpha)^{-12}\ (N_{K/Q}\Delta)^{\deg\alpha-1}}{\prod_{\substack{t\in\mathrm{Ker}\,u \\ t\neq 0}} (x(P)-x(t))^6}$$

pour toute multiplication complexe $\alpha:E\to E$, considérée comme un élément de K. Combinée avec la formule concernant la partie rationnelle μ, ceci implique bien que

$$\hat{h}_p(P) = \phi(P) + \sum_{v/p} \mathrm{Tr}_{K_r/Q_p} \frac{1}{2}\Delta_{2'}\cdot(L_v(t(P)))^2$$

vérifie $\hat{h}_p(\alpha P) = \deg\alpha\ \hat{h}_p(P)$ pour toute multiplication complexe $\alpha:E\to E$.

Signalons que Néron a introduit dans [3] des accouplements entre cycles de dimension zéro et diviseurs sur les variétés abéliennes, à valeurs dans les corps locaux et qui permettent de retrouver les calculs précédents dans le cas elliptique. On pourrait sans doute en déduire une définition de a_v dans le cas général et une expression de cette quantité au moyen de fonction thêta de Tate dans le cas où $v(j) < 0$. Néron pose alors, sans le résoudre, le problème crucial qui reste en suspens dans toute cette étude : la forme bilinéaire ainsi construite est-elle non dégénérée? S'il est facile de le vérifier pour E(K) dans quelques cas particuliers, la non-dégénérescence sur $E(\overline{K})$ pour tout E et tout p, si elle est vraisemblable, est probablement assez profondément cachée.

[1] S. Lang. Les formes bilinéaires de Néron et Tate. Sém. Bourbaki (274) 1963-1964

[2] A. Néron. Quasi-fonctions et hauteurs sur les variétés abéliennes. Annals of Maths 82 (1965) p. 249-331

[3] _____. Hauteurs et fonctions thêta. Rend. Sci. Mat. Milano 46 (1976) p. 111-135

Université Pierre et Marie Curie
Tour 45-46 5ème étage
2, place Jussieu
Paris Cedex 05

VARIETES ABELIENNES ET FORMES LINEAIRES D'INTEGRALES ELLIPTIQUES

DANIEL BERTRAND

Les problèmes de transcendance auxquels se réfère le titre de cet exposé ont récemment fait l'objet l'un, d'une note [2] sur les valeurs d'intégrales abéliennes prises sur des courbes modulaires, l'autre, d'un travail commun avec D. Masser [3], où a été élaborée une nouvelle méthode pour l'étude de nombres liés à la théorie de Baker. Les démonstrations de ces deux articles présentant de nombreux points communs, il a semblé intéressant d'en donner ici une présentation unifiée. Un rôle central sera joué par une famille de variétés abéliennes, qui généralise les modules de Hilbert-Blumenthal, et que nous décrivons dans une première partie. La deuxième partie de l'exposé est consacrée à l'étude des espaces tangents de ces variétés, du point de vue des nombres transcendants. On en déduit, dans une dernière partie, les résultats de [2] et [3] mentionnés plus haut, et on donne quelques applications supplémentaires de la méthode de [3].

Je remercie K. Ribet, J-P. Serre et G. Shimura pour leurs suggestions lors de l'élaboration de ce travail.

§1. Variétés abéliennes de type (F,Σ)

a) Définitions: dans tout ce qui suit, F désigne une extension finie de $\mathbb{Q}$, de degré n. On note $S = \{\sigma_1, \ldots, \sigma_n\}$ l'ensemble des plongements de F dans $\mathbb{C}$, et Σ la représentation régulière de F, c'est-à-dire la somme directe des représentations $\sigma_1, \ldots, \sigma_n$.

Pour tout groupe algébrique V défini sur un corps k, on désigne par V(k) l'ensemble des points k-rationnels de V, par TV l'espace tangent à l'origine de V, par EndV l'anneau des endomorphismes de V définis sur une clôture algébrique $\bar{k}$ de k, et par $\mathrm{End}_o V$ l'algèbre $\mathbb{Q} \otimes \mathrm{End}\, V$. Rappelons qu'on appele variété abélienne de type (F) un couple (A,j) formé d'une variété abélienne A et d'un homomorphisme injectif j de F dans $\mathrm{End}_o A$. Deux variétés abéliennes de type (F), définies sur k, seront dites isogènes s'il existe une isogénie, définie sur $\overline{k}$, entre les variétés abéliennes sous-jacentes, qui est de plus un (F)-homomorphisme au sens de [11], §7.1.

Soient alors (A,j) une variété abélienne de type F, définie sur un sous-corps k de $\underline{C}$, et χ la représentation "analytique" de $End_o A$ sur TA. On dira que (A,j) est <u>de type (F,Σ)</u> si la représentation $\chi \circ j$ de F déduite du plongement j est équivalente à la représentation régulière Σ. Dans ces conditions, A est de dimension n, et il existe une base $\{D_\sigma\}_{\sigma \in S}$ de TA($\underline{C}$), formée de vecteurs propres pour l'action de F sur TA, définie sur une extension finie de k, et indexée de telle sorte que, pour tout élément σ de S et tout élément γ de F, on ait:

$$\chi \circ j(\gamma)D_\sigma = \sigma(\gamma)D_\sigma.$$

L'espace TA($\underline{C}$) est ainsi muni d'une structure de $F \otimes \underline{C}$-module de rang 1. C'est à la détermination de bases de ce module que nous appliquerons plus loin la théorie des nombres transcendants.

b) <u>Variétés abéliennes de type (F,Σ) décomposables</u>: on suppose dans cet alinéa que F est totalement imaginaire, et on désigne par $n = 2\nu$ son degré sur $\underline{Q}$. On note d'une barre supérieure la conjugaison complexe sur $\underline{C}$. Ainsi, le complexe conjugué $\overline{\sigma}$ d'un élément σ de S est défini par les relations $\overline{\sigma}(\gamma) = \overline{\sigma(\gamma)}$ pour tout élément γ de F.

Une variété abélienne (A,j) de type (F,Σ) sera dite <u>décomposable</u> s'il existe un sous-ensemble T de S, de cardinal ν, tel que les conditions suivantes soient réalisées:

i) (F,T) (et donc (F,$\overline{T}$)) est un type CM au sens de [11], §5.2.

ii) (A,j) est isogène au produit d'une variété abélienne (A_1, j_1) de type (F,T) par une variété abélienne

(A_2, j_2) de type $(F, \overline{T})$.

On notera que les classes d'isogénie des variétés abéliennes A_1 et A_2 sont alors égales. En effet, la représentation de F sur TA_2 déduite de j_2 est par hypothèse équivalente à la représentation $\oplus_{\sigma \in \overline{T}} \sigma$. La répresentation $\oplus_{\sigma \in \overline{T}} \overline{\sigma}$ permet donc de munir A_2 d'une structure de variété abélienne de même type CM (F, T) que A_1. En conséquence, A_1 et A_2 sont isogènes, et l'on peut choisir $A_1 = A_2$ dans la définition précédente. Mais les couples (A_1, j_1) et (A_2, j_2) ne sont pas isogènes.

Ainsi, la variété abélienne sous-jacente à une variété de type (F, Σ) décomposable est isogène au carré d'une variété abélienne de type CM. D'après [11], §5.1, celle-ci est elle-même isogène à une puissance d'une variété abélienne B de type CM primitif. On en déduit aisément (en reprenant, pour l'assertion réciproque, le raisonnement exposé au §3.b infra) qu'une variété abélienne est de type (F, Σ) décomposable si et seulement si elle est isogène à une puissance paire 2h d'une variété abélienne simple B telle que $End_o B$ soit isomorphe à un corps K de type CM, de degré égal à 2dim(B) et dont F soit une extension de degré h.

c) <u>Un résultat d'indépendance algébrique</u>: la proposition suivante précise, pour une variété abélienne (A,j) de type (F, Σ), le lemme 2.1 de [9], et justifie la terminologie adoptée à l'alinéa précédent. On note désormais $\mathcal{O}$ l'ordre de F défini par

$$\mathcal{O} = j^{-1}(j(F) \cap \mathrm{End}\, A).$$

<u>Proposition 1</u>: <u>Soit</u> (A,j) <u>une variété abélienne de type</u> (F, Σ). <u>Si</u> A <u>admet une sous-variété abélienne propre</u> A_1 <u>stable sous l'action de</u> $j(\mathcal{O})$, <u>alors</u>, (A,j) <u>est décomposable</u>.

Démonstration: soit A_2 la variété abélienne quotient A/A_1. Puisque A_1 est une sous-variété propre de A, sa stabilité sous l'action de $j(\mathcal{O})$ permet de définir deux homomorphismes injectifs j_1 et j_2 de F dans $\text{End}_{\text{O}}A_1$ et $\text{End}_{\text{O}}A_2$ respectivement. Les dimensions de A_1 et de A_2 étant strictement inférieures à n, on déduit de [9], §2, que F est totalement imaginaire, et qu'elles sont égales à $\nu = n/2$. D'après [11], §5.2, il existe donc deux sous-ensembles $\mathcal{T}$ et $\mathcal{T}'$ de $\mathcal{S}$, de cardinaux ν, tels que (A_1, j_1) et (A_2, j_2) soient des variétés abéliennes de types CM égaux à $(F, \mathcal{T})$ et $(F, \mathcal{T}')$ respectivement. Mais, du fait de la semi-simplicité de F, la représentation $\chi \circ j$ de F sur TA est équivalente à la somme directe des représentations de F sur TA_1 et $TA_2 \simeq TA/TA_1$ définies respectivement par j_1 et j_2. Donc la réunion disjointe de $\mathcal{T}$ et de $\mathcal{T}'$ coïncide avec $\mathcal{S}$. En conséquence, $\mathcal{T}' = \overline{\mathcal{T}}$, et (A,j), qui est isogène au produit $(A_1, j_1) \times (A_2, j_2)$, est une variété abélienne de type (F, Σ) décomposable.

§2. Résultats de transcendance.

a) Le théorème fondamental: le résultat qui suit répond aux énoncés "homogènes" de la théorie de Baker. On note $\overline{\underline{Q}}$ la clôture algébrique de $\underline{Q}$ dans $\underline{C}$.

Théorème 1: Soient F un corps de nombres, et (A,j) une variété abélienne de type (F, Σ), définie sur $\overline{\underline{Q}}$, et non décomposable. Soit D un élément non nul de $TA(\underline{C})$ dont l'image par l'application exponentielle $\exp_A$ sur $A(\underline{C})$ appartient à $A(\overline{\underline{Q}})$. Alors, D est une base du $F \otimes \underline{C}$-module $TA(\underline{C})$.

De même que dans [2] et [3], la démonstration du théorème 1 repose sur le critère de transcendance de Schneider-Lang, dont voici un corollaire en terme de groupes algébriques.

Proposition 2 (voir [12], théorème 5.2.1): Soient T un $\overline{\underline{Q}}$-espace vectoriel de dimension δ, G un groupe algébrique commutatif connexe défini sur $\overline{\underline{Q}}$, et ϕ un homomorphisme

<u>analytique de</u> $T(\underline{C})$ <u>dans</u> $G(\underline{C})$ <u>dont la différentielle à l'origine est définie sur</u> $\overline{Q}$. <u>On suppose qu'il existe un sous-groupe</u> Γ <u>de</u> $T(\underline{C})$ <u>dont l'image par</u> ϕ <u>est contenue dans</u> $G(\overline{Q})$, <u>et tel que</u> $\Gamma \otimes \underline{C} = T(\underline{C})$. <u>Alors, la dimension algébrique de</u> ϕ <u>est</u> $\leq \delta$.

<u>Démonstration du théorème 1</u>: c'est essentiellement celle du théorème 1 de [5], modifiée par les arguments de [2]. Soit

$$D = \sum_{\sigma \in S} u_\sigma D_\sigma$$

la décomposition de D dans la base $\{D_\sigma\}_{\sigma \in S}$ décrite au §1.a, et posons

$$T = \{\sigma \in S;\ u_\sigma \neq 0\}.$$

Puisque D est non nul, T n'est pas vide. La conclusion du théorème 1 revient à affirmer que T coïncide avec S. Supposons qu'il n'en soit pas ainsi, et notons $\delta < n$ le cardinal de T.

Soit T le sous-espace de dimension δ de TA engendré par les éléments $\{D_\sigma;\ \sigma \in T\}$. La restriction de l'application $\exp_A$ à $T(\underline{C})$ définit un homomorphisme analytique ϕ de $T(\underline{C})$ dans $A(\underline{C})$, dont la différentielle à l'origine est définie sur $\overline{Q}$. Par ailleurs, T est stable sous l'action de $\chi \circ j(F)$, et D appartient à $T(\underline{C})$. Donc l'ensemble

$$\Gamma = \{\chi \circ j(\gamma)D;\ \gamma \in O\}$$

est un sous-groupe de $T(\underline{C})$. La considération du discriminant de l'ordre O montre que $\Gamma \otimes \underline{C} = T(\underline{C})$. Enfin, pour tout élément γ de O, le point $\phi(\chi \circ j(\gamma)D) = j(\gamma)(\exp_A D)$ appartient à $A(\overline{Q})$. La proposition 2 entraîne alors que la clôture de Zariski A_1 de l'image de $T(\underline{C})$ par ϕ est de dimension $\leq \delta$. Or A_1 est une sous-variété abélienne de A, stable sous l'action de $j(O)$ (voir [2], §3, preuve C). L'hypothèse $1 \leq \delta < n$

entraîne que (A_1, j) est une sous-variété abélienne propre de la variété non décomposable (A, j), ce qui contredit la proposition 1.

b) Corollaires: comme dans [2] et [3], une nouvelle application de la proposition 2, cette fois au produit de A par le groupe additif $\underline{G}_a$, permet de déduire du théorème 1 l'énoncé "non homogène" suivant, où l'on reprend les notations du §2.a.

Théorème 2.1: Sous les hypothèses du théorème 1, chacune des composantes u_σ de D dans la base $\{D_\sigma\}_{\sigma \in S}$ est transcendante.

Plus généralement, la considération d'extensions non triviales de A par $\underline{G}_a$ permet d'étudier les valeurs de certaines fonctions quasi-périodiques sur $TA(\underline{C})$. Soit $H^1(A)$ l'espace des classes de cohomologie de formes différentielles de deuxième espèce sur A définies sur $\overline{\underline{Q}}$. Pour tout élément σ de S, notons $\Omega^\sigma(A)$ le $\overline{\underline{Q}}$-sous-espace de dimension 2 de $H^1(A)$, propre pour l'action de F sur $H^1(A)$, sur lequel cette action est donnée par la représentation $\sigma \oplus \sigma$.

Théorème 2.2: Soient (A, j) une variété abélienne de type (F, Σ) définie sur $\overline{\underline{Q}}$ et non décomposable, σ un élément de S, et η_σ un représentant défini sur $\overline{\underline{Q}}$, d'un élément non nul de $\Omega^\sigma(A)$. Soient d'autre part P et Q deux points distincts de $A(\overline{\underline{Q}})$ n'appartenant pas au diviseur des pôles de η_σ. Alors, toute détermination de l'intégrale $\int_P^Q \eta_\sigma$ est transcendante.

c) Le cas décomposable: les résultats précédents peuvent être précisés dans le cas d'une variété abélienne (A, j) de type (F, Σ) décomposable. Soient

$$\lambda = (\lambda_1, \lambda_2) : (A, j) \longrightarrow (A_1, j_1) \times (A_2, j_2)$$

une isogénie correspondant à la décomposition de (A, j) donnée au §1.b, où (A_1, j_1) est de type (F, T), et D un élément de

$TA(\underline{C})$ tel que $d\lambda_1(D)$ et $d\lambda_2(D)$ soient non nuls. On déduit du corollaire 1 au théorème 1 de [7] (ou de l'argument exposé plus haut, joint au fait que les variétés A_1 et A_2 n'admettent pas de sous-variétés abéliennes propres stables sous l'action de $\mathcal{O}$) que D engendre $TA(\underline{C})$ sur $F \otimes \underline{C}$. Le théorème 2.2 est donc encore valable sous l'hypothèse que $\lambda(P-Q)$ n'appartient ni à A_1, ni à A_2.

Soient alors σ un élément de S, et, pour $i = 1, 2$, $\Omega^\sigma(A_i)$ le $\overline{\underline{Q}}$-espace vectoriel de dimension 1 formé des classes de cohomologie de formes différentielles sur A_i définies sur $\overline{\underline{Q}}$, sur lesquelles F agit à travers le caractère σ. Lorsque σ appartient à T, les éléments de $\Omega^\sigma(A_1)$ sont de première espèce, tandis que ceux de $\Omega^\sigma(A_2)$ ont un diviseur polaire non vide. De plus, si l'on suppose (ce qui, d'après la discussion donnée au §1.b, ne restreint pas la généralité), que les variétés abéliennes sous-jacentes A_1 et A_2 sont égales, alors, les espaces $\Omega^\sigma(A_2)$ et $\Omega^{\overline{\sigma}}(A_1)$ se confondent. Or l'isogénie λ définit un isomorphisme de $\Omega^\sigma(A)$ sur $\Omega^\sigma(A_1) \oplus \Omega^\sigma(A_2)$. L'analogue, dans le cas décomposable, du théorème 2.2 est donc équivalent à l'énoncé d'indépendance linéaire suivant.

Théorème 3: Soient (F,T) un type CM, $(A\ ,j\ )$ une variété abélienne de type (F,T) définie sur $\overline{\underline{Q}}$, σ un élément de T, et ω_σ (resp. $\eta_{\overline{\sigma}}$) un représentant, défini sur $\overline{\underline{Q}}$, d'un élément non nul de $\Omega^\sigma(A_1)$ (resp. $\Omega^{\overline{\sigma}}(A_1)$). Soient (P_1,Q_1) et (P_2,Q_2) deux couples de points distincts de $A_1(\overline{\underline{Q}})$, P_2 et Q_2 n'appartenant pas au diviseur des pôles de $\eta_{\overline{\sigma}}$, et u_σ (resp. $v_{\overline{\sigma}}$) une détermination de l'intégrale $\int_{P_1}^{Q_1} \omega_\sigma$ (resp. $\int_{P_2}^{Q_2} \eta_{\overline{\sigma}}$). Alors, pour tout couple (α,β) de nombres algébriques non tous nuls, le nombre $\alpha u_\sigma + \beta v_{\overline{\sigma}}$ est transcendant.

§3. Applications.

a) Courbes modulaires: supposons le corps F totalement réel. Alors, toute variété abélienne de dimension n et de type (F) est automatiquement de type (F,Σ). Les théorèmes précédents contiennent donc tous les énoncés de [2]. Rappelons pour mémoire le corollaire suivant, ou h désigne le demi-plan de Poincaré, N un entier naturel, et f une forme modulaire parabolique de poids 2 par $\Gamma_o(N)$, de caractère trivial, et primitive au sens d'Atkin-Lehner: en particulier, f est vecteur propre pour tous les opérateurs de Hecke T_n, et le premier terme de son développement de Fourier est égal à 1.

Corollaire ([2], théorème 2): Soit τ un nombre rationnel, ou un élément de h tel que l'invariant modulaire $j(\tau)$ soit algébrique. Alors, toute détermination de l'intégrale $2i\pi \int_{i\infty}^{\tau} f(z)dz$ est nulle ou transcendante.

(Plus généralement, on pourra déduire du théorème 2.2 la transcendance d'intégrales de certaines formes modulaires de poids 2 méromorphes sur h).

De même, le théorème 2.1, joint éventuellement au théorème 3, entraîne la transcendance des déterminations non nulles des intégrales $\int_{i\infty}^{\tau} f(z)dz$, où f désigne cette fois une forme modulaire primitive de poids 2 pour $\Gamma_o(N)$, de caractère non trivial. On notera que lorsque la variété abélienne A_f attachée à une telle forme par la théorie de Shimura (et dont l'espace tangent est engendré par les "compagnes" de f) est décomposable au sense du 1.b, la variété abélienne simple B dont elle est une puissance paire (voir 1.b) est en fait une courbe elliptique (voir [10], proposition 1.6).

b) Formes linéaires d'intégrales elliptiques: soient E une courbe elliptique, définie sur $\overline{\mathbb{Q}}$, n un entier ≥ 1 et A la variété abélienne E^n. Son espace tangent s'identifie à $(TE)^n$, et l'algèbre $End_o A$ contient une sous-algèbre isomorphe à l'algèbre des matrices carrées d'ordre n à coefficients dans $\mathbb{Q}$. Soit alors F une extension quelconque de $\mathbb{Q}$ de degré n. A toute base de F sur $\mathbb{Q}$, on associe de fa on canonique une représentation rationnelle et fidèle j de F de degré n. En conséquence, E^n peut être muni d'une structure de variété abélienne (E^n, j) de type (F, Σ).

Plus précisement, soient $\{\alpha_1, \ldots, \alpha_n\}$ une basse arbitraire de F sur $\underline{Q}$, et $\{\beta_1, \ldots, \beta_n\}$ sa base duale. La représentation j associée à $\{\beta_1, \ldots, \beta_n\}$ est définie, pour tout élément γ de F, par

$$(\beta_i^{\sigma_j}) \operatorname{diag} (\gamma^{\sigma_j}) = j(\gamma)(\beta_i^{\sigma_j})$$

où $(\beta_i^{\sigma_j})$ désigne la matrice carrée d'ordre n dont la i-ème ligne est composée des conjugués de β_i, et $\operatorname{diag}(\gamma^{\sigma_j})$ est la matrice diagonale d'ordre n portant (γ^{σ_j}) sur sa j-ème colonne.

Notons $\{D_1, \ldots, D_n\}$ la base canonique de $(TE)^n$. La famille $\{D_\sigma = \sum_{i=1}^{n} \beta_i^\sigma D_i\}_{\sigma\varepsilon S}$ est alors un base de TA formée de vecteurs propres pour l'action de j(F), et tout élément $\sum_{i=1}^{n} z_i D_i$ s'écrit dans cette nouvelle base sous la forme $\sum_{\sigma\varepsilon S} Z_\sigma D_\sigma$, où

$$Z_\sigma = \sum_{i=1}^{n} \alpha_i^\sigma z_i$$

Soient alors P une fonction elliptique de Weierstrass, d'invariants algébriques, associée à E, et $u_1, \ldots, u_n$ des points algébriques de P (ce sont soit des périodes de P, soit des nombres complexes où P prend des valeurs algébriques). Le point $D = \sum_{i=1}^{n} u_i D_i$ est un élément de $TA(\underline{C})$ dont l'image par $\exp_A$ appartient à $A(\overline{\underline{Q}})$, et D est non nul si les u_i ne sont pas tous nuls. Si de plus E n'a pas de multiplications complexes, la variété (E^n, j) n'est pas décomposable, et le théorème 2 entraîne que chacune des coordonnées $\sum_{i=1}^{n} \alpha_i^\sigma u_i$ $(\sigma\varepsilon S)$ de D dans la base $\{D_\sigma\}_{\sigma\varepsilon S}$ est transcendante. L'argument de dualité exposé dans [3], §2, permet d'énoncer, de façon équivalente:

<u>Corollaire 2</u> ([3], théorème): (<u>On suppose</u> P <u>sans multiplications complexes</u>). <u>Soient</u> $u_1, \ldots, u_n$ <u>des points algébriques de</u> P, <u>linéairement indépendants sur</u> $\underline{Q}$. <u>Alors, les nombres</u> $u_1, \ldots, u_n$ <u>et</u> 1 <u>sont linéairement indépendants sur</u> $\overline{\underline{Q}}$.

Plus généralement, soient ζ la primitive impaire de la fonction elliptique P, et h la fonction méromorphe $\alpha z + \beta\zeta(z)$, où α et β désignent des nombres algébriques non tous nuls. On déduit du théorème 2 que, sous les hypothèses du corollaire 2, le nombre $h(u_1), \ldots, h(u_n)$ et 1 sont linéairement indépendants sur $\overline{\underline{Q}}$ (voir [5], théorème 1).

Supposons enfin que E admette des multiplications complexes par un corps quadratique imaginaire K, et soit F une extension de K de degré ν. Alors, la variété abélienne $E^{2\nu}$ peut être munie d'une structure de variété abélienne de type (F,Σ) décomposable et le théorème 3 entraîne que si u_1, ..., u_n désignent des points algébriques de P linéairement indépendants sur K, alors les nombres $u_1, \ldots, u_n, \zeta(u_1), \ldots, \zeta(u_n)$ et 1 sont linéairement indépendants sur $\overline{\underline{Q}}$ (voir [5], théorème 2).

c) Remarques: les méthodes de l'alinéa précédent se généralisent aux formes linéaires d'intégrales prises sur une variété abélienne de dimension quelconque, pourvu que cette variété soit elle-même de type (F,Σ). Nous renvoyons à [4] pour un énoncé précis des résultats obtenus dans cette situation, lorsque F est totalement réel.

Par ailleurs, la démarche exposée au §2 s'étend à des groupes algébriques non complets. Ainsi, la considération de tores $\underline{G}_m^n$ (où $\underline{G}_m$ désigne le groupe multiplicatif) permet de retrouver les versions qualitatives des résultats de Baker [1] sur les formes linéaires de logarithmes de nombres algébriques (voir [8]; le rôle de la proposition 1 est ici joué par le théorème d'indépendance linéaire des caractères). Comme on l'a suggéré plus haut, les théorèmes 2.1, 2.2 et 3 s'interprètent en termes d'extensions d'une variété abélienne A de type (F,Σ) par le groupe additif $\underline{G}_a$. En revanche, les extensions de A par des tores se prêtent plus difficilement à de telles généralisations. Signalons néammoins l'énoncé suivant, qui correspond au produit d'une courbe elliptique E de type CM par $\underline{G}_m^2$: si u désigne un point algébrique non nul d'une fonction elliptique P, d'invariants algébriques, admettant des multiplications complexes par un corps quadratique imaginaire K, et si ℓ_1 et ℓ_2 sont deux nombres complexes $\underline{Q}$-linéairement indépendants où la fonction exponentielle prend des valeurs algébriques, alors les nombres ℓ_1, ℓ_2 et u sont linéairement indépendants sur K. Il serait très intéressant d'améliorer ce résultat dans le cadre d'une extension d'une variété abélienne de type (F,Σ) décomposable par des tores.

Enfin, comme on l'a remarqué dans [3], le théorème fondamental I de l'Appendice I à [12] permet d'établir les versions p-adiques de tous les énoncés obtenus ci-dessus.

BIBLIOGRAPHIE

[1] A. Baker: Transcendental Number Theory, Cambridge U.P., 1975.

]2] D. Bertrand: Transcendence properties of abelian integrals; Queen's Papers in pure and appl. Maths, N° 54, 1980 (à paraître).

[3] D. Bertrand-D. Masser: Linear forms in elliptic integrals; Inventiones Math., 58, 1980, pp. 283-288.

[4] _____: Formes linéaires d'intégrales abéliennes; CRAS Paris, 290, 1980, pp. 725-727.

[5] S. Lang: Diophantine approximation on abelian varieties...; Advances in Maths, 17, 1975, pp. 281-336.

[6] M. Laurent: Indépendance linéaire de valeurs de fonctions doublement quasi-periodiques; CRAS Paris, 290, 1980, pp. 397-399.

[7] D. Masser: Linear forms in algebraic points of abelian functions III; Proc. London M.S., 33, 1976, pp. 549-564.

[8] _____: A note on Baker's Theorem; Progress in Analytic Number Theory, Academic Press (à paraître).

[9] K. Ribet: Endomorphisms of semi-stable abelian varieties over number fields; Ann. Maths, 101, 1977, pp. 555-562.

[10] G. Shimura: Class fields over real quadratic fields and Hecke operators; Ann. Maths, 95, 1972, pp. 130-190.

[11] G. Shimura-Y. Taniyama: Complex Multiplication of Abelian Varieties and its Applications..., Math. Soc. Japan, 1961.

[12] M. Waldschmidt: Nombres transcendants et groupes algébriques; Astérisque, 69-70, 1979.

Université de Nice
Mathématiques
Parc Valrose
06 034 NICE CEDEX.

SINGULAR POINTS ON COMPLEX HYPERSURFACES AND MULTIDIMENSIONAL SCHWARZ LEMMA

G. V. Chudnovsky

The multidimensional Schwarz lemma can be very useful in proofs of results on the arithmetic nature of values of functions of several complex variables. For example, this is very important for the investigation of values of Abelian functions, where all known results depend on possible variants of the Schwarz lemma. What do we understand by Schwarz lemma? Let us put the Schwarz lemma in the following "undetermined" form:

Let W be <u>finite</u> subset of $\mathbb{C}^n$ lying in a ball of radius r_0 and $f(\bar{z})$ be entire function in $\mathbb{C}^n$ having in each point $w \in W$ a zero of multiplicity $k_w \geq 0$.

Then by the Schwarz lemma with the exponent κ we understand the following assertion:

For $R > r > c_0 \cdot r_0$, c_0- constant, we have

$$\log|f|_r \leq \log|f|_R - \kappa \log(R/c_1 \tau) \quad .$$

Here the <u>Schwarz exponent</u> κ is a function of W and $\Sigma_{w \in W} k_w = K$, $\kappa = \kappa(W,K)$.

We are interested in the biggest $\kappa = \kappa(W,K)$ not depending on $f(\bar{z})$.

Only for $n = 1$ can be described easily: $\kappa = \Sigma_{w \in W} k_w$ without any restriction on W, but for $n > 1$, it is necessary to use the fine structure of W.

In this report we will investigate mainly the case of fixed W and growing K. On the other hand, there still remains a lot of unsolved cases for W being the subgroup of $\mathbb{C}^n$ of finite rank over $\mathbb{Z}$ with $k_w = 1$ for $w \in W$. In this connection, I can mention Waldschmidt's conjecture on the Schwarz exponent in this case, saying that under some natural restrictions for Γ, subgroup of $\mathbb{C}^n$ of rank ℓ over $\mathbb{Z}$ and $\Gamma \cap B(N) = \{k_1\hat{a}_1 + \ldots + k_\ell \hat{a}_\ell : k_j \in \mathbb{Z}, |k_j| \leq N, 1 \leq j \leq \ell\}$ the Schwarz exponent κ for $k_w = 1 : w \in \Gamma_N$ has the form $\kappa = N^\mu$ for any $\mu < \ell/u$.

The only case in which we managed to obtain something nontrivial is, however, the case of fixed W.

We also restrict ourselves first to the planar case, where it is possible to use some algebraic geometry, because for the multidimensional case we don't know good relations between the number of multiple components, isolated singularities and the degree of hypersurface.

At first we introduce some definitions in the general case. Here everywhere below S will denote the finite set in $\mathbb{C}^n$, or, if it will be specialized, in the complex plane, $|S|$ being its cardinality.

<u>Definition 1</u>: By $\Omega(S)$ we denote the minimal degree of the hypersurface in $\mathbb{C}^n$ containing S. For the fixed $K \geq 1$ by $\Omega(S,K)$ we denote the minimal degree of hypersurface in $\mathbb{C}^n$ containing each point from S with multiplicity at least K.

Formally we can write this in the form

$$\Omega(S,K) = \min\{\deg P : P(\bar{x}) \in \mathbb{C}[\bar{x}] \text{ and } \partial^k P(\bar{w}) = 0$$

$$\text{for all } \bar{w} \in S \text{ and } |k| < K \text{ and } k \in \mathbb{N}^n\} \quad . \qquad (1)$$

In particular

$$\Omega(S,1) = \min\{\deg P : P(\bar{x}) \in \mathbb{C}[\bar{x}] \text{ and } P(\bar{w}) = 0$$

$$\text{for all } w \in S\}$$

and thus $\Omega(S,1) = \Omega(S)$.

The quantity $\Omega(S)$ will be called the degree of the set $S \subset \mathbb{C}^n$. We have an obvious

<u>Lemma 1</u>:

For any $K_1 \geq 0$, $K_2 \geq 0$

$$\Omega(S,K_1 + K_2) \leq \Omega(S,K_1) + \Omega(S,K_2) \quad . \qquad (2)$$

In particular

$$\Omega(S,K) \leq \Omega(S)K \text{ for any } K \geq 0 \quad . \qquad (3)$$

For investigations of $\Omega(S,K)$ M. Waldschmidt (see his reports on seminaire Lelong 1975-76, 1974-75) also introduced the following interesting

Definition 2: For any $S \subseteq \mathbb{C}^n$ we denote

$$\lim_{K\to\infty} \Omega(S,K)/K = \Omega_0(S) \quad . \tag{4}$$

In formula (4) as it was proved the limit always exists and we have according to (3):

$$\Omega_0(S) \leq \Omega(S) \quad . \tag{5}$$

However, it is impossible to say that in (5) we have always or almost always the equality.

Instead of giving a simple example, we shall give one strange example that for generic set $S \subset \mathbb{C}^2$ or $S \subset \mathbb{R}^2$ consisting of 7 points $\Omega(S) = 3$ but $\Omega_0(S) = \frac{21}{8}$. This shows that the values of $\Omega_0(S)$ and $\Omega(S)$ seems not to be connected. However, in $\mathbb{C}^n$ the lower bound for $\Omega_0(S)$ is expressible in terms of $\Omega(S)$. We have the following results obtained by Waldschmidt and then refined by Skoda [MW], [Sk]:

Theorem 1:

For any finite $S \subset \mathbb{C}^n$ the quantity $\Omega(S,K)/K$ converges to limit $\Omega_0(S)$, where

$$\Omega_0(S) \geq \Omega(S)/n \tag{6}$$

and

$$\Omega(S,K) \geq \Omega_0(S)K \tag{7}$$

for integer $K \geq 1$.

In fact, Waldschmidt [MW1] has in the right side of (6) $\Omega(S)/n - 2$ and the factor -2 was removed by Skoda [Sk].

The method of proof of Theorem 1 was of potential theory and methods of Hormander-Bombieri-Lang (in fact it uses the following result of Bombieri [Bo]).

Theorem 2 (Bombieri):

Let $\phi(\bar{z})$ be plurisubharmonic functions in $\mathbb{C}^n$. Let $z_0 \in \mathbb{C}^n$ such that $e^{-\phi}$ is summable in the neighborhood of z_0. Then for $\varepsilon > 0$ there exists such an entire function $F(\bar{z})$ that

$$\int_{\mathbb{C}^n} |F(z)|^2 \exp(-\phi) \frac{d\lambda(z)}{(1 + |z|^2)^{n+\varepsilon}} < +\infty$$

and $F(z_0) = 1$.

This theorem is used for the function ϕ of the following form

$$i\partial\bar{\partial}\phi = \frac{i2n}{N} \partial\bar{\partial} \log|P| \quad ,$$

where polynomial P has zeroes of multiplicity $\geq N$ at any point of S.

Here

$$\partial\bar{\partial}u = \sum_{p=1}^{n} \sum_{q=1}^{n} \frac{\partial^2 u}{\partial z_p \partial \bar{z}_q} dz_p \wedge dz_q \quad .$$

Analogically there was established a more general result, which can be named in the simplest case as an analog of the Schwarz lemma [MW]:

Proposition 1:

Let S be a finite subset of $\mathbb{C}^n$ and let $0 < \varepsilon \leq 1$. There exists a positive number $r_0 = r_0(S,\varepsilon)$ such that for any nonnegative integer M and any nonzero function f entire in $\mathbb{C}^n$ satisfying

$$\partial^m f(w) = 0 \qquad (w \in S,\ m \in \mathbb{N}^n,\ |m| < M)$$

we have for $r > r_0$ and $R > 6n\, r/\varepsilon$

$$\log|f|_r \le \log|f|_R - (1-\varepsilon)\left(\frac{\Omega(S)}{n} - \varepsilon\right)M \log(\varepsilon R/6n\, r) \quad .$$

In fact, here we can put $\Omega_0(S)$ instead of $\frac{\Omega(S)}{n}$.

Waldschmidt was the first to prove this result [MW1], [MW2]; then Schwarz exponent was refined in [Sk].

It was the only good information about Schwarz exponent. The other results due to Lang-Bombieri [B-L], [Bo], [MW1] heavily depend on rather geometrical structure of S instead of fine algebraic. We can mention here

Proposition 2:

Let $F(z)$ be function analytic in ball $B(z)$ in $\mathbb{C}^n$ having zeroes $z_1,\ldots,z_s$ countered with their multiplicities in the ball B_ρ, where $\rho \le R$. For number

$$\delta \le \min_{z_j \ne z_k} ||z_j - z_k||$$

and $\rho \le r \le R$ we have

$$\log|F|_r \le \log|F|_R - s\cdot\left(\frac{\delta}{r+\rho+\delta}\right)^{2n-2}\cdot\log\frac{R-r}{r+\rho+\delta} \quad .$$

This result is unsatisfactory.

Now we collect in Section 2 all known and new information about degree $\Omega(S)$, singular degree $\Omega_0(S)$, curves with high multiplicities and sharp form of Schwarz lemma and different forms of Schwarz exponent.

Also we discuss possible values of $\Omega_0(S)$ for $S \subset \mathbb{C}^2$

with given $|S| = N$.

2. Finite Sets in $\mathbb{C}^n$, Relation Between Power and Degree

In order to obtain a good relation between $|S|$, degree $S - \Omega(S)$ and "singular" degree $-\Omega_0(S)$ we shall start from

Definition 3: The set S is called irreducible if set S contained in hypersurface of degree $\Omega(S)$ has the property that any of its proper subset S' is contained in hypersurface of degree less than $\Omega(S)$.

In other words, S is irreducible if

$$\text{for } S_1 \subset S \text{ , } \Omega(S_1) < \Omega(s) \text{ , if } S_1 \neq S \text{ .}$$

It is clear that for finite set S we can give

Definition 4: For S by S_{irr} we denote any irreducible subset of S having the same degree:

$$\Omega(S) = \Omega(S_{irr}) \quad .$$

Of course, such a $S_{irr} \subset S$ always exists but is not necessarily unique.

It is very interesting that for irreducible sets the cardinality and degree are easily connected.

Theorem 3:

If $S \subset \mathbb{C}^n$ is irreducible then the cardinality of S has the form

$$|S| = \binom{T + n - 1}{n} = C^n_{T+n-1}$$

$$= \frac{T \ldots (T+n-1)}{n!}$$

where

$$T = \Omega(S) \quad .$$

Proof:

First of all, the number of coefficients of polynomial of degree D having n variables have the form

$$\binom{D + n}{n} \quad .$$

Thus by Dirichlet box principle, if

$$\binom{D + n}{n} \geq |S_1| + 1 \quad ,$$

then S_1 is contained in hypersurface of degree $\leq D$ and we have

Lemma 2:

For arbitrary $S_1 \subset \mathbb{C}^n$, if

$$\binom{T + n - 1}{n} \leq |S_1| < \binom{T + n}{n} \quad ,$$

then S_1 is contained in hypersurface of degree $\leq T$, or

$$\Omega(S_1) \leq T \quad .$$

Now we return to irreducible S . We see from Lemma 2 that for

$$\binom{T + n - 1}{n} \leq |S| < \binom{T + n}{n} \tag{8}$$

we have

$$\Omega(S) \leq T \quad .$$

We put $\Omega(S) = N$, $N \leq T$ and we shall prove that

$$|S| > \binom{T + n - 1}{n} \qquad (9)$$

is impossible.

Let (9) be true. We take for $S = \{x_i : i = 1,\dots,|S|\}$ the hypersurface R_i in $\mathbb{C}^n$, containing $S \setminus \{x_i\}$ and having degree $\le N - 1 = \Omega(S) - 1$. For any $i = 1,\dots,|S|$ such R_i exists by definition of irreducibility. The number of such R_i is $|S|$, but the number of linearly independent polynomials of degree $\le N - 1$ is at most

$$\binom{N + n - 1}{n} .$$

Thus by (9), when $N \le T$, or by (8), when $N < T$ we see that the number of linearly independent polynomials is less than $|S|$. So polynomials R_i are linearly dependent:

$$\sum_{i=1}^{|S|} \lambda_i R_i \equiv 0 .$$

Substituting x_j we obtain

$$\lambda_j R_j(x_j) = 0 .$$

But $\Omega(S) = N > d(R_j)$ so $R_j(x_j) \neq 0$ and $\lambda_j = 0$ for any $j = 1,\dots,|S|$. This contradicts the dependence of R_i. The theorem is proved.

The Dirichlet's box principle gives us the possibility to have a good upper bound for $\Omega_0(S)$:

<u>Proposition 3</u>:

For any $S \subset \mathbb{C}^n$ we have

$$\Omega_0(S) \le \sqrt[n]{|S|} . \qquad (10)$$

For irreducible S, Theorem 3 and Proposition 3 give an

upper bound for $\Omega_0(S)$ in terms of $\Omega(S)$. We have, for example

Corollary 1:

For irreducible S we have

$$\Omega(S)/\Omega_0(S) \underset{\geq}{\to} \sqrt[n]{n!} \qquad (11)$$

when $|S| \to \infty$.

We also have the upper bound for this quantity:

$$n \geq \Omega(S)/\Omega_0(S) \quad . \qquad (12)$$

When $n \to \infty$ the upper and lower bound differs by multiplicative constant e.

Whether the bound (12) can be improved is a question.

We have

Example 1: For any $n \geq 1$ there exists set $S_n \subset \mathbb{C}^n$ of power $n + 1$ having degree two and "singular" degree $n + 1/n$:

$$\Omega(S_n) = 2 \;,\quad \Omega_0(S_n) = \frac{n+1}{n} = \Omega(S_n)/n + \frac{n-1}{n} \quad . \qquad (13)$$

Example 1 shows that inequality (12) cannot be improved to $\Omega_0(S) > \Omega(S)/n + \frac{n-1}{n}$. We propose, however, the following.

Problem 1: For any $n \geq 2$,

$$\Omega_0(S) \geq \Omega(S)/n + \frac{n-1}{n} \quad .$$

For $n = 2$ we solved this problem in General Theorem 6. In general, good information about relations of $\Omega(S)$ and $\Omega_0(S)$ depend on our knowledge of resolution of singularities of multidimensional hypersurfaces, so we shall consider only the plane case.

Now we'll restrict ourselves to the planar situation, because in this case it seems possible to apply algebraic geometry to plane curves. In multidimensional case we simply don't know such exact formulae.

Here and below S, $S_1, \ldots$ will denote finite sets in $\mathbb{C}^2$ (or $\mathbb{R}^2$, $\mathbb{P}^2, \ldots$). First of all, we remember results from multidimensional case:

Corollary 2:

For $S \subset \mathbb{C}^2$ we have for degree

$$\Omega(S) \leq \left[\frac{\sqrt{8|S|+1}-1}{2}\right] .$$

For irreducible sets (and only for them) we have an equality.

Corollary 3:

For $S \subset \mathbb{C}^2$ we have for "singular" degree an inequality

$$\Omega_0(S) \leq \sqrt{|S|} .$$

This gives us much more than $\Omega_0(S) \leq \Omega(S)$. Comparing between these two results show that $\Omega_0(S)$ is much smaller than $\Omega(S)$.

Before we consider examples, we'll propose the following.

Problem 2: For any given N, what is the set

$$C_N^0 = \{\Omega_0(S) : S \subset \mathbb{C}^2 , |S| = N\} \quad ?$$

Of course the description of the set $C_N = \{\Omega(S) : S \subset \mathbb{C}^2 ; |S| = N\}$ is trivial!

Note: We have $C_N = \{\Omega(S) : S \subset \mathbb{C}^2 , |S| = N\} = \mathbb{N} \cap [0 , (\sqrt{8N+1}-1)/2]$.

It is also a very important question: What is the value of $\Omega(S)$, $\Omega_0(S)$ for generic S with given $|S| = N$?

We can give here first of all

Theorem 4:

For $N \geq 1$ and generic $S \subset \mathbb{C}^2$ (or $S \subset \mathbb{R}^2$) with the given $|S| = N$ we have

$$\Omega(S) + [\frac{\sqrt{8|S|+1} - 1}{2}] = [\frac{\sqrt{8N+1} - 1}{2}] \quad .$$

Before we knew only that

$$1 \leq \frac{\Omega(S)}{\Omega_0(S)} \leq 2 \quad .$$

Now we can prove

Proposition 4:

For generic $S \subset \mathbb{C}^2$ (or $S \subset \mathbb{R}^2$) with given $|S| = N$ we have

$$\frac{\Omega(S)}{\Omega_0(S)} \to \sqrt{2} \qquad \text{for} \qquad |S| \to \infty$$

The same for irreducible sets: $\frac{\Omega(S)}{\Omega_0(S)} \geq \sqrt{2} - \varepsilon$ when S is irreducible and $|S| \geq c(\varepsilon)$ for $\varepsilon > 0$.

Also by using theory of intersections it is possible to refine the previous inequality

$$\tfrac{1}{2}\Omega(S) \leq \Omega_0(S) \quad .$$

We have the following result:

Theorem 5:

For an irreducible $S \subset \mathbb{C}^2$ we have

$$\frac{\Omega(S)}{2} + \frac{1}{2} \leq \Omega_0(S) \quad .$$

From this it can be easily deduced

General Theorem 6:

For any $S \subset \mathbb{C}^2$,

$$\frac{\Omega(S)}{2} + \frac{1}{2} \leq \Omega_0(S) \quad .$$

Now it is natural to consider curves having singularities at points from S not necessarily equal.

Definition 5: Let $P = 0$ be curve or order (degree) $n = \partial(P)$ and $S \subset \mathbb{C}^2$; we put $\mathrm{ord}_{\bar{x}}(P)$ to denote order of singularity of P at $\bar{x} \in \mathbb{C}^2$. Then we denote

$$\hat{\Omega}_0(S;P) = \frac{\partial(P) \cdot |S|}{\Sigma_{\bar{x} \in S}\ \mathrm{ord}_{\bar{x}}(P)} = \frac{\partial(P)}{\text{"mean value of multiplicity of } P = 0 \text{ at point in } S\text{"}} \quad .$$

(This means how much "proportionally mean" multiplicity is related to $\partial(P)$.)

For a given set $S \subset \mathbb{C}^2$ we take the minimum of $\Omega_0(S;P)$:

Definition 6: If $S \subset \mathbb{C}^2$ we put (very singular degree of S):

$$\hat{\Omega}_0(S) = \inf\{\hat{\Omega}_0(S;P) \text{ " } P = 0\} \quad .$$

From this definition it is completely clear that

$$\hat{\Omega}_0(S) \leq \Omega_0(S) \quad .$$

In fact, $\hat{\Omega}_0(S)$ and $\Omega_0(S)$ are not too much related (see examples below). But for generic $S \subset \mathbb{C}^2$

$$\hat{\Omega}_0(S) = \Omega_0(S) \quad .$$

In fact, the definition of $\hat{\Omega}_0(S)$ can be easily carried out to $\mathbb{C}^n$.

We have now principally new and good lower bound for $\hat{\Omega}_0(S)$:

General Theorem 7:

For any irreducible $S \subset \mathbb{C}^2$,

$$\frac{\Omega(S)}{2} + \frac{1}{2} \le \hat{\Omega}_0(S) \quad .$$

Let's return to the questions: what are the sets $C_N^0 = \{\Omega_0(S) : S \subset \mathbb{C}^2 , |S| = N\}$ and $\hat{C}_N^0 = \{\hat{\Omega}_0(S) : S \subset \mathbb{C}^2 , |S| = N\}$ for a given N ?

In fact, the answer to this problem is lying in the following problem from algebraic geometry:

Problem 3: Let n,m and $k_i : i = 1,\dots,m$ are positive numbers satisfying

$$\frac{(n-1)(n-2)}{2} \ge \sum_{i=1}^{m} \frac{k_i(k_i-1)}{2} \quad , \tag{g}$$

(the condition of positivity of genus). Under what conditions for $k_i : i = 1,\dots,m$ does there exist an irreducible curve of order n having m points of multiplicities $k_1,\dots,k_m$?

Of course, some additional conditions are necessary: it is necessary to check that the intersections of this curve with curves of all orders $\le n-1$ satisfy Bezout theorem. E.g.,

$$n \geq k_i + k_j \quad \text{for any} \quad i \neq j \ ; \ n > 1$$

$$2n \geq k_{i_1} + \ldots + k_{i_5} \quad \text{for} \quad m \geq 5 \quad \text{and} \quad n > 2, \ldots \ . \tag{i}$$

These new conditions are independent of genus formula (g): take, e.g., $n \to \infty$, $k_1 = k_2 \to \infty$ and bounded $k_3, \ldots, k_m$; then $k_1 \sim n/\sqrt{2}$, what contradict to first inequality of (i).

Another variant of the same problem: Consider instead of (g) the following conditions on existence of the curve:

$$\frac{n(n+3)}{2} \geq \sum_{i=1}^{m} \frac{k_i(k_i+1)}{2} \ . \tag{e}$$

Then for any set $S_0 = \{\bar{x}_1, \ldots, \bar{x}_m\}$ in $\mathbb{C}^2$ of power m there exists a curve of order n having at $\bar{x}_i$ singular point of multiplicity $k_i : i = 1, \ldots, m$. When (for what S_0 and k_i) is this curve irreducible?

Also not for any k_i the answer is affirmative, because the same intersection formulae (i) must be satisfied.

We have one concrete question.

<u>Question</u> 1: Let n be sufficiently large with respect to m and $k_1, \ldots, k_m$ be such that $|k_i - k_j| \leq 1$ for any $i, j = 1, \ldots, m$ (i.e., e.g., $k_1 = \ldots = k_t$, $k_{t+1} = \ldots = k_m = k_1 + 1$). Then

a) provided (g) is satisfied, the irreducible curve of order n with multiplicities $k_1, \ldots, k_m$ exists;

b) provided (e) is satisfied, for generic S, $|S| = m$, there exists an irreducible curve of order n having at i-th point from S multiplicity $\geq k_i : i = 1, \ldots, m$.

Because we now don't have precise answers to these questions we are unable to give complete descriptions of C_N^0 and $\hat{C}_N^0$. But we have

<u>Theorem 8</u>:

For $N \le 9$ the sets C_N^0 and $\hat{C}_N^0$ are finite.

In fact, all distinct geometrical configurations of sets $S \subset \mathbb{C}^2$, $|S| \le 9$ with all possible $\Omega_0(S)$ and $\hat{\Omega}_0(S)$ can be in principle enumerated. But we show only some particular examples because instead of enumeration of all possibilities, it is better to wait (a little) to good relations with resolution of surfaces (e.g., cubic ones).

In the appendix of this paper we give a list of configurations for $S \subset \mathbb{C}^2$, $|S| \le 9$ and corresponding curves.

For $N \ge 10$ it is natural to conjecture that C_N^0 and $\hat{C}_N^0$ are infinite. Probably they consist of rational numbers and quadratic irrationalities.

But even in the first non-trivial case $N = 10$, we are unable to construct infinitely many examples. Here we give some particular examples.

2A. <u>Examples</u>

Some examples giving the minimum of $\Omega_0(S)$, $\hat{\Omega}_0(S)$.

A. The set S_N is an intersection of $N+1$ generic lines, $|S_N| = \frac{N(N+1)}{2}$. This is irreducible set S_N having degree $\Omega(S_N) = N$ and $\Omega_0(S_N) = \frac{N+1}{2}$, $\hat{\Omega}_0(S_n) = \frac{N+1}{2}$.

$\Omega = 2$ $\qquad$ $\Omega = 3$

$\Omega_0 = 3/2$ $\qquad$ $\Omega_0 = 2$

$\hat{\Omega}_0 = 3/2$ $\qquad$ $\hat{\Omega}_0 = 2$. Here always $\Omega_0(S_N) = \Omega(S)/2 - 1/2$.

$|S| = 3$

Figure 1 $\qquad$ Figure 2

Now some examples showing that for non-irreducible S , $\hat{\Omega}_0(S)$ can be smaller than $\Omega_0(S)/2 + 1/2$:

$$|S_m^*| = m + 1,\ m \geq 2$$

$$\Omega(S_m^*) = 2$$

$$\Omega_0(S_m^*) = \frac{m - 1 + m}{m} = 2 - \frac{1}{m}$$

Figure 3 $$\hat{\Omega}_0(S_m^*) = \frac{1\cdot(m+1)}{m} = 1 + \frac{1}{m} < \frac{2}{2} + \frac{1}{2}$$

or $S_{N,r} = S_N$ plus r points lying on the one line belonging to S_N. Then

$$\Omega(S_{N,r}) = N \qquad \text{for } r \to \infty$$

$$\hat{\Omega}_0(S_{N,r}) = \frac{N^2 + N + 2r}{2(N+r)} \qquad \hat{\Omega}_0(S_{N,r}) \to 1$$

but

$$\Omega(S_{N,r}) = N$$

a) $r = N$:

$$\hat{\Omega}_0(S_{N,N}) = \frac{N + 3}{4}$$

$r = 2N$:

$$\hat{\Omega}_0(S_{N,2N}) = \frac{N + 5}{6}$$

$r = kN$:

$$\hat{\Omega}_0(S_{N,kN}) = \frac{N + (2k+1)}{2(k+1)} = \frac{N - 1}{2k + 2} + 1 \quad .$$

In general, for $|S| \geq 10$ we have

<u>Theorem 9</u>:

For any $N \geq 10$ and generic set $S \subset \mathbb{C}^2$ (or $S \subset \mathbb{R}^2$) with $|S| = N$ we have

$$\Omega_0(S) = \sqrt{|S|} = \sqrt{N} \quad .$$

For N being square, this is Nagata's result [Na1], [Na2]. He used this result for construcing his well-known counter examples to 14 Hilbert's problem.

Our theorem gives positive answer to Nagata's problems [Na1], [Na2].

Proof depends on considering all possible configurations of k_i for given m satisfying (g), and especially in considering rational curves of order n such that

$$X^2 - |S|\cdot Y^2 = 1 - |S| \qquad \text{(P)}$$

and $n = \frac{X+3}{2}$, $k = \frac{Y+1}{2}$ and also on configurations with $k_1 = \ldots = k_t = r$, $k_{t+1} = \ldots = k_{|S|} = r+1$, where

$$\frac{n(n+3)}{2} = d + t \cdot \frac{r(r+1)}{2} + [|S|-t]\frac{(r+1)(r+2)}{2} \quad , \qquad \text{(e')}$$

$0 \le d \le r$, $0 \le t \le \frac{m(m+1)}{2}$. It can be shown that if for generic S , $|S| = N$, $\Omega_0(S) < \sqrt{N}$, then generic S belongs to a curve having order $\frac{X+3}{2}$ and multiplicity $\frac{Y+1}{2}$ for all points from S for some solution of Pell's equation (P). Using curves from (e') it is possible to construct new examples, not belonging to (P) curves, with these (X,Y), etc.

Such a proof doesn't give us information about new <u>good</u> examples.

2B. <u>Schwarz Lemma in General</u>

Here we give two different versions of the Schwarz lemma with exponents depending on $\Omega(S)$ and $\Omega_0(S)$ (very singular degree of S).

For the proof of the General Schwarz Lemma we use E. Bombieri [Bo], [B-L] method which is non-effective and for worse estimations, we apply results [MW], [Sk] connecting $\Omega_0(S)$ and $\Omega(S)$.

We are ready to establish finally the Schwarz lemma. This lemma is used in order to obtain upper estimation for $\Omega(S)$ with S taking a set of points connected with some meromorphic function. In fact, the only interesting case is the case of irreducible S.

We shall consider the Schwarz lemma in the following setting.

Let $S \subset \mathbb{C}^n$ be fixed and $\varepsilon > 0$ be arbitrary. We consider entire function $f(\bar{z})$ in $\mathbb{C}^n$ having at any point $\bar{x}_i \in S$ zero of order $k_i \geq 0 : i = 1,\ldots,|S|$. We are interested in inequality

$$|\partial^{\bar{t}} f(\bar{x}_i)| \leq k_i! e^{c_1|\bar{k}|} \cdot |f|_R \left(\frac{R}{6nc_2}\right)^{-|\bar{k}|\chi(S)(1-\varepsilon)},$$

where $t \in N^n$, $|\bar{t}| = k_i$, $c_1 = c_1(S,\varepsilon) > 0$, $c_2 = c_2(S,\varepsilon) > 0$ and $\chi(S)$ is the Schwarz exponent of the form

$$\text{i)}\quad \chi(S) \geq \Omega(S)/|S| \times \lambda(n), \text{ or }\quad \text{ii)}\quad \chi(S) \geq \frac{\hat{\Omega}_0(S)}{|S|}$$

where $\lambda(n)$ will be specified below.

The form i) of the Schwarz lemma in fact follows from the ordinary one ii) and will be called the second form of the Schwarz lemma. Here is the first form of the Schwarz lemma:

<u>General Schwarz Lemma for Arbitrary S</u>: For any finite $S \subset \mathbb{C}^2$, $\varepsilon > 0$ there are such $\mathcal{O}_0(S,\varepsilon) > 0$, $r_0(S,\varepsilon) > 0$ that:

> For any entire function $f(\bar{z})$ in $\mathbb{C}^n$ having at points from S not less than $\mathcal{O}(f)$ zeroes (counted with multiplicities), we have for $r > r_0$, $\mathcal{O}(f) > \mathcal{O}_0$, $R > \frac{6nr}{\varepsilon}$:
>
> $$|f|_r \leq |f|_R \cdot \left(\frac{R\varepsilon}{6nr}\right)^{-\mathcal{O}(f)\cdot\frac{\hat{\Omega}_0(S)}{|S|}(1-\varepsilon)}.$$

In particular, we have the following simple

Weak Schwarz Lemma: Let S be an irreducible finite set in $\mathbb{C}^n$, $\varepsilon > 0$. Let $f(\bar{z})$ be an entire function in $\mathbb{C}^n$ having at point $\bar{x}_i$ of S zero of order $\geq k_i : i = 1,\dots,|S|$. Then for $r > r_0(S,\varepsilon)$, $R > \frac{6nr}{\varepsilon}$,

$$|f|_r \leq |f|_R \cdot \left(\frac{R\varepsilon}{6nr}\right)^{-|\bar{k}|\cdot\chi(S)(1-\varepsilon)} \tag{14}$$

where

$$|\bar{k}| = \sum_{i=1}^{|S|} k_i$$

and

$$\chi(S) \geq \left\{1+n\binom{\Omega(S)+n-1}{n} - n\sum_{j=1}^{\Omega(S)}\binom{\Omega(S)+n-j-2}{n}\frac{1}{j(j+1)}\right\}^{-1} .$$

Proof:

In fact, we can prove the Schwarz lemma only for irreducible S. We can use the usual Schwarz lemma and then we will obtain (14) for $\chi(S)$ of very special form:

For $S = \{\bar{x}_i : i = 1,\dots,|S|\}$, let $k_i \geq k_j : i \geq j$; for $i,j = 1,\dots,|S|$, we put

$$\omega(S) = \sum_{i=1}^{|S|} \frac{1}{\Omega_0(\{\bar{x}_1,\dots,\bar{x}_i\})} .$$

Then

$$\chi(S) \geq \frac{1}{1+\omega(S)} .$$

Now for $|S| \geq n + 1$ it is possible to prove

$$\frac{\omega(S)}{n} \leq |S| - \sum_{j=1}^{\Omega(S)}\binom{\Omega(S)-j+n-2}{n}\frac{1}{j(j+1)} .$$

In fact, it is impossible to generalize the Schwarz lemma in the form (14) to arbitrary nonirreducible set with good $\chi(S)$. Examples below (with small $\hat{\Omega}_0(S)$) show that for any N there are sets with $\Omega(S) = N$ and

$$\chi(S)\cdot|S| \to 1 \qquad \text{for} \qquad |S| \to \infty$$

even for $S \subset \mathbb{C}^2$. But formula with

$$\chi(S) = \frac{1}{|S|}$$

are simply trivial! Thus condition of irreducibility of S is <u>essential</u>.

But the same result <u>still</u> remains true for arbitrary S if we replace $\chi(S)$ by $\hat{\Omega}_0(S)$ for $n > 1$. And, in fact, results of this kind are, of course, nonimprovable.

3. Meromorphic Function of Several Complex Variables and Sets of Algebraic Values

Now we present results devoted to the problem of distribution of algebraic (integer) values of transcendental meromorphic function of several complex variables.

We can apply the obtained Schwarz lemma to very important questions from the theory of transcendental numbers. It is a question about arithmetic nature of values of meromorphic functions of several complex variables. In fact, all multidimensional Schwarz lemma were derived in order to obtain some information about algebraic points of meromorphic functions. What is already known?

First of all, we have two general results of M. Waldschmidt [MW1], [MW2]:

Theorem 10:

Let $f(z)$ be an entire transcendental function in $\mathbb{C}^n$ of the finite order of growth $\leq \rho$. Then for an algebraic number field K, the set S of all $w \in K^n$ such that

$$\partial^{\bar{k}} f(\bar{w}) \in \mathbb{Z} \quad (\text{or } \partial^{\bar{k}} f(\bar{w}) \in \mathbb{Z}[i]) \quad \text{for all} \quad \bar{k} \in \mathbb{Z}^n$$

is contained in an algebraic hypersurface of degree $\leq n(\rho-1)[K : Q] + n$.

In particular, we have an interesting

Corollary 4 (Waldschmidt-Skoda):

Let $f(z)$ be an entire transcendental function in $\mathbb{C}^n$ of order 1. Then the set $S_Q = S_{\bar{Q}}(f)$ of all $\bar{w} \in \bar{Q}^n$ such that

$$\partial^{\bar{k}} f(\bar{w}) \in \mathbb{Z} \ (\partial^{\bar{k}} f(w) \in \mathbb{Z}[i]) \quad \text{for all} \quad \bar{k} \in \mathbb{Z}^n$$

is contained in algebraic hypersurface of degree $\leq n$.

For $n = 1$ the analogical result, not depending on degree $[K:Q]$ of K, are true for arbitrary meromorphic function of finite order of growth. This was the subject of my previous talk on D-P-P seminar [Ch. 1] and the report in June of the previous year 1977 of Eric Reyssat. We only can remember the theorem:

Main One-Dimensional Theorem 11 [Ch. 1]:

Let $f(z)$ be meromorphic transcendental function in $\mathbb{C}$ of order $\leq \rho$. Then for the set $S_{\bar{Q}}(f)$ of algebraic $w \in \bar{Q}$ such that $f^{(k)}(w) \in \mathbb{Z}$ for all $k \geq 0$ we have

$$|S_{\bar{Q}}(f)| \leq \rho \quad .$$

The method of proof uses, of course, the Schwarz lemma

in complete generality, i.e., for functions having the different multiplicities at different points. Moreover, the main idea was to relate the multiplicities of different auxiliary functions

$$F_{\lambda_j}(z) = P(z+\lambda_j, f(z)) \; ; \; \lambda_j \in \bar{Q} \; , \; P(x,y) \in \mathbb{Z}[x,y]$$

at different points from $S_{\bar{Q}}(f)$.

For the general case in $\mathbb{C}^n$ because of the lack of the Schwarz lemma, we had only a few results. First,

Theorem 12 (Waldschmidt):

Let $f(\bar{z})$ be a meromorphic transcendental function in $\mathbb{C}^n$ of the order $\le\rho$. Then the set $S_K(f)$ for $[K:Q] < \infty$ is contained in a hypersurface of degree $\le n\rho[K:Q]$.

For $\rho < 2$ we had some good particular results, which were reported in my previous talk in this seminar, e.g.,

Theorem 13 [Ch. 1]:

Let $f(z)$ be an entire transcendental function in $\mathbb{C}^n$ of the order $<n + 1/n$. Then the set $S_Q(f)$ of $\bar{w} \in Q^n$ such that

$$\partial^{\bar{k}} f(\bar{w}) \in \mathbb{Z} \;\; (\partial^{\bar{k}} f(\bar{w}) \in \mathbb{Z}[i]) \quad \text{for all} \quad \bar{k} \in \mathbb{Z}^n \;\; ,$$

is contained in a hyperplane L in $\mathbb{C}^n$.

Remark: In fact, instead of Theorem 12 we have

Theorem 12A:

For transcendental meromorphic function in $\mathbb{C}^n$ of the order $\leq \rho$ and number field K we have

$$\Omega_0(S_K(f)) \leq \rho[K:Q] \quad .$$

Theorem 13 is much stronger than previous results because

$$\Omega(S_Q(f)) \leq 1 \quad \text{provided order of} \quad f < \frac{n+1}{n} \quad ,$$

independent on dimension of $\mathbb{C}^n$. It seems, however, extremely difficult to generalize Theorem 13 for $\rho \geq 2$ or for $S_{\bar{Q}}(f)$. We have only the following refinement of Corollary 4.

Theorem 14:

Let $f(\bar{z})$ be entire transcendental function of order 1. Then the set $S_{\bar{Q}}(f)$ is contained in a hyperplane L (of degree 1).

Also, either

$$|S_{\bar{Q}}(f)| \leq 1 \tag{16}$$

or

there exist such line $\bar{L}$ on ,
$\bar{L}$: $z_i = b_i t + c_i$ for algebraic
b_i , c_i such that $\partial^{\underline{k}} f(\bar{b}t + c)$
is polynomial from $Q[t]$ for any
$k \in \mathbb{N}^n$. (17)

This was all. Now we can use the new Schwarz lemma to prove estimates on $S_{\bar{Q}}(f)$ independently on $[K:Q]$, but with not very good dependence on n .

Main Multidimensional Theorem 15:

Let $f(z)$ be meromorphic transcendental function of order $\leq \rho$. Then the set $S_{\bar{Q}}(f)$ of $\bar{w} \in \bar{Q}^n$ such that

$$\partial^{\bar{k}} f(\bar{w}) \in \mathbb{Z} \quad \text{for all} \quad \bar{k} \in \mathbb{N}^n$$

is contained in a hypersurface of very singular degree $\le\rho$, or

$$\hat{\Omega}_0(S) \le \rho \ , \ n \ge 2 \quad \text{for any finite} \quad S \subset S_{\bar{Q}}(f) \quad .$$

Proof:

We use our method from [Ch. 1], [Ch. 3], [Ch. 4] on constructing the auxiliary function using group ring of Galois group and random walk associated with this Galois group.

Let S be any finite subset of $S_{\bar{Q}}(f)$. By algebraic closeness of $\mathbb{C}$ from

$$\Omega(S_1) \le C \quad \text{for any finite} \quad S_1 \subset S_0$$
$$\text{it follows} \quad \Omega(S_0) \le C$$

with any (infinite) S_0 . Thus we take $S \subset S_{\bar{Q}}(f)$ to be finite and we will prove

$$\hat{\Omega}_0(S) \le \rho \quad .$$

Let us suppose, on the contrary, that

$$\hat{\Omega}_0(S) > \rho \quad . \tag{19}$$

We take now Galois field K with Galois group G ,

$$G = \mathrm{Gal}(K/Q) \ , \ |G| = [K:Q] = d \quad , \tag{20}$$

such that

$$S \subset K^n \quad . \tag{21}$$

We will enumerate elements of S :

$$S = \{\bar{w}_i : i = 1,\dots,|S|\} \quad ,$$

$$\bar{w}_i = (w_{i,1},\dots,w_{i,n}) : i = 1,\dots,|S| \quad , \quad \text{where}$$

$$w_{i,j} \in k : i = 1,\dots,|S| \; , \; j = 1,\dots,n \quad . \qquad (23)$$

Let $\mathbb{Z}[G]$ be a group ring of G and $Z_0[G]$ be an ideal in $\mathbb{Z}[G]$ of elements of zero trace:

$$\mathbb{Z}_0[G] = \{\alpha = \sum_{g \in G} n_g \, g : \sum_{g \in G} n_g = 0\} \quad .$$

Our main objective is $G_0 = \mathbb{Z}_0[G]^{|S|}$ and we put

$$G_0 = \mathbb{Z}_0[G]^{|S|} \; , \; C = G/\{1\} \; , \; J = C \times \{1,\dots,|S|\} = C \times |S| \quad .$$

There exists natural isomorphism between G_0 and $\mathbb{Z}^J = \mathbb{Z}^{C \times |S|}$:

$$v : \mathbb{Z}_0[G]^{|S|} \to \mathbb{Z}^J \quad , \qquad (24)$$

where for $A = (\sigma_1,\dots,\sigma_{|S|}) \in G_0$, $\sigma_i = \Sigma_{g \in G} n(g,i) \, g \in \mathbb{Z}_0[G]$: $i = 1,\dots,|S|$,

$$v(A) = (n(g,i) : (g,i) \in J = C \times |S|) \in \mathbb{Z}^J \quad .$$

Now for any $A = (\sigma_1,\dots,\sigma_{|S|}) \in G_0$ and $\sigma_i = \Sigma_{g \in G} n(g,i) \cdot g \in \mathbb{Z}_0[G] : i = 1,\dots,|S|$ we define

$$\lambda_j(A) = \sum_{i=1}^{|S|} \sum_{g \in G} n(g,i) w_{i,j}^{(g)} \in K : j = 1,\dots,n$$

and we obtain vector $\bar{\lambda}(A)$ from K^n by putting

$$\bar{\lambda}(A) = (\lambda_1(A),\dots,\lambda_n(A)) \in K^n \quad ,$$

and using v we put for $\vec{n} \in \mathbb{Z}^J$:

$$\bar{\lambda}(\vec{n}) = \bar{\lambda}(v^{-1}(\vec{n})) \in K^n \qquad \text{for} \qquad \vec{n} \in \mathbb{Z}^J \ . \qquad (27)$$

Let $\bar{f}_i : i = 1,\dots,|S|$ be basic vector in $\mathbb{Z}^{|S|}$: $\bar{f}_i(\chi) = \delta_{i\chi}$. Then we can define for any $g \in G$;

$$A_1 = A\cdot g + \bar{f}_i(g-1) \in G_0 = \mathbb{Z}_0[G]^{|S|} \ . \qquad (28)$$

Now we have the main

<u>"Conjugate Property"</u>: If $A \in G_0$, $\bar{w}_i \in S$ and $g \in G$, then

$$(\bar{w}_i + \lambda(A))^{(g)} = \bar{w}_i + \bar{\lambda}(Ag + \bar{f}_i(g-1)) : i = 1,\dots,n \quad ,(29)$$

which means

$$(w_{i,j} + \lambda_j(A))^{(g)} = w_{i,j} + \lambda_j(Ag + \bar{f}_i(g-1))$$

for any $i = 1,\dots,|S|$, $j = 1,\dots,n$.

Now we are ready to define auxiliary functions of the form ($C(N)$ is a cube $([-N,N] \cap \mathbb{Z})^J$ in $\mathbb{Z}^J$):

$$F_{\vec{n}}(\bar{z}) = P(\bar{z} + \bar{\lambda}(\vec{n}) \ , \ f(\bar{z})) \quad , \quad \vec{n} \in C(N)$$

$$F_A(\bar{z}) = P(\bar{z} + \bar{\lambda}(A) \ , \ f(\bar{z})) \ , \ A \in G_0 \ , \ v(A) \in C(N)$$

where $\bar{z} = (z_1,\dots,z_n)$ and $\bar{\lambda}(A)$ are vectors from $\mathbb{C}^n$. We take N to be constant, sufficiently large with respect to $\Omega(S), n, d, \rho, (\hat{\Omega}_0(S)-\rho)^{-1},\dots$ and take L to be natural number (parameter) sufficiently large with respect to N .

We use Siegel lemma to obtain

<u>Existence</u>: There exists a nonzero polynomial $P(\bar{x},y) \in \mathbb{Z}[\bar{x},y]$ $\deg_{x_i}(P) \le L_i$, $\deg_y(P) \le L_2$:

$$P(\bar{x},y) = P(x_1,\dots,x_n,y) \quad ,$$

where

$$L_1 = [L(\log L)^{-1/2n+2}] \ , \ L_2 = [(\log L)^{2n+1/2n+2}] \quad ,(30)$$

such that

$$H(P) \le \exp(C_1 L(\log L)^{1/n+1}) \quad , \tag{31}$$

$C_1 = C_1(d,n,|S|,N) > 0$ and for auxiliary functions

$$F_{\vec{n}}(\bar{z}) = P(\bar{z} + \lambda(\vec{n}), f(\bar{z})) \ : \ \vec{n} \in C(N) \tag{32}$$

we have

$$\partial^{\bar{k}} F_{\vec{n}}(w_i) = 0 \ : \text{ for } i = 1,\dots,|S| \ , \ \bar{k} \in \mathbb{N}^n \ , \ |\bar{k}| < L \tag{33}$$

and $\vec{n} \in C(N)$.

For $\vec{n} \in \mathbb{Z}^J$ we denote by $u_i^{\vec{n}}$ the multiplicity of $F_{\vec{n}}(\bar{z})$ at $\bar{w}_i$: $i = 1,\dots,|S|$:

$$F_{\vec{n}}^{(u_i^{\vec{n}})}(\bar{w}_i) \neq 0 \quad . \tag{34}$$

Thus

$$u_i^{\vec{n}} \ge L \quad \text{for} \quad i = 1,\dots,|S| \quad \text{and} \quad \vec{n} \in C(N) \quad .$$

Now we apply the new general Schwarz lemma of Section 2B and obtain any $\vec{n} \in C(N)$ and $i = 1,\dots,|S|$ with $C_2 = C_2(N) > 0$

$$\sum_{j=1}^{|S|} u^{\vec{n}} \log u^{\vec{n}} \cdot \chi(S)$$

$$\le \rho(c_2 u_i^{\vec{n}}(\log u_i^{\vec{n}})^{\frac{2n+1}{2n+2}} + u_i^{\vec{n}} \log u_i^{\vec{n}} - \log|F_{\vec{n}}^{(u_i^{\vec{n}})}(\bar{w}_i)|) . \tag{35}$$

Here $\chi(S)$ is Schwarz exponent for irreducible S

$$\chi(S) \ge \frac{1}{|S|} \cdot \hat{\Omega}_0(S) \quad .$$

Now we apply our "conjugate principle" and obtain

$$(\partial^{\bar{k}}F_A(\bar{w}_i))^{(g)} = \partial^{\bar{k}}F_{Ag+\bar{f}_i(g-1)}(\bar{w}_i) \;:\; \bar{k} \in \mathbb{N}^n \quad , \tag{36}$$

$$u_i^A = u_i^{A^{g+f_i(g-1)}} \tag{37}$$

for $A \in G_0$, $i = 1,\dots,|S|$.

Now using (21) - (23) and the product formula, we obtain

<u>"Markovian System for Multiplicities"</u>: For $\vec{n} \in C(N-2)$ we have the following system:

$$d(\frac{\rho}{\chi(S)} - 1)u_i^{\vec{n}} + c_3 u_i^{\vec{n}}(\log u^{\vec{n}})^{-1/2n+2} \geq \tag{38}$$

or

$$\geq \sum_{j=1, j\neq i}^{|S|} u_j^{\vec{n}} + \sum_{j=1, j\neq i}^{|S|} \sum_{g\in C} u_j^{\vec{n}+\vec{e}(g,j)-\vec{e}(g,i)} \;: \tag{W}$$

$i = 1,\dots,|S|$. Here $\vec{e}(g,i)$ is basic vector in $\mathbb{Z}^J = \mathbb{Z}^{C\times|S|}$.

On the left side of (W) we have constant $d(\rho/\chi(S)-1)$ and on the right side we have $d(|S|-1)$ summands, each of which is $\geq L$. Then using simple calculations (e.g., with generating functions), we obtain:

<u>"Conclusion"</u>: If $N > N(\rho,\chi(S),|S|,(\hat{\Omega}_0(S)-\rho)^{-1})$ and

$$\frac{\rho}{\chi(S)} < |S| \tag{39}$$

or

$$\rho < \hat{\Omega}_0(S)$$

then (W) is impossible for positive $u^{\vec{n}} : \vec{n} \in C(N-2)$, $i = 1,\dots,|S|$.

This proves Theorem 15.

The analogical result is valid for the system of functions

$$(f_1(\bar{z}),\dots,f_{n+1}(\bar{z}))$$

that are algebraically independent and such that $f_1(\bar{z}),\dots,$ $f_k(\bar{z})$ possess law of addition over Q. And we consider $\bar{w} \in \mathbb{C}^n$ such that

$$\partial^{\bar{k}} f_i(\bar{w}) \in \bar{Q} \qquad \text{for} \qquad i = 1,\dots,k$$

and

$$\partial^{\bar{k}} f_i(\bar{w}) \in \mathbb{Z} \qquad \text{for} \qquad i = k+1,\dots,n+1$$

for $\bar{k} \in \mathbb{N}^n$. We have also by Section 2 good result in $\mathbb{C}^2$:

Theorem 16:

If $f(\bar{z})$ is a meromorphic transcendental function in $\mathbb{C}^2$ or order $\geq\rho$, then for set $S_{\bar{Q}}(f)$ we have in $\mathbb{C}^2$:

$$\Omega_0(S_{\bar{Q}}(f)) \leq 2\rho - 1 .$$

List of Conjectures and Questions

Conjecture 1:

When $S \subset \mathbb{C}^n$, $|S| = \Delta$ and $\Delta \geq c(n)$ for some $c(n) < \infty$, then for generic S with Δ elements

$$\Omega_0(S) = \sqrt[n]{|S|} .$$

From Conjecture 1 it also easily follows that

$$\hat{\Omega}_0(S) = \sqrt[n]{|S|}$$

for generic S with given $|S| \geq c(n)$.

We have only case $n = 2$, where $c(2) = 10$.

Problem 4: To find $c(n)$ for $n > 2$ by constructing examples.

The only thing we have is a very weak estimation $c(n) \geq n + 1$.

Another problem is connected with Schwarz exponent. We remind:

General Schwarz Lemma: Let $S \subset \mathbb{C}^n$ be finite, $\varepsilon > 0$. Then for any $f(z)$, entire in $\mathbb{C}^n$, having at points of $S \geq \mathcal{O}(f)$ zeroes, counted with multiplicity, we have

$$\log|f|_r \leq \log|f|_R - (1-\varepsilon)\mathcal{O}(f)(\hat{\Omega}_0(S)/|S|-\varepsilon)\log(\varepsilon R/6nr) \quad ,$$

where

$$r > r_0(S,\varepsilon) \ , \ R > 6nr/\varepsilon \ , \ \mathcal{O}(f) > \mathcal{O}_0(S,\varepsilon) \quad .$$

We have more precise results of this type for small $|S|$, e.g., in $n = 2$ for $|S| \leq 10$. It is a very interesting question, whether $r_0(S,\varepsilon)$ and $\mathcal{O}_0(S,\varepsilon)$ depend on S (and how). This question seems to be of great importance when S is cube in discrete subgroup of $\mathbb{C}^n$ of finite rank and was proposed by M. Waldschmidt.

However, it seems that for generic S the Schwarz exponent might be much more intersting.

Question 2: Let $\varepsilon > 0$, $S \subset \mathbb{C}^n$ be generic with given $|S|$, $|S| \geq C(n)$; $S = \{x_1,\dots,x_{|S|}\}$. Let $f(\bar{z})$ be entire in $\mathbb{C}^n$ having zeroes at x_i of order $\geq k_i$: $i = 1,\dots,S$ and $\vec{k} = (k_1,\dots,k_{|S|})$ be "a generic" vector in $\mathbb{Z}^{|S|}$. Then

$$|\partial^{\bar{t}} f(\bar{x}_i)| \leq k_i! e^{c_i |\vec{k}| \ell 1} \cdot |f|_R \cdot \left(\frac{R\varepsilon}{6nc_2}\right)^{-|k| \ell n (1-\varepsilon)}$$

where $\bar{t} \in \mathbb{N}^n$, $|\bar{t}| = k_i$, $c_1 = c_1(S,\varepsilon) > 0$, $c_2 = c_2(S,\varepsilon) > 0$.

So it is a question, whether we can put in Schwarz exponent $[.]_{\ell_n}$-norm instead of $[.]_{\ell_1}$-norm.

Here by generic vector $\vec{k} = (k_1, \ldots, k_{|S|})$ in $Z^{|S|}$ we understand such vector $\vec{k}$ that for vector $\vec{\alpha} = \frac{1}{|\vec{k}|_{\ell_1}} \cdot k$ in unit cube, Cube_n in ℓ_1^n we have

$$\vec{\alpha} \in A(\varepsilon)$$

for $A(\varepsilon) \subset \mathrm{Cube}_n$ and measure $A(\varepsilon) \geq 1 - \varepsilon$ in ℓ_1^n.

References

1. Bombieri, E. Algebraic values of meromorphic maps, Invent. Math., Berlin, t. 10, 1970, 267-287. [Bo]

2. Bombieri, E and Lang S. Analytic subgroups of group varieties, Invent. Math., 11, 1970, 1-14. [B-L]

3. Chudnovsky, G.V. Values of meromorphic functions of order 2, Seminaire Delange - Pisot - Poitou, 19^e anne, 1977-78, n^6 45, 18p. [Ch. 1]

4. Chudnovsky, G.V. Sur la construction de Rees et Nagata pour le 14^e probleme de Hilbert, C.R. Acad. Sc. Paris, t. 286, 1978, 1133-1135. [Ch.2]

5. Chudnovsky, G.V. Finite sets of singular points of complex hypersurfaces (to appear) [Ch. 3].

6. Chudnovsky, G.V. A new method for the investigation of arithmetical properties of analytic functions, Annals of Math., t. 109, 1979, 353-376. [Ch.4]

7. Skoda, H. Estimations L^2 pour l'operateur $\bar{\partial}$ et applications arithmetiques.

8. Straus, E.G. On entire functions with algebraic derivations at certain algebraic points, Ann. of Math., t. 52, 1950, 188-198. [S]

9. Waldschmidt, M. Properties arithmetiques de fonctions de pleusieurs variables, II, "Seminaire Lelong: Analyse," 16^{e}anee, 1975-76, n° 10, 108-135. Berlin, Springer-Verlag, Lec. Not. in Math., t. 578, 1977. [MW 1]

10. Waldschmidt, M. On functions of several variables having algebraic Taylor coefficients, "Transcendence Theory: Advances and applications" [1976, Cambridge], 159-186. London, Academic Press, 1977. [MW 2]

Tables

Appendices 1 and 2 below contain 22 figures corresponding to a different configuration of ≤10 points on the plane. The symbol $\cdot_g$ means that this figure corresponds to a generic set $S \subset \mathbb{C}^2$ with a given cardinality $|S|$. This is 1_g for $|S| = 1$; 2_g for $|S| = 2$; 3_g for $|S| = 3$; 4_g for $|S| = 4$; 6_g for $|S| = 5$; 9_g for $|S| = 6$ (the real curves are drawn in Appendix 2); 14_g for $|S| = 7$*); 17_g for $|S| = 8$*); 20_g for $|S| = 9$.

Not <u>all</u> possible configurations of the ≤9 points on the plane are presented here. Their number is rather big though finite.

Certain nice configurations arise for $|S| \leq 10$. Some of the intersections of the curves are presented in Appendix 2. These curves were drawn by V. G. Chudnovsky.

In all figures in Appendices 1-2, the cardinality, degree, singular and very singular degrees of the corresponding sets S are presented.

---

*) Unfortunately, the curves corresponding to a generic S with $|S| = 7$ or $|S| = 8$ are not presented here (these are 7 cubics or 8 sextics with double or triple points).

On each of the figures there is an indication with what multiplicity you must take given curve in order to get singular or very singular degree.

Department of Mathematics
Columbia University
New York, New York

APPENDIX 1

$\Omega = 1$

$\Omega_0 = 1$

$\hat{\Omega}_0 = 1$

$|S| = 1$

${}^{1}g$

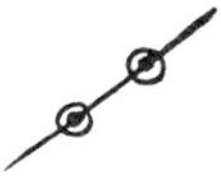

$\Omega = 1$

$\Omega_0 = 1$

$\hat{\Omega}_0 = 1$

$|S| = 2$

${}^{2}g$

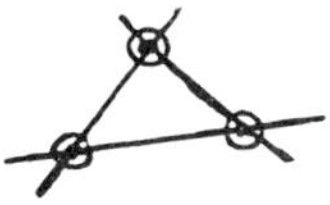

$\Omega = 2$

$\Omega_0 = 3/2$

$\hat{\Omega}_0 = 3/2$

$|S| = 3$

${}^{3}g$

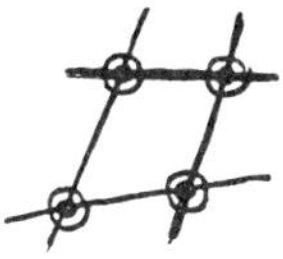

$\Omega = 2$

$\Omega_0 = 2$

$\hat{\Omega}_0 = 2$

$|S| = 4$

${}^{4}g$

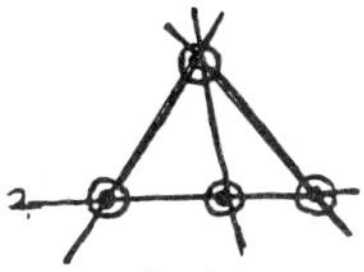

$= 2$

${}_0 = 5/3$

${}_0 = 4/3$

$|S| = 4$

${}^{5}g$

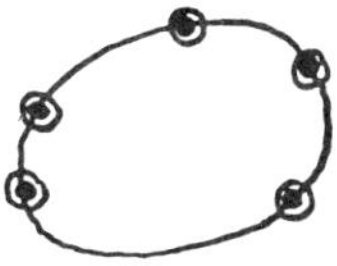

$\Omega = 2$

$\Omega_0 = 2$

$\hat{\Omega}_0 = 2$

$|S| = 5$

${}^{6}g$

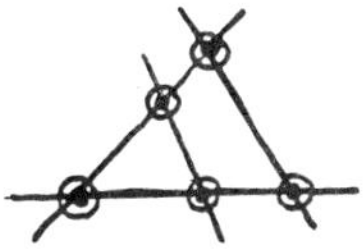

$\Omega = 2$

$\Omega_0 = 2$

$\hat{\Omega}_0 = 5/3$

$|S| = 5$

${}^{7}g$

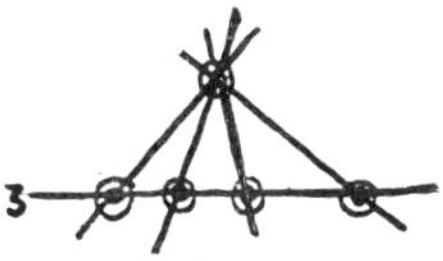

$\Omega = 2$

$\Omega_0 = 7/4$

$\hat{\Omega}_0 = 5/4$

$|S| = 5$

${}^{8}g$

For generic S, $|S| = 6$ (see ${}^{5}g$)

$\Omega(S) = 3$

$\Omega_0(S) = 12/5$

$\hat{\Omega}_0(S) = 12/5$

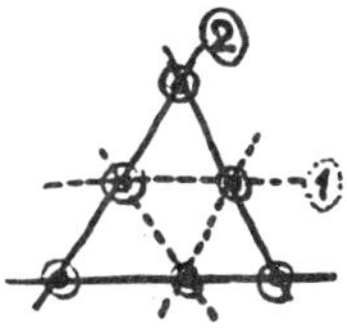

$\Omega = 3$

$\Omega_0 = 9/4$

$\hat{\Omega}_0 = 2$

$|S| = 6$

${}^{10}g$

$\Omega = 3$

$\Omega_0 = 12/5$

$\hat{\Omega}_0 = 2$

$|S| = 6$

${}^{11}g$

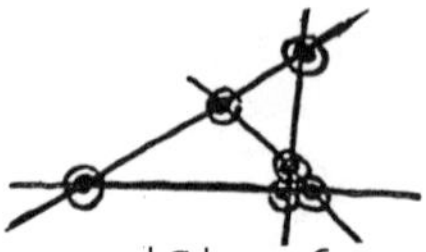

$|S| = 6$

12_g

$\Omega = 3$
$\Omega_0 = 2$
$\hat{\Omega}_0 = 2$

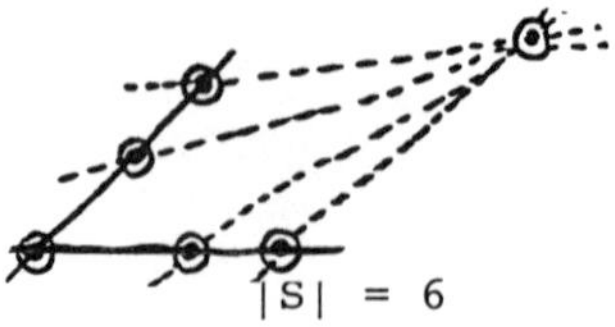

$|S| = 6$

13_g

$\Omega = 3$
$\Omega_0 = 7/3$
$\hat{\Omega}_0 = 2$

$|S| = 7$

14_g

For generic S, $|S| = 7$, 7 cubics with double point for generic case, $\Omega(S) = 3$, $\Omega_0(S) = 21/8$, $\hat{\Omega}_0(S) = 21/8$.

<u>Particular Cases:</u>

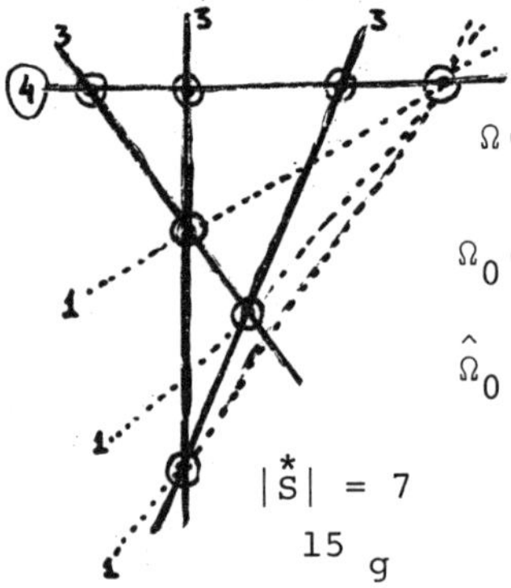

$\Omega(\overset{*}{S}) = 3$

$\Omega_0(\overset{*}{S}) = 16/7$

$\hat{\Omega}_0(\overset{*}{S}) = 7/4$

$|\overset{*}{S}| = 7$

15_g

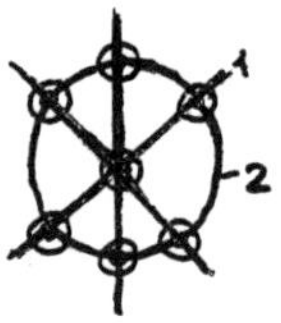

$\Omega = 3$

$\Omega_0 = 7/3$

$\hat{\Omega}_0 = 7/3$

$|S| = 7$

16_g

$|S| = 8$

(See 18 - 19)

For generic S, $|S| = 8$, 8 sextics with 7 double points, 1 triple point. For generic case, $\Omega(S) = 3$, $\Omega_0(S) = 48/17$, $\hat{\Omega}_0(S) = 48/17$.

$|S| = 9$

20 g

For generic S, $|S| = 9$, 1 cubic and $\Omega(S) = 3$, $\Omega_0(S) = 3$, $\hat{\Omega}_0(S) = 3$.

$|S| = 9$

21 g

$\Omega = 3$

$\Omega_0 = 5/2$

$\hat{\Omega}_0 = 9/4$

APPENDIX 2

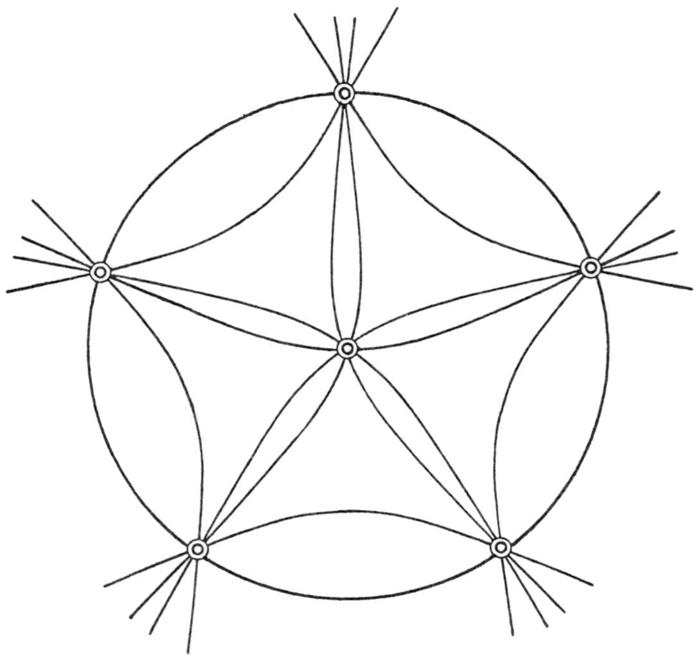

$|S| = 6$

9 g

Generic S, $|S| = 6$

6 conics

$\Omega(S) = 3$

$\Omega_0(S) = 12/5$

$\Omega_0(S) = 12/5$

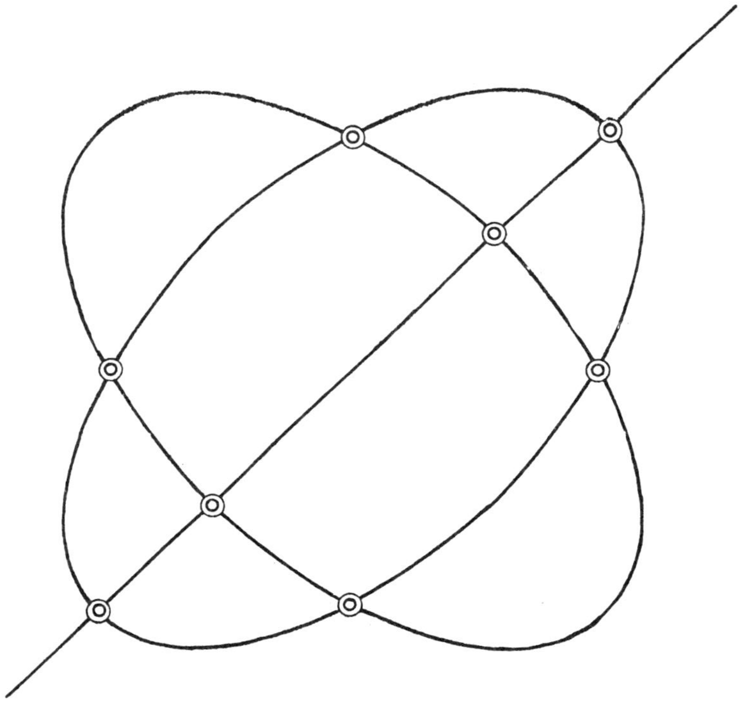

$|S| = 8$

18_g

$\Omega(S) = 3$

$\hat{\Omega}_0(S) = 5/2$

$\Omega_0(S) = 3/2$

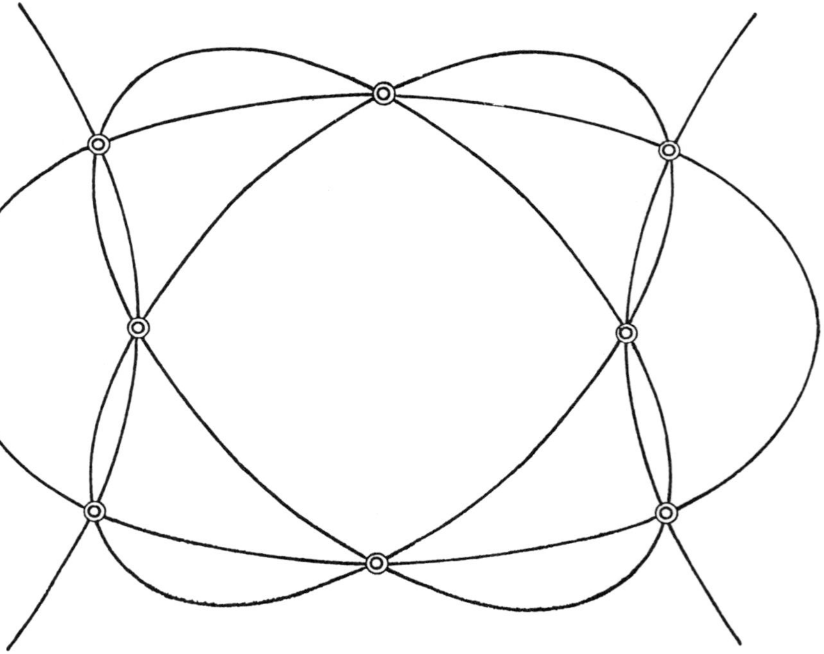

$|S| = 8$

19

4 conics

$\Omega(S) = 3$

$\Omega_0(S) = 8/3$

$\Omega_0(S) = 8/3$

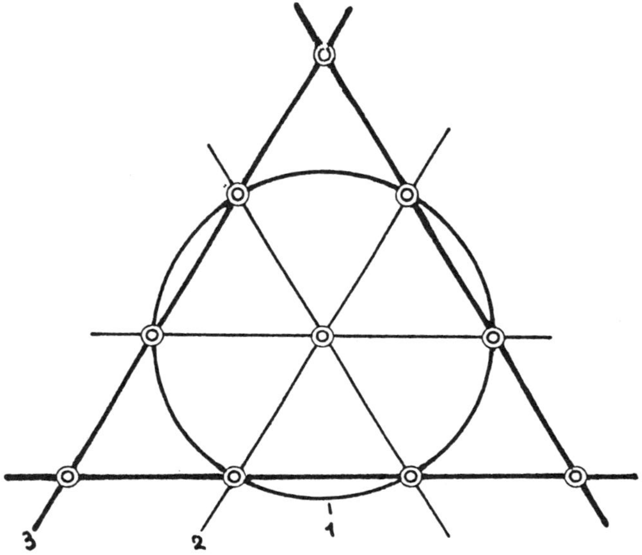

$|S_c| = 10$

22_g

$\Omega(S_c) = 4$

$\Omega_0(S_c) = 17/6$

$\hat{\Omega}_0(S_c) = 5/2$

ON SOME PROBLEMS IN NUMBER THEORY

P. Erdös

I discuss some problems which have interested me during much of my long life.

1. One of my old conjectures states that almost all integers have two divisors $d_1 < d_2 < 2d_1$. I proved in 1948 that the density of these integers exists but I could never prove that this density is 1. Denote by $\tau(n)$ the number of divisors of n and by $\tau^+(n)$ the number of integers k for which n has a divisor d satisfying $2^k < d < 2^{k+1}$. To prove my conjecture it would suffice to prove that

$$\tau^+(n) < \tau(n) \qquad (1)$$

holds for almost all n. In fact I conjectured that $\tau^+(n)/\tau(n) \to 0$ for almost all n. Tenenbaum and I recently disproved this conjecture. In fact, the density of integers n satisfying $\tau^+(n) < \varepsilon\tau(n)$ goes to 0 as $\varepsilon \to 0$. Probably $\tau^+(n)/\tau(n)$ has a continuous distribution function, but so far we were not able to prove this.

The following problem which we could not settle would be of great interest here: Is it true that to every $\varepsilon > 0$ there is a k so that the density of integers n for which n has two divisors $d_1 < d_2 < 2d_1$ so that all prime factors of $d_1 d_2$ are $>k$ is less than ε^2. Probably the conjecture is false.

For the older literature of this question see Halberstam-Roth, "Sequences"; for the more recent papers see our forthcoming paper with Tenenbaum and also the older papers of Tenenbaum.

2. In 1934, Romanoff proved that the lower density of the integers of the form 2^k+p is positive. No doubt the density in question exists but at present this can not be proved. In 1934 Romanoff in a letter asked me if every large odd number is of the form $2^k + p$? Van der Corput and I disproved this and I in fact found an infinite arithmetic progression of odd numbers no term of which is of the form 2^k+p. The question of Romanoff led me to the discovery of

covering congruences, perhaps the most interesting new problem I raised (so far) during my long life: A system of congruences

$$a_i \pmod{n_i} \quad , \quad 1 < n_1 < \ldots < n_k \qquad (2)$$

is called covering if every integer satisfies at least one of the congruences (2). The outstanding problem states: Is there a system (2) for which n_1 is as large as we please? k of course would have to tend to infinity probably fairly fast with n_1. Choi found a system (2) with $n_1 = 20$ and this is still our record. I offer a prize of 5000 Francs for a proof or disproof of this conjecture.

I observed already in 1934 that if the conjecture $(n_1 \to \infty)$ is true, then for every r there is an infinite arithmetic progression no terms of which is of the form $2^k + \theta_r$ where θ_r has at most r prime factors.

Is it true that there is an r so that every integer is the sum of a prime and at most r powers of two? This question probably can not be decided by covering congruences. Crocker proved that there are infinitely many odd integers not of the form $2^k + 2^\ell + p$. Linnik and Gallagher proved that to every $\varepsilon > 0$ there is an r so that the lower density of the integers $p + 2^{k_1} + \ldots + 2^{k_r}$ is greater than $1 - \varepsilon$.

For further literature and other related problems, see our forthcoming long paper (book?) with R. L. Graham which will soon appear in Enseignement Math. and which will deal with problems in elementary number theory. To end this chapter I just state one final problem: Is it true that all (or almost all) $n \not\equiv 0 \pmod 4$ are the sum of a power of two and a squarefree number?

3. More than 50 years ago, Van der Waerden proved that if we split the integers into two classes, at least one of the classes contains arbitrarily long arithmetic progressions. He also proved the finite form of this theorem: There is an $f(n)$ so that if we split the integers not exceeding $f(n)$

into two classes, at least one of them will contain an arithmetic progression of n terms. Van der Waerden's upper bound for $f(n)$ seemed very weak: $f(n)$ increased like the function of Ackermann, the nonprimitive recursion function. Berlekamp proved $f(n) > n\,2^n$ and it was always assumed that $f(n)$ increases much slower than Ackermann's function. Solloway was the first to express doubts and I first thought that this is obvious nonsense, but realize now after the surprising results of Paris-Harrington that Solloway's suggestion must be taken seriously. In any case, I offer 500 Francs for the proof or disproof of $\lim_{n\to\infty} f(n)^{1/n} = \infty$. (J. Paris and L. Harrington, A mathematical incompleteness in Peano arithmetic, Handbook of Mathematical Logic, North Holland, Amsterdam, 1977, pp. 113-1142.)

Nearly 50 years ago Turan and I conjectured that if $n > n_o(\varepsilon,k)$ and $1 \le a_1 < \ldots < a_t \le n$, $t > \varepsilon n$, then the a's contain k consecutive terms of an arithmetic progression. This is of course a very significant strengthening of Van der Waerden's theorem. I offered 1000 dollars for a proof or disproof and Szemerédi proved our conjecture in 1972-1973. His proof is a masterpiece of combinatorial reasoning which already had many applications in different branches of combinatorics. A few years ago Furstenberg proved Szemerédi's theorem by methods of ergodic theory and he and Katznelson recently proved the n-dimensional generalization of Szemerédi's theorem. It is not yet possible to say if the importance of ergodic theory in number theory will rival in importance the discovery early last century of analytic number theory.

I conjectured that if $\sum_i \frac{1}{a_i} = \infty$ (a_i integers), then the a's contain, for every k, k consecutive terms of an arithmetic progression. I offer 15000 Francs for a proof or disproof. I often said that I do not expect to have to pay this in my lifetime and that I should leave some money for it when I "leave" (the second "leave" means of course leave on the journey where no visa and passport is required).

Euler proved that $\sum \frac{1}{p} = \infty$, thus my conjecture if true would imply that for every k the primes contain k consecutive terms of an arithmetic progression.

For literature, see our paper with Graham quoted previously.

4. Some Miscellaneous Recent Problems:

Let $1 \le a_1 < \ldots < a_{t_n} \le n$ and assume that $(a_i+a_j) \nmid a_i a_j$. Determine or estimate $\max t_n = f(n)$ as accurately as possible. I conjectured that $\max t_n = (\ + o(1))n$ but Odlyzko proved that $f(1000) \ge 717$ which certainly throws some doubt on my conjecture. Assume now $(a_i+a_j) \nmid 2a_i a_j$ and put $\max t_n = f_1(n)$. Here I thought $f_1(n) = o(n)$, but as far as I know, nothing is known about this.

Silverman and I asked a few years ago. Let $1 \le a_1 < \ldots < a_s \le n$ and assume that a_i+a_j , $1 \le i \le j \le s$ is never a square. Is it true that $\max s = (1 + o(1))\frac{n}{3}$? The integers $\equiv 1 \pmod 3$ show that if true, then this result is best possible. We could get nowhere with this and recently I noticed that the following finite form is also open: Let $a_1,\ldots,a_k$ be residues (mod d) and assume that

$$x^2 \not\equiv a_i + a_j \pmod d \quad , \quad 1 \le i \le j \le k \quad .$$

Is it then true that $k \le \frac{d}{3}$? I could not settle this question, but perhaps I overlook a trivial idea.

Let $f(X,n)$ be the number of integers $X < m \le X+n$ for which there is a p/m , $\frac{n}{3} < p < \frac{n}{2}$. Is it true that $f(X,n) > C\, n/\log n$? It is clear that no such result can hold for $\frac{n}{2} < p \le n$. To see this, put $A = \prod_{\frac{n}{2}<p\le n} p$ and let $X = A - \frac{n}{2}$.

Akademia Matematikai Intezete
Realtanoda u. 13-15
H-1053 Budapest, Hongrie

PRINCIPE DE LA SYMETRIE PERTURBEE

M. Mendès-France

"...thy fearful symmetry"

W. Blake

1. - SYMETRISATION

Soit A un ensemble non vide appelé alphabet, soit

$$A^* = \bigcup_{n=0}^{\infty} A^n$$

l'ensemble des mots (suites finies) construits sur l'alphabet A et soit A^ω l'ensemble des suites infinies à éléments dans A . Un mot non vide est représenté par le symbole

$$m = \vec{m} = e_1 \; e_2 \ldots e_s \qquad (e_j \in A;\ j=1,2,\ldots,s) \ .$$

La longueur du mot est $|m| = s$. Le mot vide 1 , seul élément de A^0 , a pour longueur 0 , $|1| = 0$.

Le symétrique du mot $\vec{m}$ est le mot

$$\overleftarrow{m} = e_s \; e_{s-1} \ldots e_1 \ .$$

L'opération de <u>symétrisation</u> S est l'opérateur défini sur A^* par

$$S(\vec{m}) \doteq \vec{m}\,\overleftarrow{m} \ ,$$

consistant à concaténer les deux mots $\vec{m}$ et $\overleftarrow{m}$.

Soit S^n le n^e itéré de S . Le mot $S^n(m)$ a pour longueur $2^n|m|$. Les $2^{n-1}|m|$ premières lettres constituent le mot $S^{n-1}(m)$ en sorte que lorsque n augmente indéfiniment, le mot $S^n(m)$ tend vers une suite infinie notée $S^\omega(m) \in A^\omega$. Cette suite est de période $2|m|$. (On a supposé $m \neq 1$).

Nous nous proposons de montrer comment en perturbant l'opérateur S , nous obtenons des opérateurs qui, par itération, engendrent des suites infinies plus complexes et plus riches que les suites périodiques. Nous illustrerons ce principe de symétrie perturbée par deux exemples qui nous semblent particulièrement frappants, l'un relatif aux fractions continues et l'autre, à la construction de certaines courbes de Peano.

Ce travail est inspiré à la fois par les articles de C. DAVIS et D. KNUTH [2] , de M. DEKKING [3] , de M. KMOSEK [6] et de l'étonnant livre de B. MANDELBROT [7] .

2. L'OPERATEUR T ET SES VARIANTES

Soit $w \in A^*$ et soit $T = T_w$ la symétrisation perturbée par w

$$T(\vec{m}) = \vec{m}\ w\ \overleftarrow{m} \quad .$$

Comme précédemment, $T^n(\vec{m})$ tend vers une suite infinie $T^{\omega}(\vec{m})$ quand n croît indéfiniment (pourvu que $m \neq 1$) . Si w est symétrique ($\vec{w} = \overleftarrow{w}$) alors $T^{\omega}(\vec{m})$ est évidemment périodique (voir la remarque 1 en appendice). Dans le cas général où w n'est pas symétrique, la suite n'est pas périodique.

Compliquons un peu la situation en opérant sur deux langages A^* et B^* à la fois. Plus précisément, sur A^* définissons la symétrisation S et sur $B^* = B^*\backslash\{1\}$ les deux opérations E (suppression de la dernière lettre) et $T = T_w$ (symétrisation perturbée par w) . Ainsi, si

$$b = b_1\ b_2\ \ldots\ b_s \in B^*$$

alors

$$E(b) = b_1\ b_2\ \ldots\ b_{s-1} \quad .$$

Appelons mot double un élément de $A^* \times B^*$. On le

représente par un symbole du type

$$\begin{bmatrix} a \\ b \end{bmatrix} = \begin{bmatrix} a_1 & a_2 & \dots & a_s \\ b_1 & b_2 & \dots & b_t \end{bmatrix}$$

L'application $K = S\times(T\circ E)$ opère de $A^*\times B^+$ dans $A^*\times B^*$

$$\begin{bmatrix} \vec{a} \\ \vec{b} \end{bmatrix} \xrightarrow{K} \begin{bmatrix} \vec{a} & & \overleftarrow{a} \\ \overrightarrow{Eb} & w & \overleftarrow{Eb} \end{bmatrix}$$

Comme précédemment

$$\lim_{n\to\infty} K^n \begin{bmatrix} a \\ b \end{bmatrix} = K^\omega \begin{bmatrix} a \\ b \end{bmatrix}$$

existe. C'est un élément de $A^\omega \times B^\omega$ sauf si $a = 1$ ou $|b| = 1$, $w = 1$. En dehors de ce cas bien particulier, la limite est donc une suite double

$$K^\omega \begin{bmatrix} a \\ b \end{bmatrix} = \begin{bmatrix} a_1 & a_2 & a_3 & \dots \\ b_1 & b_2 & b_3 & \dots \end{bmatrix}$$

La remarque suivante servira à la section 3. Supposons que les alphabets A et B soient formés de nombres réels. On désigne par $A+B$ l'alphabet formé par les lettres $\alpha+\beta$, $\alpha\in A$, $\beta\in B$. La suite infinie

$$a_1 + b_1 , a_2 + b_2 , a_3 + b_3 , \dots$$

formée à partir de la suite double $K^\omega \begin{bmatrix} a \\ b \end{bmatrix}$ par addition coordonnée à coordonnée appartient à $(A+B)^\omega$. Quand l'indice n parcourt les entiers, les éléments $a_n + b_n$ prennent donc au plus $\operatorname{card} A \times \operatorname{card} B$ valeurs distinctes.

On peut varier à l'infini l'idée de symétrie perturbée. Nous pensons inutile d'alourdir notre exposé par une formulation générale. Nous préférons nous en tenir à deux exemples qui, bien qu'appartenant à des domaines mathématiques éloignés, procèdent de la même idée.

3. - UN RESULTAT DE M. KMOSEK [6] ET J. SHALLIT [10]

Soit $g \geq 2$ un entier et soit

$$F(g) = \sum_{n=0}^{\infty} g^{-2^n}$$

le nombre de Fredholm en base g .

Théorème 1 - Le nombre $F(g)$ est transcendant et les quotients partiels de sa fraction continue sont majorés par $g + 2$ si $g \geq 3$ et par 6 si $g = 2$.

Preuve: Il était connu depuis déjà un certain temps que $F(g)$ était transcendant (voir par exemple Satz 8, p. 35 de [9]). La nouveauté est le fait que les quotients partiels soient bornés. La preuve est simple et nous la reproduisons ici.

Soit p/q un nombre rationnel non entier et soit

$$\frac{p}{q} = [a_0, a_1, \ldots , a_s] \qquad (s \geq 1)$$

son développement en fraction continue. Pour tout $k \in \{1,2,\ldots,s\}$, on pose

$$\frac{p_k}{q_k} = [a_0, a_1, \ldots , a_k] .$$

L'identité (k pair)

$$\frac{p_k}{q_k} + \frac{1}{xq_k^2} = [a_0,\ a_1, \ldots,\ a_k,\ x - \frac{q_{k-1}}{q_k}]$$

se vérifie aisément (il suffit de choisir $x = a_{k+1} + q_{k-1}/q_k$ pour s'en convaincre), d'où

$$\frac{p_k}{q_k} + \frac{1}{xq_k^2} = [a_0, a_1, \ldots, a_k, x - 1, 1, \frac{q_k}{q_{k-1}} - 1] \quad .$$

Par ailleurs

$$\frac{q_k}{q_{k-1}} = [a_k,\ a_{k-1}, \ldots,\ a_1]$$

d'où, pour $x = 1$, et toutes réductions faites

$$\frac{p_k}{q_k} + \frac{1}{q_k^2}$$

$$= [a_0,\ a_1, \ldots,\ a_{k-1},\ a_k+1,\ a_k-1,\ a_{k-1}, \ldots,\ a_1] \quad .$$

Ignorant a_0, ce qui revient à raisonner (mod 1), le passage de p_k/q_k à $p_k/q_k + 1/q_k^2$ revient à considérer le mot double

$$\begin{pmatrix} a_1, & a_2, \ldots, & a_k \\ 0, & 0, \ldots, & 0 \end{pmatrix} \in \mathbb{N}^* \times \{0, +1, -1\}^* \quad ,$$

à le transformer par l'application $K = S \times (T \circ E)$ où T est la symétrisation perturbée par le mot $+1, -1$, pour obtenir

$$\begin{pmatrix} a_1, a_2, \ldots, a_{k-1}, a_k, a_k, a_{k-1}, \ldots, a_2, a_1 \\ 0,\ 0, \ldots,\ 0,\ +1, -1,\ 0,\ \ldots,\ 0,\ 0 \end{pmatrix} \quad ,$$

puis enfin à additionner les éléments deux à deux (on aura remarqué que $\mathbb{N}$ représente l'ensemble des entiers strictement positifs et que, conformément à nos notations, $\mathbb{N}^*$ désigne le langage sur l'alphabet $\mathbb{N}$.)

Posons alors

$$F_n(g) = \sum_{j=0}^{n-1} g^{-2^j} = \frac{f_n}{g^{2^{n-1}}} .$$

L'identité triviale

$$F_{n+1}(g) = F_n(g) + \frac{1}{g^{2^n}} = \frac{f_n}{g^{2^{n-1}}} + \frac{1}{\left(g^{2^{n-1}}\right)^2}$$

montre que la fraction continue de $F(g) \pmod 1$ est la suite infinie obtenue par addition terme à terme de la suite infinie double

$$K^\omega \begin{pmatrix} g-1 & g+1 \\ 0 & 0 \end{pmatrix} \in \{g-1,g+1\}^\omega \times \{0,+1,-1\}^\omega$$

Les quotients partiels prennent donc au plus $2 \times 3 = 6$ valeurs. En explicitant les premiers termes

$$K^\omega \begin{pmatrix} g-1 & g+1 \\ 0 & 0 \end{pmatrix}$$

$$= \begin{pmatrix} g-1 & g+1 & g+1 & g-1 & g-1 & g+1 & g+1 & g-1 & \ldots \\ 0 & +1 & -1 & +1 & -1 & -1 & +1 & \ldots\ldots & \end{pmatrix}$$

on obtient

$$F(g) = [0,g-1,g+2,g,g,g-2,g,g+2,\ldots.] .$$

Le premier quotient partiel est $g-1$. Tous les autres sont à valeurs dans $\{g-2, g, g+2\}$. Bien entendu, ce calcul n'est valable que si $g \geq 3$. Pour $g = 2$, on trouve par une analyse analogue que $F(2)$ s'écrit avec les quotients partiels 1, 2, 4, 6 . CQFD

Dans une lettre privée (20 dec. 1979), M. DEKKING remarque que le suite des quotients partiels de $F(g)$ est l'image d'une suite obtenue par une substitution d'ordre 2 (voir [1] pour une définition). Il s'ensuit que la fréquence d'apparition de g (resp. $g-2$, $g+2$) existe et est rationnelle. Plus spécifiquement, la fréquence de $g-2$ (resp. $g+2$) est 1/4 et celle de g est 1/2 . (On suppose ici $g \geq 3$. Pour $g = 2$ on obtient un résultat similaire.), (voir l'article de J. SHALLIT [10]).

Ce curieux résultat de M. KMOSEK nous a été communiqué par A. SCHINZEL à Oberwolfach au printemps 1979, sous une forme plus générale.

<u>Soit</u> (ε_i) <u>une suite infinie de signes</u> ± 1 , <u>soit</u> (δ_i) <u>une suite infinie d'entiers positifs bornés et soit</u> (Q_i) <u>une suite infinie d'entiers tels que</u> $Q_{i+1} = \delta_i Q_i^2$. <u>Alors le développement en fraction continue du nombre</u>

$$\sum_{i=0}^{\infty} \frac{\varepsilon_i}{Q_i}$$

<u>est à quotients partiels bornés</u>.

La preuve est essentiellement la même que la précédente.

3. - THEORIE DU PAPIER PLIE [2], [3], [8]

Prenez une feuille de papier et faites des opérations suivantes. A la première étape, pliez la feuille en rabattant la moitié droite sur la moitié gauche. Cette dernière étant supposée fixe et horizontale, l'opération peut se faire de deux façons : ou bien la moitié droite vient se rabattre par dessus la moitié gauche (pliage positif), ou bien par dessous (pliage négatif).

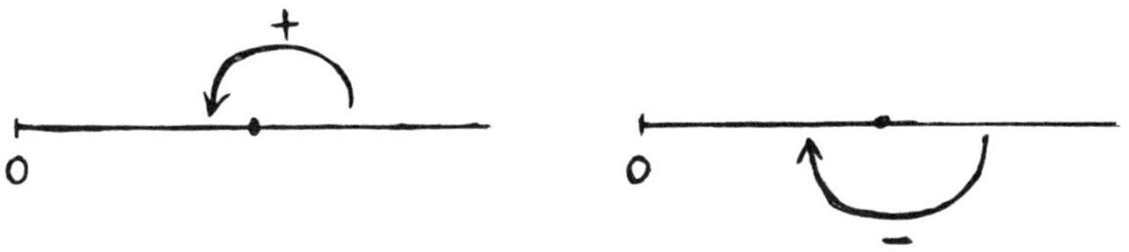

Figure 1

La deuxième étape consiste à plier à nouveau la feuille en deux, le nouveau pli étant parallèle au premier. Comme précédemment, le choix est double, en sorte qu'après cette opération on obtient une certaine configuration parmi quatre (Figure 2).

Figure 2

Le processus se poursuit de façon similaire jusqu'à la n^e étape où la feuille a été repliée n fois sur elle-même. A ce stade, dépliez la feuille de façon que chaque pli forme maintenant un angle droit. En regardant la feuille par la tranche perpendiculairement aux plis, on voit apparaître une ligne brisée constituée par 2^n

segments de longueurs égales, alternativement horizontaux et verticaux.

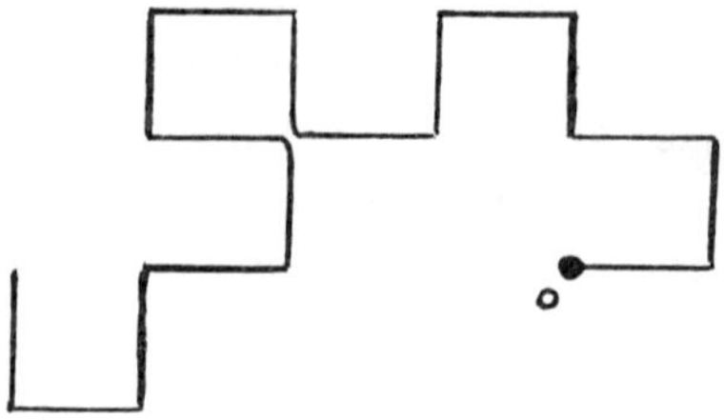

Figure 3. Ligne brisée obtenue après avoir plié la feuille quatre fois dans le sens positif.

La Figure 3 représente la ligne brisée obtenue par quatre pliages dans le sens positif. La Figure 4 représente ce que l'on obtient après dix pliages dans le sens positif. Pour obtenir le dessin Figure 5, on a plié la feuille alternativement dans le sens positif, puis dans le sens négatif et on a répété l'opération trois fois (il y a donc 2^6 segments).

Soit P_+ (resp. P_-) l'opération qui consiste à plier dans le sens positif (resp. négatif). Désignons par "1" le segment horizontal et par $\varepsilon_1, \varepsilon_2, \ldots, \varepsilon_n$ une suite finie de $+$ et de $-$. Alors

$$\prod_{j=1}^{n} P_{\varepsilon_j}(1) = P_{\varepsilon_n} P_{\varepsilon_{n-1}} \cdots P_{\varepsilon_1}(1)$$

représente la ligne obtenue après les n pliages $P_{\varepsilon_1}, \ldots, P_{\varepsilon_n}$. Ainsi, par exemple, la ligne de la Figure 3 s'écrit

$$P_+ P_+ P_+ P_+ (1) \quad .$$

Soit m une ligne brisée dont le premier segment est 1 , dessiné sur le réseau $\mathbb{Z}^2$, et dont les côtés sont de longueur unité, alternativement horizontaux et verticaux. Les opérateurs P_+ et P_- agissent sur m de la façon suivante. Laissant fixe le segment initial 1 , on replie la ligne m sur elle-même ce qui revient à refermer les angles droits. La ligne m vient ainsi s'écraser sur le segment 1 . On plie maintenant la ligne (plate) obtenue dans le sens positif si on applique P_+ (resp. dans le sens négatif si on applique P_-). La nouvelle ligne est alors dépliée, les angles reprenant les valeurs $\pm\pi/2$ et les nouveaux segments étant multipliés par 2 . La nouvelle ligne est notée $P_+(m)$ (resp. $P_-(m)$). En résumé, si L est la famille des lignes brisées telles que m , alors P_+ et P_- sont des opérateurs définis sur L .

4. - LIGNES BRISEES ET MOTS

Soit $m = 0A_1A_2...A_sA_{s+1}$ une ligne brisée, élément de la famille L . Imaginons un mobile qui parcourt m en portant de 0 . Chaque fois qu'il rencontre un angle (un coude) on marque g ou d suivant qu'il va à gauche ou à droite. A la ligne m correspond ainsi un mot de longueur s formé avec les lettres g et d . En particulier, à la ligne $1 = 0A_1$ correspond le mot vide du langage $\{g,d\}^*$. Réciproquement, à tout mot du langage $\{g,d\}^*$ correspond une ligne brisée obtenue en lisant le mot de la gauche vers la droite et en suivant les instructions indiquées g ou d . Par exemple, au mot ggdggddgggddgdd correspond la ligne $(P_+)^4(1)$ dessinée à la Figure 3. Ainsi est établie une bijection canonique entre la famille L des lignes brisées et le langage $\{g,d\}^*$. Nous identifions ces deux ensembles de sorte que m représentera soit un mot du langage $\{g,d\}^*$ soit une ligne brisée de L .

Un mot m est dit simple si la ligne brisée représentative ne contient aucun segment double. Le mot ggg est simple, mais gggg ne l'est pas. Un mot m est dit fermé si la ligne brisée représentative est fermée. Ainsi ggg est un mot fermé, mais gggg ne l'est pas.

Les opérateurs P_+ et P_- ont bien entendu une traduction dans le langage $\{g,d\}^*$. On se convaincra sans peine que

$$P_+(1) = g \quad , \quad P_-(1) = d$$

et que si $m = e_1e_2\ldots e_s \in \{g,d\}^*$, alors

$$P_+(m) = ge_1de_2ge_3d\ldots e_sf$$

$$P_-(m) = de_1ge_2de_3g\ldots e_sf'$$

où

$$f = \begin{cases} d & \text{si } s \text{ impair} \\ g & \text{si } s \text{ pair} \end{cases} \qquad f' = \begin{cases} d & \text{si } s \text{ pair} \\ g & \text{si } s \text{ impair} . \end{cases}$$

5. - QUELQUES RESULTATS GENERAUX

Soit $m \in \{g,d\}^*$ et soit $e \in \{g,d\}$. On désigne par $|m|_e$ le nombre de fois que la lettre e apparaît dans le mot m , de sorte que

$$|m|_g + |m|_d = |m| .$$

Si m est non vide, on note m_k le mot formé des k premières lettres de m ($0 \le k \le |m|$). En particulier m_0 est le mot vide 1 .

On désigne par x_m et y_m les deux coordonnées de l'extrémité finale de la ligne brisée m . Nous laissons le soin au lecteur d'établir les théorèmes 2, 3, 4 ci-dessous.

Théorème 2 - <u>Soit</u> $m \in \{g,d\}^*$. <u>Alors</u>

$$x_m = \sum_{0 \le k \le \frac{1}{2}|m|} \exp \frac{i\pi}{2} (|m_{2k}|_g - |m_{2k}|_d)$$

$$y_m = \sum_{0 \le k < \frac{1}{2}|m|} \exp \frac{i\pi}{2} (|m_{2k+1}|_g - |m_{2k+1}|_d - 1) .$$

Ce résultat m'a été communiqué par Steve WILSON et se démontre aisément par récurrence sur le nombre de lettres de m .

Soient les deux matrices

$$M_+ = \begin{pmatrix} 1 & -1 \\ 1 & 1 \end{pmatrix} \quad \text{et} \quad M_- = \begin{pmatrix} 1 & 1 \\ -1 & 1 \end{pmatrix} .$$

Théorème 3 - <u>Soit</u> $\varepsilon \in \{-,+\}$ <u>et soit</u> $m \in \{g,d\}^*$ <u>Alors</u>

$$\begin{pmatrix} x_{P_\varepsilon(m)} \\ y_{P_\varepsilon(m)} \end{pmatrix} = M_\varepsilon \begin{pmatrix} x_m \\ y_m \end{pmatrix}$$

La démonstration se fait en employant le théorème 2.

On définit les deux langages

$$L_1 = \{m \in \{g,d\}^* \ / \ m \text{ est simple}\}$$

$$L_2 = \{m \in \{g,d\}^* \ / \ m \text{ est fermé}\} \ .$$

Théorème 4 - <u>P_+ et P_- opèrent sur les deux langages L_1 et L_2. En d'autres termes</u>

$$P_\pm L_1 \subset L_1 \quad , \quad P_\pm L_2 \subset L_2$$

Démonstration à partir du Théorème 3.

Comme $1 \in L_1$, il s'ensuit que pour tout $(\varepsilon_1, \varepsilon_2, \ldots, \varepsilon_n) \in \{-,+\}^n$, la ligne

$$P_{\varepsilon_n} P_{\varepsilon_{n-1}} \cdots P_{\varepsilon_1} (1)$$

est simple. Ce fait est illustré sur les figures 4 et 5 où on a dessiné $(P_+)^{10}(1)$ et $(P_-P_+)^3(1)$. Cette dernière ligne est tout à fait remarquable : elle remplit un triangle.

Théorème 5 - <u>La ligne infinie</u>

$$\lim_{n \to \infty} (P_-P_+)^n(1)$$

<u>remplit la portion du réseau $\mathbb{Z}^2$ définie par $x \geq 0$, $x+y \geq 0$. Elle passe deux fois par chaque point intérieur</u> ($x > 0$, $x+y > 0$, $y < 0$) <u>et une fois par chaque point frontière</u>.

Nous allons établir ce résultat en détail car la démonstration illustre le principe de la symétrie perturbée. La démonstration établira d'ailleurs que la limite de $(P_-P_+)^n(1)$ existe, ce qui n'était pas évident à priori.

Ajoutons que cette démonstration est indépendante des théorèmes précédents.

Soit Q l'opérateur P_-P_+ défini sur $\{g,d\}^*$. Nous allons donner une interprétation géométrique de Q .

Soit $\varepsilon_n = (-1)^n$. Considérons le mot

$$m_n = P_{\varepsilon_{n-1}} P_{\varepsilon_{n-2}} \dots P_{\varepsilon_1} P_{\varepsilon_0}(1)$$

dont la longueur est 2^n-1 . (On ne devra pas confondre avec la notation du Théorème 2 où m_n est un mot de longueur n). On vérifie facilement que

$$m_{n+1} = P_{\varepsilon_n}(m_n) = \vec{m}'_n \, g \, \overleftarrow{m}_n$$

où le mot $\vec{m}'_n$ s'obtient à partir de $\vec{m}_n$ en échangeant les lettres g et d . L'opérateur P_{ε_n} est donc une variante de la transformation T introduite à la Section 2. On voit aussi que $\vec{m}_n$ est facteur gauche de $\vec{m}_{n+2}$ ce qui montre que $Q^n(1)$ tend vers une limite.

Géométriquement, le passage de la ligne m_n à la ligne m_{n+1} consiste à prendre le symétrique m'_n de m_n par rapport à l'axe $0x$, puis à faire pivoter cette ligne d'un angle $-\pi/2$ autour de l'extrémité de m_n d'où une ligne $\tilde{m}_n$. La ligne m_{n+1} est alors la ligne $m'_n\tilde{m}_n$ obtenue par "concaténation" des deux lignes m'_n et $\tilde{m}_n$.

Soit alors Δ_n le triangle $0 \le x \le 2^n$, $y \le 0$, $x+y \ge 0$, $(x,y) \in \mathbb{Z}^2$, $(x,y) \neq (-2^n,-2^n)$, et soit Σ_n le triangle $2^n < x \le 2^{n+1}$, $y \le 0$, $x+y \le 2^{n+1}$,

$x-y \leq 2^{n+1}$, $(x,y) \in \mathbb{Z}^2$, $(x,y) \neq (2^{n+1},0)$. La ligne $Q^0(1)$ recouvre Δ_0 . Par récurrence, supposons que $Q^n(1)$ recouvre Δ_n . D'après l'observation précédente appliquée deux fois, on constate que $Q^{n+1}(1)$ recouvre Δ_{n+1} . Par suite

$$Q^{\omega}(1) = \lim_{n\to\infty} Q^n(1)$$

recouvre le triangle infini Δ_{ω} . CQFD

APPENDICES

Remarque 1 En littérature, un mot symétrique, ou plus généralement, une phrase symétrique s'appelle un palindrome. Je ne résiste pas au plaisir de reproduire ici quelques palindromes classiques :

"Esope reste ici et se repose."

"Elu par cette crapule."

"Tu l'as trop écrasé, César, ce port salut."

"Noel a trop par rapport à Léon."

"Noel a trop paré le rapport à Léon."

Il faut encore citer cette belle phrase de N. WIENER pour décrire la réversibilité du mouvement des astres. "The music of the spheres is a palindrome, and the book of astronomy reads the same backward as forward." [11] , page 31.

Remarque 2 La démonstration du Théorème 5 montre que la limite

$$\lim_{n\to\infty} P_+(P_-P_+)^n(1)$$

existe, que la ligne est simple et qu'elle remplit la portion du réseau $\mathbb{Z}^2$ comprise entre l'axe du x et la première bissectrice.

D'une façon générale, quelle que soit la suite infinie $(\varepsilon_n) \in \{-,+\}^\omega$, on peut montrer qu'il existe une suite croissante d'entiers (n_i) telle que

$$\lim_{i\to\infty} \prod_{k=1}^{n_i} P_{\varepsilon_k} \quad (1)$$

existe. Cette ligne est simple (corollaire du Théorème 4) et on peut montrer qu'elle remplit une proportion positive du réseau $\mathbb{Z}^2$. On définit dans [8] une notion de dimension des courbes qui permet de mesurer la vitesse de remplissage. Pour la courbe infinie ci-dessus, on trouve la dimension 2, ce qui correspond à une vitesse de remplissage maximale.

Remarque 3 Pendant l'été 1979, j'avais observé "expérimentalement" le phénomène décrit au Théorème 5. Après que j'eus établi le théorème, M. DEKKING me signala l'article de C. DAVIS et D. KNUTH qui contient ce même résultat. Leur article est une mine de courbes curieuses.

Remarque 4 Plusieurs mathématiciens (ALLOUCHE, DEKKING, LOXTON, VAN DER POORTEN, ...) ont remarqué que le nombre réel obtenu en remplaçant g par 1 et d par 0 dans la suite infinie $P^{\omega}(1)$ est transcendant. Ce résultat est un cas particulier d'une conjecture formulée dans [1] , pratiquement résolue par LOXTON et VAN DER POORTEN, selon laquelle le développement binaire d'un nombre algébrique irrationnel ne peut être engendré par un 2-automate.

Figure 4

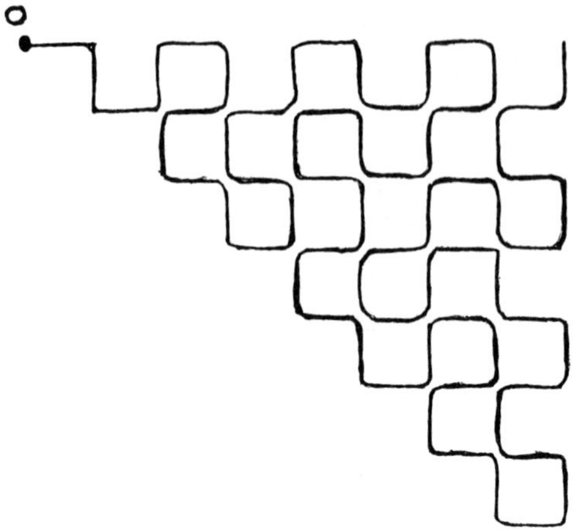

Figure 5. Représentation de $(P_-P_+)^3(1)$

REFERENCES

[1] G. Christol, T. Kamae, M. Mendès-France, G. Rauzy. Suites algébriques, automates et substitutions, Bull. Soc. Math. France, à paraître.

[2] C. Davis, D. E. Knuth. Number Representations and Dragon Curves I, II. Jour Recreational Math. 3 1970, 61-81, 133-149.

[3] F. M. Dekking. Constructics voon 0-1-rijen met strikt ergodische afgesloten baan. Doctoraalscriptie 1971, Hollande.

[4] K. Jacobs, M. Keane. 0-1 sequences of Toeplitz Type A. Wahrscheinlichkeitstheorie 13, 1969, 123-131.

[5] T. Kamae. Spectrum of a substitution minimal set. Jour. Math. Soc. Japan, 22, 1970, 567-578.

[6] M. Kmošek. Communication faite par A. Schinzel, Oberwolfach (Approximations diophantionnes) 23 mai - 2 juin 1979.

[7] B. Mandelbrot. Fractals, Form, Chance and Dimension. 1977, Freeman, San Francisco.

[8] M. Mendès-France, G. Tenenbaum. Dimension des courbes papiers pliés et suites de Rudin-Shapiro, à paraître.

[9] T. Schneider. Einführung in die Transzendenten Zahlen, Springer Verlag 1957.

[10] J. Shallit. Simple continued fractions for some irrational numbers, Jour. Number Theory 11, 1979, 209 - 217.

[11] N. Wiener. Cybernetics, M.I.T. Press, 2e edition, 1961.

UNITES ELLIPTIQUES ET FONCTIONS L p-ADIQUES

Roland Gillard

Le but de cette rédaction est de construire des fonctions L p-adiques, dans le cas elliptique de hauteur 1, débarrassées de tout facteur parasite. L'exposé oral résumait [5]. Ici, on supprime une hypothèse restrictive peu naturelle de cet article en choisissant pour chaque caractère une courbe elliptique convenable (cf. §1.5). Ceci permet, sous des hypothèses assez faibles, d'obtenir l'analogue de résultats arithmétiques classiques dans le cas cyclotomique. Pour le détail des démonstrations, on renvoie à [5].

1. - CONSTRUCTION DE FONCTIONS L p-ADIQUES

1.1. NOTATIONS.

Soient K un corps quadratique imaginaire et p un nombre premier $\neq 2$ ou 3 se décomposant en deux facteurs distincts $\mathfrak{p}$ et $\mathfrak{p}'$ dans K. On identifie les nombres algébriques dans $\mathbb{C}$ et $\overline{\mathbb{Q}}_p$ via des inclusions $\overline{\mathbb{Q}} \subset \mathbb{C}$ et $\overline{\mathbb{Q}} \subset \mathbb{Q}_p$ fixées dans la suite : ceci définit un prolongement v à $\overline{\mathbb{Q}}$ de la valuation $\mathfrak{p}$-adique de K. Pour toute extension L de K ou de $\overline{\mathbb{Q}_p}$, on note $\mathcal{O}(L)$ l'anneau des entiers de L et $\mathcal{O}(L)^*$ le groupe de ses unités ; dans le premier cas, on note L^v le complété de L pour la valuation v et, si $[L:K]$ est fini, h(L) le nombre de classes de L. Ainsi $\mathcal{O}(L^v)^*$ est identifié à $\mathbb{Z}_p$. Si $a \in \mathbb{Z}_p$, on le décompose en $\omega(a)$ racine de 1 et $\langle a \rangle$ dans le groupe multiplicatif $1 + p\mathbb{Z}_p$.

Pour $\mathfrak{g}$ idéal entier de K, on note $H_{\mathfrak{g}}$ (resp. $Cl(\mathfrak{g})$) le corps (resp. le groupe) des classes de rayon modulo $\mathfrak{g}$ de K ; on désigne par $e(\mathfrak{g})$ le nombre de racines de 1 dans K congrues à 1 modulo $\mathfrak{g}$ et par g le plus petit entier rationnel > 0 dans $\mathfrak{g}$. On pose $e = e((1))$. Soit I le monoïde des idéaux entiers de K. On fixe une application ρ (resp. h) I dans K (resp. dans I), avec $\rho(\mathfrak{g})\cdot\mathfrak{g} = h(\mathfrak{g})$ et $h(\mathfrak{g})$ premier à $\mathfrak{g}$. On suppose ρ faiblement additive, i.e. on suppose que

$$\rho(g_1 \cdot g_2) = \rho(g_1) + \rho(g_2)$$

pour g_1 et g_2 premiers entre eux.

Soit ν un caractère (de dimension 1) $\neq 1$ de $Cl(g)$ à valeurs dans $\overline{\mathbb{Q}}^*$. La fonction L qui lui est associée est prolongeable à $\mathbb{C}$ et on a (cf. par exemple 8 chap. 21, théorème 3 et chap. 22, théorème 2) si ν est primitif :

$$L(1,\nu) = -2\pi(6\sqrt{d}T(\nu)ge(g))^{-1} \sum_{C\in Cl(g)} \nu(C)^{-1}\log|\phi_g(C)| \quad , \quad (1)$$

où $T(\nu)$ désigne la somme de Gauss attachée à ν. La définition de l'invariant $\phi_g(C)$ de Siegel-Ramachandra est rappelée ci-dessous. Cette formule est le point de départ pour les formules du nombre des classes (cf. infra (9)). Les fonctions L p-adiques devront vérifier une formule analogue.

1.2. <u>UNITES ELLIPTIQUES</u>.

1.2.1. <u>Cas</u> $g \neq 1$. Pour $L = w_1\mathbb{Z}\oplus w_2\mathbb{Z}$ réseau dans $\mathbb{C}$, avec $\mathrm{Im}\frac{w_1}{w_2}>0$, on introduit pour $z \in \mathbb{C}$

$$\begin{cases} \sigma(z,L) = z \prod_{\substack{\omega\in L\\ \omega\neq 0}} (1-\frac{z}{\omega})\exp(\frac{z}{\omega}+\frac{1}{2}(\frac{z}{\omega})^2) \\ \\ \zeta(z,L) = \sigma'(z,L)/\sigma(z,L) , \end{cases} \quad (2)$$

$\Delta(L)$ le discriminant de L ,

$$s_2(L) = \lim_{s\to 0^+} \sum_{\substack{\omega\in L\\ \omega\neq 0}} \frac{1}{\omega^2|\omega|^{2s}} ,$$

$$\eta(z,L) = s_2(L)z+\frac{\pi}{a(L)}\,\overline{z} \ , \ a(L) = \frac{w_1\overline{w}_2-w_2\overline{w}_1}{2i} \quad \text{et}$$

les "fonctions θ" , homogènes de degré 0
en z et L :

$$\begin{cases} \theta(z,L) = \Delta(L)\exp(-6s_2(L)z^2)\sigma(z,L)^{12} \\ \phi(z,L) = \Delta(L)\exp(-6\eta(z,L)z)\sigma(z,L)^{12} \end{cases} \qquad (3)$$

notées respectivement $\theta^{(12)}(z,L)$ et $\phi^{(12)}(z,L)$ dans [9] .

La fonction θ est plus simple à définir et c'est donc elle qui est utilisée dans les articles récents sur les unités elliptiques mais Robert a utilisé ϕ dans son mémoire définissant les unités elliptiques ; d'ailleurs l'équation fonctionnelle de ϕ s'écrit plus simplement que celle de θ :

$$\forall z\in\mathbb{C} \ , \ \forall w\in L \ , \ \phi(z+w,L) = \phi(z,L).\exp 6(\eta(w,L)z-\eta(z,L)w) \ . \qquad (4)$$

Considérons alors, pour $\mathcal{U}$ idéal entier de K premier à $\mathfrak{g}$, l'élément $\phi^{\mathfrak{g}}(\rho(\mathfrak{g}),\mathcal{U}^{-1})$: utilisant (4) on voit qu'il ne dépend que de la classe $C(\mathcal{U}\cdot h(\mathfrak{g}))$ de $\mathcal{U}h(\mathfrak{g})$ dans $Cl(\mathfrak{g})$. Ceci permet de poser

$$\phi^{\mathfrak{g}}(\rho(\mathfrak{g}),\mathcal{U}^{-1}) = \phi_{\mathfrak{g}}(C(\mathcal{U}h(\mathfrak{g}))) \quad ,$$

et de définir ainsi $\phi_{\mathfrak{g}}(C)$ pour tout $C\in Cl(\mathfrak{g})$.

Considérons maintenant $I_{\mathfrak{g}}$ le monoïde des idéaux entiers de K premiers à $6.\mathfrak{f}^*.\mathfrak{g}$, où $\mathfrak{f}^*$ est un idéal fixé (cf.1.3.), ainsi que l'idéal $J_{\mathfrak{g}}$ de $\mathbb{Z}[I_{\mathfrak{g}}]$ formé des $\alpha = \Sigma\alpha(\mathcal{U})\mathcal{U}$ vérifiant

$$\Sigma\alpha(\mathcal{U}) = \Sigma\alpha(\mathcal{U})N(\mathcal{U}) = 0 \ . \qquad (5)$$

Pour $\alpha \in J_g$, posons

$$\theta(z,\alpha) = \prod_{\mathcal{U} \in I_g} \theta(z,\mathcal{U}^{-1})^{\alpha(\mathcal{U})} . \tag{6}$$

Le résultat clef de [9] est que $\theta(\rho(g),\alpha)$ est la puissance d'ordre (*) $e(g)$ d'un élément de $\mathcal{O}(H_g)^*$; d'où la définition

$$\Omega_g = \{x \in H^*_g \mid x^{e(g)} \in \{\theta(\rho(g),\alpha)\}_{\alpha \in J_g}\} ,$$

en fait indépendante des choix de ρ et de $\mathfrak{f}^*$.

1.2.2. <u>Cas</u> $g = 1$. Choisissons un idéal $\mathcal{U}$ dans C^{-1} , $C \in Cl((1))$. Soit a un générateur de l'idéal principal $\mathcal{U}^{h(K)}$ et choisissons une racine d'ordre $h(K)$, $\phi_{(1)}(C)$, de $a^{12}\Delta^{h(K)}(\mathcal{U})$: $|\phi_{(1)}(C)|$ ne dépend que de $C \in Cl((1))$ Définissons I_g comme plus haut et introduisons l'idéal $J_{(1)}$ formé des $\alpha = \Sigma\alpha(\mathcal{U})\cdot\mathcal{U}$ vérifiant

$$\Sigma\alpha(\mathcal{U}) = 0 \quad \text{et} \quad \prod \mathcal{U}^{\alpha(\mathcal{U})} \quad \text{principal.} \tag{5 bis}$$

Alors, d'après [9] ,

$$\theta(\alpha) \underset{\text{dfn}}{=} \prod (a^{12}\Delta(\mathcal{U})^{h(K)})$$

est la puissance d'ordre $e.h(K)$ d'une unité de $H_{(1)}$: d'où la définition

$$\Omega_{(1)} = \{x \in H^*_{(1)} \mid x^{e.h(K)} \in \{\theta(\alpha)\}_{\alpha \in J_{(1)}}\} .$$

(*) en fait $12e(g)$

1.2.3. Pour F/K extension abélienne de conducteur $\mathfrak{g}$, on introduit le groupe des unités elliptiques propres

$$\Omega_F = N_{H_{\mathfrak{g}}/F}(\Omega_{\mathfrak{g}}) \tag{7}$$

et le groupe des unités elliptiques

$$C_F = \mu_F \prod_{K \subsetneq F' \subseteq F} \Omega_{F'} \, , \tag{8}$$

où μ_F est le sous-groupe de torsion de $\mathcal{O}(F)^*$. Rappelons que, d'après [9] §2.3, théorème 2, la norme définit une application $\Omega_F \to \Omega_{F'}$, qui est surjective si les conducteurs de F et F' ont les mêmes facteurs premiers.

Supposons le p-groupe de Sylow de $\mathrm{Gal}(F/K)$ cyclique et p premier à $h(K)$, alors d'après [4] (théorèmes 5 et 6, compte tenu de la différence entre $\Omega_{F \cap H_{(1)}}$ et le Ω_{ξ_0} de [4]),

$$h(F) \sim [\mathcal{O}(F)^* : C_F] \, , \tag{9}$$

sauf dans des cas pathologiques qui n'interviennent pas dans la suite ; la formule $a \sim b$ signifie que les deux membres a et $b \in \overline{\mathbb{Q}}_p^*$ ne diffèrent que par une unité p-adique.

1.3. OBJETS ATTACHES A UNE COURBE ELLIPTIQUE AUXILIAIRE.

1.3.0. Soient H/K une extension abélienne finie de degré et de conducteur premiers à p, et E une courbe elliptique définie sur $\mathcal{O}(H)$. On note $\mathfrak{f}_H$ le produit des idéaux premiers de H où E a mauvaise réduction et $\mathfrak{f}^*$ (utilisé en 1.2) la norme de $\mathfrak{f}_H$ sur K. On suppose que le réseau de $\mathbb{C}$ correspondant aux périodes de E dans le paramétrage de Weierstrass

$$\xi : z \to (\wp(z), \wp'(z))$$

est de la forme $\Omega_\infty \mathcal{O}(K)$, et que p <u>et</u> $\Delta(\Omega_\infty \mathcal{O}(K))$ <u>sont</u> <u>premiers</u> entre eux. Ainsi H contient $H_{(1)}$. Pour $g \in I$, on note E_g le groupe des points de g-torsion de E et $H(E_g)$ l'extension engendrée par les coordonnées de ces points. Ainsi $\xi(\rho(g)\Omega_\infty) \in E_g$.

1.3.1. Grossencaractères (cf. [11] §7.8) : on note ψ_H le grossencaractère de E sur H : ses valeurs sont dans K^* . On montre (*) qu'on peut changer H et E (en conservant les <u>hypothèses</u> ci-dessus) de <u>façon que</u> ψ_H <u>s'écrive sous</u> <u>la forme</u>

$$\psi_H = \psi_K \circ N_{H/K} \tag{10}$$

où ψ_K est un grossencaractère de K et $N_{H/K}$ la norme ; soit $\mathfrak{f}$ le conducteur de ψ_K . L'extension N engendrée sur K par les valeurs de ψ_K est finie, non ramifiée en $\mathfrak{p}$ et $\mathfrak{p}'$. Pour $\mathfrak{U}$ idéal entier de K premier à $\mathfrak{p}$ et $\mathfrak{f}$, $\psi_K(\mathfrak{U})$ est une unité de N^v : on note $\underline{\omega}(\mathfrak{U})$ la racine de 1 dans N^v congrue à $\psi_K(\mathfrak{U})$ modulo p et on définit $\langle\psi_K\rangle(\mathfrak{U})$ en prenant, dans $1+p\mathbb{Z}_p$, la racine d'ordre $[H:K]$ de $\langle\psi_H(\mathfrak{U}.\mathcal{O}(H)\rangle$. On vérifie alors que

$$\psi_K = \underline{\omega}\cdot\langle\psi_K\rangle \; . \tag{11}$$

Rappelons ([11], §7.8) que (10) signifie que pour chaque g l'extension $H(E_g)/K$ est abélienne.

(*) cf. plus loin §1.5.

1.3.2. <u>Groupe formel</u>. Soit $\hat{E}$ le complété formel de E le long de la section unité : c'est le groupe formel défini sur $\mathcal{O}(H^V)$ obtenu en prenant $W = -2x/y$ comme paramètre. On sait que, après extension à $A' \underset{\text{dfn}}{=} \mathcal{O}(\mathbb{Q}_p^{n^r})$ ($\mathbb{Q}_p^{n^r}$ étant le complété de l'extension non ramifiée maximale de $\mathbb{Q}_p$), il existe un isomorphisme du groupe formel multiplicatif $\underline{G}_m$ dans $\hat{E}$: il existe $\eta(T) \in A'[[T]]$, série inversible pour la composition, telle qu'on ait les identités de séries formelles

$$\eta(T_1+T_2+T_1T_2) = \eta(T_1) +_{\hat{E}} \eta(T_2)$$

$$\eta((1+T)^a-1) = [a](\eta(T)) \quad ,$$

en notant $+_{\hat{E}}$ (resp. $[a]$) l'addition formelle (resp. la multiplication formelle par $a \in \mathbb{Z}_p$) .

1.4. <u>FONCTION</u> L <u>p-ADIQUE</u> L_E .

1.4.1. Pour L réseau de $\mathbb{C}$ la série

$$H_k(z,k+s,L) \underset{\text{dfn}}{=} \sum_{\omega \in L} \frac{(\bar{z}+\bar{\omega})^k}{|z+\omega|^{2(k+s)}} \tag{12}$$

définit une fonction de s analytique pour $\mathrm{Re}(s) > 1 - \frac{k}{2}$, prolongeable en une fonction analytique sur $\mathbb{C}$. Désignons par $E_k^*(z,L)$ sa valeur pour $s = 0$. On a ainsi des formules (comparer à [1]) :

$$\left(\frac{d}{dz}\right)^k \log \theta(z,L) = \begin{cases} 12[E_1^*(z,L)+\frac{\pi}{a(L)}\bar{z}] & \text{si } k = 1 , \\ -12E_2^*(z,L) & \text{si } k = 2 , \\ 12(-1)^{k-1}(k-1)!E_k^*(z,L) & \text{si } k \geq 3 . \end{cases} \tag{13}$$

$$E_k^*(z,L) = \begin{cases} \zeta(z,L) - zs_2(L) - \frac{\pi}{a(L)}\,\bar{z} & \text{si } k = 1 , \\ \wp(z,L) + s_2(L) & \text{si } k = 2 , \\ \frac{(-1)^k}{(k-1)!}\,\wp^{(k-2)}(z,L) & \text{si } k \geq 3 . \end{cases} \tag{14}$$

Pour $z = 0$, dans (12) on remplace la sommation du 2ème membre par celle sur les $\omega \in L$, $\omega \neq 0$; de même dans $\zeta(z,L)$ et $\wp(z,L)$: $\zeta(z,L)$ doit être remplacé par $\zeta(z,L) - \frac{1}{z}$ et $\wp(z,L)$ par $\wp(z,L) - \frac{1}{z^2}$ dans (14) .

1.4.2. Soit ν un caractère de conducteur $\mathfrak{g}_0$. On note $\mathfrak{g}$ le p.p.c.m. de $\mathfrak{g}_0$ et $\mathfrak{f}$. On définit un nombre algébrique en posant

$$L_k(\nu) = (12\sqrt{d}e(\mathfrak{g})g)^{-1}\left(1-\frac{\nu(\mathfrak{p})}{N(\mathfrak{p})}\right)\nu(h(\mathfrak{g}))\Sigma\nu(C)^{-1}\log\,\phi_{\mathfrak{g}}(C)$$

si $k = 0$

et

$$= (-1)^{k-1}(k-1)!\,(\sqrt{d}e(\mathfrak{g}))^{-1}\left(1-\frac{\nu(\mathfrak{p})\psi K(\mathfrak{p})^k}{N(\mathfrak{p})}\right)\Sigma\nu(\mathcal{B})^{-1}$$

$$\psi_K(\mathcal{B})^{-k}E_k^*(\rho(\mathfrak{g}),\mathcal{B}^{-1})\Omega_\infty^{-k}$$

si $k > 0$,

cf. notations de 1.1 ; dans la première somme C parcourt $Cl(\mathfrak{g})$ et log désigne le logarithme dans $\overline{\mathbb{Q}}_p$ (prolongé en posant $\log\, p = 0$). Dans la deuxième somme $\mathcal{B}$ parcourt un système de représentants de $Cl(\mathfrak{g})$ et on vérifie que la somme ne dépend pas du choix du système. Soulignons par contre la dépendance des choix de ρ et E .

Le caractère ν se décompose en une partie modérée ϕ (pour $\mathfrak{p}$) et une partie sauvage $\underline{\pi}$ totalement ramifiée en $\mathfrak{p}$ d'ordre une puissance de p ; on voit facilement qu'il existe un caractère d'ordre une puissance de p , $\pi : \mathbb{Z}_p^* \to \overline{\mathbb{Q}}_p^*$ tel que

$$\underline{\pi} = \pi \circ \langle \psi_K \rangle \ .$$

Avec les notations de 1.2.2., on a aussi $\underline{\pi}(\mathcal{U}) = \pi(a)^{1/h(K)}$ pour $\mathcal{U} \in I$, $\mathcal{U}$ premier à p . Pour $k \in \mathbb{Z}$, on pose $\phi_k = \phi \cdot \underline{\omega}^{-k}$, $\nu_k = \nu \cdot \underline{\omega}^{-k}$. on peut montrer :

LEMME 1. - <u>Il existe un unique entier</u> i <u>tel que le conducteur de</u> ϕ_i <u>soit premier à</u> p <u>et vérifiant</u> $0 < i < p$.

On introduit alors

$$\tau(\nu) = \sum_{\lambda=1}^{p^m} \omega^{-i}(\lambda)\pi^{-1}(\lambda)\zeta_m^{\lambda} ,$$

où p^m désigne le conducteur de $\omega^{i} \cdot \pi$, et ζ_m la racine de l'unité image par η^{-1} du point $\xi(\rho(p^m)\Omega_\infty)$ de E_{p^m} (identifié au point correspondant de $\hat{E}$).

En reprenant les constructions de [5] , on obtient ainsi une série $f_E(T,\phi) \in A'[[T]]$ (et dépendant de ρ !) . On pose alors, après avoir choisi un générateur c de $1+p\mathbf{Z}_p$,

$$L_E(s,\nu) = f_E(\pi(c)c^{1-s}-1,\phi) \ .$$

THEOREME 1. - <u>On a</u>

$$L_E(1-k,\nu) = \eta'(0)^k \cdot \tau(\nu_k)^{-1} L_k(\nu_k) \ .$$

Soient g_o le conducteur de ϕ et g le p.p.c.m. de g_o et $\mathfrak{f}$: on déduit du théorème 1 que l'élément

$$B_E(\phi) = \Sigma\phi(\mathcal{B})^{-1}E_j^*(\rho(g),\mathcal{B}^{-1})\Omega_\infty^{-j} ,$$

avec $j = i$ (resp. $j = p$) si $i \neq 1$ (resp. si $i = 1$) est dans A' et ne dépend pas modulo p du choix du système d'idéaux $\mathcal{B}$ représentant $Cl(g)$. Comme $(1 - \frac{(p)\ K^{(p)}}{Np})$ est inversible dans A' , on obtient :

COROLLAIRE. - <u>Pour que la série</u> $f_E(T,\phi)$ <u>soit inversible dans</u> $A'[[T]]$, <u>il faut et il suffit que</u> $B_E(\phi)$ <u>ne soit pas dans</u> $p.A'$.

1.5 SUR LE CHOIX DE E .

Pour définir $L_0(\nu)$, on a sommé sur $Cl(g)$. La sommation sur $Cl(g_0)$ garde un sens. Ainsi, en posant

$$L(\nu) = (12\sqrt{d}e(g_0)g_0)^{-1}(1-\frac{\nu(p)}{Np})\nu(h(g_0))\Sigma\nu(C)^{-1}\log\phi_{g_0}(C) ,$$

on déduit de [9] §2.3 que

$$L_0(\nu) = L(\nu)\cdot\nu(h(g)h(g_0)^{-1})\cdot \prod_{q|f}(1-\nu(q)) . \qquad (15)$$

PROPOSITION 1. - <u>Pour chaque caractère</u> ϕ <u>modérément ramifié en</u> p , <u>on peut choisir</u> H <u>et</u> E (cf. 1.3.) <u>de façon que</u> $\prod_{q|f}(1-\phi(q))$ <u>soit non nul</u> .

La démonstration de la proposition 1 est faite en 1.5.3. et 1.5.4.

1.5.1. Conséquence de la proposition 1 : soit ϕ un caractère modérément ramifié en p ; on suppose que ϕ n'est pas d'ordre une puissance de p (sinon cf. 1.6. ; ϕ est alors non ramifié en p). Considérons alors la série

$$H_E(T,\phi) = \frac{\phi(h(g))}{\phi(h(g_0))}\ \frac{(1+T)^{\ell(h(g))}}{(1+T)^{\ell(h(g_0))}}\ \prod_{q|f}(1-\phi(q)(1+T)^{\ell(q)})$$

où, pour $\mathcal{B}$ idéal de K premier à p , $\ell(\mathcal{B})$ est l'entier p-adique défini par l'égalité

$$\langle b\rangle = c^{\ell(\mathcal{B})\, h(K)} \quad ,$$

avec b générateur de l'idéal principal $\mathcal{B}^{h(K)}$; ainsi on a $\underline{\pi}(\mathcal{B}) = \pi(c)^{\ell(\mathcal{B})}$. Si E et H sont choisis comme dans la proposition précédente $H_E(T,\phi)$ est inversible : si on pose

$$f(T,\phi) = \frac{f_E(T,\phi)}{H_E(T,\phi)} \; , \; L_p(s,\nu) = f(\pi(c)c^{1-s}-1,\phi) \; , \tag{16}$$

alors $f(T,\phi)$ est toujours dans $A'[[T]]$, et de plus

$$f(\pi(c)-1,\phi) = L_p(1,\nu) = \tau(\nu)^{-1}L(\nu) \; . \tag{17}$$

Ceci prouve en particulier que la fonction L_p construite ci-dessus ne dépend plus de E (plus précisément, partant de deux courbes elliptiques E et E' vérifiant les conditions de la proposition, on constate qu'elles deviennent isomorphes sur A' ; en utilisant cet isomorphisme pour rendre compatible les choix de η , les séries $f(T,\phi)$ associées coïncident puisqu'elles prennent les mêmes valeurs pour $\zeta-1$, (ζ racine de 1 d'ordre une puissance de p).

Remarque. - Partant de E et H comme dans 1.3.1., on déduit de (15) et (17) l'égalité $f_E(T,\phi) = H_E(T,\phi)\cdot f(T,\phi)$.

1.5.2. Dans la situation de 1.3.0., considérons un modèle $y^2 = 4x^3-g_2x-g_3$ de E , avec g_2 et g_3 dans $\mathcal{O}(H)$ et posons $\Delta = g_2^3-27g_3^2$. Soit $\mathcal{I}$ un idéal premier de H , premier à 2 et 3 .

LEMME 2. - La courbe elliptique E a bonne réduction pour $\mathcal{I}$ si et seulement si la valuation $\mathcal{I}$-adique de Δ est divisible par 12 ; dans tous les cas, cette valuation est divisible par 12/e .

<u>Démonstration</u>. - Tout modèle de Weierstrass de E est de la forme

$$y^2 = 4x^3 - g_2'x - g_3' \quad \text{avec} \quad g_2' = u^4 g_2 \, , \qquad (18)$$
$$g_3' = u^6 g_3 \quad \text{et} \quad \Delta' = u^{12}\Delta \, .$$

Si E a bonne réduction en I, on peut trouver $u \in H$ tel que $\Delta' = u^{12}\Delta$ soit premier à I ; la réciproque se démontre en utilisant l'intégralité de l'invariant g_2^3/Δ de E. Dans tous les cas, E possède une H-forme E' (cf. [10] théorème 9, corollaire 1) qui a bonne réduction en I : on peut choisir un modèle (18) avec Δ' premier à I et on vérifie alors que u^e est dans H, d'où la fin du lemme.

1.5.3. <u>Cas où</u> $K = \mathbb{Q}(\sqrt{-1})$ <u>ou</u> $\mathbb{Q}(\sqrt{-3})$. Choisissons une courbe elliptique E, admettant $\mathcal{O}(K)$ comme anneau de multiplications complexes, définie par une équation de Weierstrass avec g_2 et g_3 dans $\mathcal{O}(K)$; on suppose que E a bonne réduction pour p. et les diviseurs premiers de 2 et 3. Considérons l'ensemble $\{\mathfrak{q}_1,\ldots,\mathfrak{q}_r\}$ des idéaux premiers de K où E a mauvaise réduction <u>et</u> vérifiant $\phi(\mathfrak{q}_i) = 1$. Soit $\mathfrak{q}$ un idéal premier de K, premier à 2, 3 et p, et vérifiant $\phi(\mathfrak{q}) \neq 1$. Choisissons des générateurs q, $q_1,\ldots,q_r$ de $\mathfrak{q},\mathfrak{q}_1,\ldots,\mathfrak{q}_r$. On peut trouver des éléments $q_1',\ldots,q_r' \in K$, premiers à 2, 3 et p, engendrant des idéaux premiers $\mathfrak{q}_1',\ldots,\mathfrak{q}_r'$ et vérifiant

$$\phi(\mathfrak{q})\cdot\phi(\mathfrak{q}_i') = \phi(\mathfrak{q}_i) = 1 \qquad (19)$$

$$\frac{q\cdot q_i'}{q_i} \equiv 1 \bmod e^3 \, . \qquad (20)$$

Posons alors $\alpha = \Pi \left(\frac{qq'_i}{q_i}\right)^{n_i}$, où n_i est tel que la valuation q_i-adique de Δ soit $n_i \cdot 12/e$ (cf. lemme 2), et $u = \sqrt[e]{\alpha}$. Définissons E' par son modèle (18) . De (20) , on déduit que l'extension K(u)/K est non ramifiée pour les diviseurs premiers de 2 et 3 dans K , ce qui entraîne la bonne réduction de E' (compte-tenu de celle de E) pour ces diviseurs. On déduit alors du lemme et de (19) que les idéaux premiers q' de K où E' a mauvaise réduction sont premiers à 2 , 3 , p et vérifient $\phi(q') \neq 1$. Les conditions de 1.3 sont clairement vérifiées par H = K et la courbe elliptique E' : si on choisit g_2 et g_3 avec p premier à Δ , p est encore premier à Δ' .

1.5.4. <u>Cas</u> e = 2 . Choisissons une courbe elliptique E , admettant $\mathcal{O}(K)$ comme anneau de multiplications complexes, définie par une équation de Weierstrass avec g_2 et g_3 dans $\mathcal{O}(H_{(1)})$; on suppose que E a bonne réduction pour les diviseurs premiers de 2 et 3 (cf. [11] , chap. 5 et [10] théorème 9, corollaire 1). Soit q un idéal premier de K décomposé dans $K/\mathbb{Q}$ premier à 2 , 3 et Δ , et vérifiant $\phi(q) \neq 1$. On choisit un point t non nul de E_q . D'après [11] , 7.8.8., on peut énoncer :

LEMME 3. - <u>Il existe une courbe elliptique</u> E' <u>définie sur</u> H_q <u>et un isomorphisme</u> $E \to E'$ <u>tel que l'image</u> t' <u>de</u> t <u>soit rationnelle sur</u> H_q . <u>Dans ces conditions, les points de torsion de</u> E' <u>engendrent sur</u> H_q <u>des extensions qui sont abéliennes sur</u> K .

Représentons E' par (18) , l'élément u correspondant à l'isomorphisme $E \to E' : (x,y) \to (u^2x, u^3y)$. Comme t' appartient à H_q , on en déduit immédiatement que $H_{(1)}(E_q) = H_q(u)$ et que u^2 appartient à H_q . Soient

I un idéal premier de H_q, premier à 2, 3 et q, et $I_{(1)}$ l'idéal premier de $H_{(1)}$ au-dessous de I.

LEMME 4. - Les conditions suivantes sont équivalentes :

i) la valuation I-adique de u^2 est impaire,

ii) I est ramifié dans $H_{(1)}(E_q)/H_q$,

iii) E a mauvaise réduction en $I_{(1)}$,

iv) la valuation $I_{(1)}$-adique de Δ est congrue à 6 modulo 12.

La partie difficile est ii)<=>iii), cf. [1], lemme 4. La partie iii)<=>iv) provient du lemme 2.

LEMME 5. - Soit E' comme dans le lemme 3 ; alors E' a bonne réduction pour tous les idéaux premiers de H_q premiers à q.

Démonstration. - Soit I un idéal premier de H_q, premier à q. Si I divise 2 ou 3, l'assertion résulte de l'isomorphisme entre E et E' sur $H_{(1)}(E_q)$, de la non ramification de I dans $H_{(1)}(E_q)/H_q$ et de la bonne réduction de E en I. Si I est premier à 2 et 3, il suffit d'appliquer le lemme 2 à E' et $\Delta' = u^{12}.\Delta$: si la valuation $I_{(1)}$-adique de Δ est congrue à 0 (resp. 6) modulo 12, la valuation I-adique de u^2 est paire (resp. impaire) donc la valuation I-adique de Δ' est congrue à 0 modulo 12.

Pour démontrer la proposition, il suffit donc de remplacer E et $H_{(1)}$ par E' et $H = H_q$.

1.6. COMMENTAIRES.

1.6.1. Replaçons-nous dans la situation de 1.4.2. Remarquons que pour tout idéal $\mathcal{B}$ de K premier à $\mathfrak{f}$, on a $\psi_K(\mathcal{B})\cdot\overline{\psi_K(\mathcal{B})} = N(\mathcal{B})$; en effet les deux membres ne diffèrent que par une racine de 1 (car, cf. [11] , pour $\mathcal{U}$ idéal de H premier au conducteur de ψ_K , l'élément $\psi_K(\mathcal{U})$ de K engendre l'idéal $N_{H/K}(\mathcal{U})$) et sont tous les deux réels >0 . Ceci permet de démontrer les formules

$$\Sigma\nu(\mathcal{B})^{-1}\psi^{-k}(\mathcal{B})E_k^*(\rho(g),\mathcal{B}^{-1})$$

$$= [\nu(h(g))\psi^k(h(g))\rho(g)^{-k}]L(k,\overline{\nu}\cdot\overline{\psi}^k)$$

$$= [\nu(h(g))\psi^k(h(g))\rho(g)^{-k}]L(0,\nu^{-1}\cdot\psi^{-k})$$

qui expriment nos sommes en termes de fonctions L attachées aux grossencaractères (définies en sommant sur les idéaux entiers de K premiers à g) ; ceci fait le lien avec les résultats de [1] et les constructions de [7] , §9.4. Notons à ce sujet que si θ désigne un caractère de Dirichlet de conducteur divisible par $\mathfrak{f}$, on a $H_E(T,\theta) = 1$, $f(T,\phi) = f_E(T,\phi)$. Ceci généralise la situation où $h(K) = 1$, $H = K$ et où θ décrit l'action galoisienne sur E_p , cf. [1] , lemme 4.

1.6.2. Dans [5] , nous avons fait l'hypothèse que l'indice de ramification de p dans F_ϕ , corps associé au noyau de ϕ dans $Cl(g_0)$ (g_0 conducteur de ϕ), divise p-1/e ; ceci nous a permis de construire une série $f'(T,\phi) \in A'[[T]]$ dont la valeur en $\pi(c)-1$ est $L(\nu)\cdot T(\nu)^{-1}\cdot\nu(h(g_0))^{-1}$ ($T(\nu)$ désignant la somme de Gauss usuelle, cf. 1.1.). Le lien entre les deux séries est donc

$$f(T,\phi) = f'(T,\phi)\cdot T(\phi_i)\phi_i(h(g_0)) . \qquad (21)$$

L'avantage de $f'(T,\phi)$ est son indépendance du choix de ρ , comparer avec 1.6.4. , ci-dessous. Sa construction n'utilise qu'une courbe elliptique choisie indépendamment de ϕ . Ceci permet de <u>définir</u> encore $f(T,\phi)$ lorsque ϕ <u>est d'ordre une puissance de</u> p (donc F_ϕ/K est non ramifiée en p), en conservant les formules (17) et (21).

1.6.3. <u>Changement de</u> η . On sait que η peut être modifié par multiplication formelle par un élément $b \in \mathbb{Z}_p^*$. Ainsi ζ_m est transformé en $\zeta_m^{b^{-1}}$, $\tau(\nu_k)$ en $\omega^{k-i}(b)\pi(b)^{-1}\tau(\nu_k)$ et $\eta'(0)$ en $b\eta'(0)$. Ainsi $f_E(T,\phi)$ (et donc $f(T,\phi)$) est multiplié par la série $\omega^i(b)(1+T)^{\ell((b))}$ (il suffit de comparer les valeurs en $\pi(c)-1$).

1.6.4. <u>Changement de</u> ρ . Avec les notations suivant le théorème 1, dans la définition de L_E n'interviennent que les valeurs de $\rho(gp^m) = \rho(g)+\rho(p^m)$ pour $m \in \mathbb{N}$.

1.6.4.1. <u>Changement de</u> $\rho(g)$. Comme $\rho(g)$ n'intervient que par sa valeur modulo $\mathcal{O}(K)$, on peut supposer que la nouvelle valeur est $b\rho(g)$, avec $b \in K$ premier à g . Ainsi $\rho(gp^m)$ devient $b_m\rho(gp^m)$ (modulo $\mathcal{O}(K)$) avec $b_m \equiv 1 \bmod p^m$, $b_m \equiv b \bmod g$. En reportant dans la formule du théorème 1, on voit que $L_E(1-k,\nu)$ est multiplié par

$$\nu_k((b_m))\psi_K((b_m))^k/b_m^k = \nu((b_m))\frac{\langle\psi_K((b_m))\rangle^k}{b_m^k}$$

$$= \nu((b_m)) \qquad \text{si } m > 0 .$$

Compte-tenu de $b_m/b \equiv 1 \bmod g$, $b_m \equiv 1 \bmod p^m$,

$$\nu((b_m)) = \phi_i((b))\underline{\omega}^i((b_m)) = \phi_i(b)\underline{\omega}^i((\tfrac{b_m}{b}))$$

$$= \phi(b)\omega^i(\tfrac{b_m}{b}) = \phi(b)\omega^{-i}(b) .$$

Ainsi $f_E(T,\phi)$ est multipliée par $\phi(b)\omega^{-i}(b)$; attention, en général $\omega(b) \neq \underline{\omega}((b))$! On vérifie à l'aide de (16) le même phénomène pour $f(T,\phi)$.

1.6.4.2. Changement de $\rho(p^m)$: on peut supposer que la nouvelle valeur est de la forme $b_m\rho(p^m)$, avec $b_m \in K$, b_m premier à p : ainsi $\rho(gp^m)$ est multiplié (mod $\mathcal{O}(K)$) par b'_m avec $b'_m \equiv 1 \bmod g$, $b'_m \equiv b_m \bmod p^m$. Ainsi on a $\psi_K((b'_m)) = b'_m$ et $L_k(\nu)$ est multiplié par $\nu((b'_m)) = (\omega^i\pi)(b'_m) = (\omega^i\pi)(b_m)$. Ceci est compensé par le changement de ζ_m dans $\tau(\nu)$. Ainsi $f_E(T,\phi)$ et $f(T,\phi)$ ne dépendent pas du choix des $\rho(p^m)$.

2. - APPLICATIONS ARITHMETIQUES

2.1. FORMULE p-ADIQUES DU NOMBRE DE CLASSES ET CRITERE DE KUMMER.

Soient F/K une extension abélienne et Δ son groupe de Galois. On suppose que p ne divise ni $h(K)$ ni le degré (fini) $[F:K]$. Désignons par K_∞ la $\mathbb{Z}_p$-extension de K non ramifiée en dehors de p et par F_∞ l'extension composée $F\cdot K_\infty$; soit S l'ensemble des places de F_∞ au-dessus de p . Notons F_n la sous-extension de degré p^n dans F_∞/F , F_n^w son complété, U_n^w le p-groupe de Sylow de $\mathcal{O}(F_n^w)^*$ pour chaque $w \in S$. Posons $U_n = \prod_{w\in S} U_n^w$, $C_n = C_{F_n}$ (cf. (8)) ; soit δ l'application diagonale $F_n \to \prod_{w\in S} F_n^w$ et désignons par $\overline{\mathcal{O}(F_n)^*}$ (resp. $\overline{C}_n$) la fermeture de $U_n \cap \delta(\mathcal{O}(F_n)^*)$ (resp. $U_n \cap \delta(C_n)$) dans U_n . La formule suivante résume les formules de nombre de classes ; M_n y désigne la p-extension abélienne, non ramifiée en dehors de p , maximale de F_n . On note R le régulateur p-adique, $\Delta(F_n)$ le discriminant sur K ,

w_n le nombre de racines de 1 dans F_n .

PROPOSITION 2. - On a :

$$[U_n : \overline{C}_n(1+p\mathbb{Z}_p)] \sim p^n \frac{R(\mathcal{O}(F_n)^*)h(F_n)}{w_n \cdot \sqrt{\Delta(F_n)}} \prod_{\nu\neq 1} \left(1 - \frac{\nu(p)}{N(p)}\right)$$

$$\sim p^n \prod_{\nu\neq 1} L_p(1,\nu) \sim [\mathrm{Gal}(M_n/F_\infty)] ,$$

où dans les produits ν parcourt l'ensemble des caractères $\neq 1$ de $\mathrm{Gal}(F_n/K)$ définis et irréductibles sur $\overline{\mathbb{Q}}_p$.

Soient $\Lambda \neq 1$ un caractère de Δ défini et irréductible sur $\mathbb{Q}$ et $e_\Lambda \in \mathbb{Z}_p[\Delta]$ l'idempotent associé. Comme $U_n/\overline{C}_n$ et $\mathrm{Gal}(M_n/F_n)$ sont des $\mathbb{Z}_p[\Delta]$-modules, on peut comparer leurs Δ-composantes :

THEOREME 2. - On a

$$[e_\Lambda(U_n/\overline{C}_n)] \sim \prod_{\zeta^{p^n}=1} \prod_{\phi} f(\zeta-1,\phi) \sim [e_\Lambda \mathrm{Gal}(M_n/F_n)]$$

où le produit est pris sur l'ensemble des racines de 1 d'ordre divisant p^n et sur l'ensemble des composants irréductibles de Λ sur $\overline{\mathbb{Q}}_p$.

Notons $C(F_n)$ le p-groupe des classes de F_n . Choisissons E comme en 1.5. et $B_E(\phi)$ comme en 1.4. (avec E comme en 1.5.) .

COROLLAIRE. - Les affirmations

i) p divise $[e_\Lambda C(F_n)]$,

ii) p divise $[e_\Lambda \mathrm{Gal}(M_n/F_n)]$,

iii) p divise $B_E(\phi)$ dans A' pour au moins un composant irréductible ϕ de Λ sur $\overline{\mathbb{Q}}_p$, sont reliées par les implications i) $\Rightarrow$ ii) $\Leftrightarrow$ iii) .

Remarque. - Si p divise $[e_\Lambda C(F_n)]$, on peut aussi écrire une condition nécessaire relative à p' .

Question. - Le corollaire précédent est-il encore valide en remplaçant Λ par un caractère défini et irréductible sur $\mathbb{Q}_p$?

2.2. STRUCTURE GALOISIENNE DE Y_∞ .

Les considérations de 2.1. conduisent à introduire la limite $Y_\infty = \varprojlim U_n/\overline{C}_n$ (pour les normes relatives) et à penser que les modules galoisiens Y_∞ et $Gal(M_\infty/F_\infty)$, M_∞ étant défini comme M_n mais en substituant F_∞ à F_n , ont des structures galoisiennes voisines. C'est ce qui motive l'étude de Y_∞ . Soit toujours ϕ un caractère de Δ défini et irréductible sur $\overline{\mathbb{Q}}_p$. Notons e_Φ l'idempotent associé : le $\mathbb{Z}_p[\Delta]$-module $e_\Phi\mathbb{Z}_p[\Delta]$ est simple. Si A désigne l'anneau engendré sur $\mathbb{Z}_p$ par l'image de Δ par ϕ , le prolongement de ϕ induit un isomorphisme

$$e_\Phi\mathbb{Z}_p[\Delta] \xrightarrow{\sim} A .$$

En utilisant la décomposition en produit direct

$$Gal(F_\infty/K) \simeq Gal(F_\infty/F)\cdot\Delta ,$$

on peut munir $e_\Phi Y_\infty$ d'une structure de $A[[T]]$-module : l'action de $1+T$ est égale à la restriction de l'automorphisme de $\bigcup_{n\in\mathbb{N}} H(E_p n)/H(E_p)$ défini par

$\xi(\rho(p^n)\Omega_\infty) \to \xi(c\rho(p^n)\Omega_\infty)$, c choisi comme en 1.4.2.

Soit, pour $w \in S$, μ^w la partie de torsion de la réunion des U_n^w ; on vérifie facilement que c'est un groupe fini. On peut considérer $(\Pi\mu^w)^{e_\Phi}$ comme un $A[[T]]$-module fini. Comme ce module est monogène, il est de la forme

$A[[T]]/\mathcal{A}$ pour un idéal $\mathcal{A}$ de $A[[T]]$. De [6] , on déduit que le $A[[T]]$ module $e_\Phi U$ est isomorphe à $\mathcal{A}$. De même, soit $\mathcal{B}$ l'idéal maximal de $A[[T]]$ si $e_\Phi \overline{C}_n$ admet de la torsion (ce qui n'arrive que si Φ est le caractère défini sur $\mathbb{Q}_p$ décrivant l'action galoisienne sur $\sqrt[p]{1}$; la torsion dans $e_\Phi \overline{C}_n$ se réduit alors au groupe engendré par $\sqrt[p]{1}$) et $A[[T]]$ lui-même sinon.

THEOREME 3. - *Il existe une série* $g(T,\phi) \in A[[T]]$ *ne différant de* $f(T,\phi)$ *que par une unité dans* $A'[[T]]$ *telle que* $\mathcal{A}$ *contienne* $g(T,\phi)\mathcal{B}$ *et que*

$$e_\Phi Y_\infty \simeq \mathcal{A}/g(T,\phi)\mathcal{B} \ .$$

Désignons par ω_n la série $(1+T)^{p^n}-1$.

COROLLAIRE 1. - *On a un isomorphisme*

$$e_\Phi (U_n/\overline{C}_n) \simeq \mathcal{A}/(g(T,\phi)\mathcal{B},\omega_n)$$

si $\phi(p) \neq 1$ *et une suite exacte*

$$0 \to A[[T]]/(g(T,\phi),\omega_n/T) \to e_\Phi (U_n/\overline{C}_n) \to e_\Phi (U_0/\overline{C}_0) \to 0$$

sinon.

La complication $\mathcal{A} \neq A[[T]]$ arrive effectivement même dans des cas où $\mathcal{B} = A[[T]]$, cf. cas anormal de [1] .

Remarquons que si $\mathcal{B}$ n'est pas inclus dans $\mathcal{A}$, la série $g(T,\phi)$ n'est pas inversible ; des théorèmes 2 et 3 , on déduit donc, en notant Λ la somme des conjugués de ϕ sur $\mathbb{Q}$, le corollaire suivant.

COROLLAIRE 2. - Si $\mathcal{B}$ n'est pas inclus dans $\mathcal{A}$, les groupes $e_\Phi Y_\infty$ et $e_\Lambda \mathrm{Gal}(M_\infty/F_\infty)$ sont infinis.

Exemple 1. $K = \mathbb{Q}(\sqrt{-3})$, E d'équation $y^2 = x^3-5$, $p = 37$ et $\phi = \theta$ (cf. 1.6.1.).

Exemple 2. Soit χ le caractère de Dirichlet correspondant à l'action galoisienne sur $\sqrt[p]{1}$ et $\tilde{\phi} = \chi\phi^{-1}$. Si $\tilde{\phi}$ est non trivial et vérifie $\tilde{\phi}(p) = 1$ alors on a $\mathcal{A} \subsetneq \mathcal{B} = \mathcal{A}[[T]]$.

Nota bene:

-Au § 1.4, si ϕ est trivial $f_E(T,\phi)$ n'appartient pas à $A'[[T]]$ mais seulement à son corps des fractions; on montre que $f_E(T,\phi)$ ne diffère de $1/T$ que par une unité de $A'[[T]]$.

-Au § 2.2, on suppose ϕ nontrivial; Φ est le caractère défini et irréductible sur $\mathbb{Q}_p$, obtenu en faisant la somme des conjugués de ϕ.

BIBLIOGRAPHIE

[1] J. COATES et A. WILES - On the conjecture of Birch and Swinnerton-Dyer, Inv. Math., 39 (1977), pp. 223-251.

[2] J. COATES et A. WILES - Kummer's criterion for Hurwitz numbers, Kyoto conference on Algebraic Number Theory, ed. by Iyangua, Jap. Soc. for the Promotion of Science, (1977), pp. 9-23.

[3] J. COATES et A. WILES - On p-adic L functions and elliptic units, J. Austral. Math. Soc. (series A), 26 (1978), pp. 1-25.

[4] R. GILLARD - Remarques sur les unités cyclotomiques et les unités elliptiques, J. of Number Theory, 11 (1979), pp. 21-48.

[5] R. GILLARD - Unités elliptiques et fonctions L p-adiques. Comp. Math. à paraître.

[6] K. IWASAWA - On $\mathbb{Z}_\ell$-extensions of algebraic number fields, Ann. of Maths, 98 (1973), pp. 246-326.

[7] N. KATZ - p-adic interpolation of real analytic Eisenstein series, Ann. of Maths, 104 (1976), pp. 459-571.

[8] S. LANG - Elliptic functions, Addison Wesley, (1973).

[9] G. ROBERT - Unités elliptiques, Bull. Soc. Math. France, mém. 36 (1973).

[10] J. P. SERRE et J. TATE - Good reduction of abelian varieties, Ann. of Maths, 88 (1968), pp. 492-517.

[11] G. SHIMURA - Introduction to the arithmetic theory of automorphic functions, Iwanami Shoten, 1971.

MEAN VALUE THEOREMS FOR THE RIEMANN ZETA-FUNCTION

Roger Heath-Brown

The Riemann Zeta-function is defined by

$$\zeta(s) = \sum_{1}^{\infty} n^{-s} , \quad (\sigma = \mathrm{Re}(s) > 1) . \tag{1}$$

It has an analytic continuation to the entire complex plane, and is regular except for a simple pole at $s = 1$. To extract information about primes, and for other problems (the generalized Divisor Problem for example) we need information about the size of $\zeta(s)$ in the "critical strip" $0 < \sigma < 1$, and, in particular, on the "critical line" $\sigma = \frac{1}{2}$. We shall discuss here some results on the average size of $|\zeta(\frac{1}{2} + it)|$.

We begin by examining

$$I_k = \int_{0}^{T} |\zeta(\tfrac{1}{2} + it)|^{2k} dt$$

for $k = 1$. The formula (1) is of no use when $\sigma = \frac{1}{2}$, so instead we use

$$\begin{aligned} \zeta(s) &= \Sigma(s) + R(s) , \\ \Sigma(s) &= \sum_{n \le N} n^{-s} \\ R(s) &\ll N^{1-\sigma}/(|t| + 1) , \quad t = \mathrm{Im}(s) , \end{aligned} \tag{2}$$

which is valid for $\frac{1}{4} \le \sigma \le -\frac{3}{4}$, $N \ge |t|$. We therefore take $\sigma = \frac{1}{2}$, $N = T$, and we calculate

$$\int_{0}^{T} |\Sigma(\tfrac{1}{2} + it)|^2 dt .$$

We shall apply the following general mean-value theorem, due to Montgomery and Vaughan:

$$\int_{0}^{T} |\sum_{1}^{N} a_n n^{-it}|^2 dt = T \sum_{1}^{N} |a_n|^2 + O(\sum_{1}^{N} n|a_n|^2) .$$

The proof of this is by no means easy. There are slightly weaker results which are not sufficient for our purposes. On taking $a_n = n^{-\frac{1}{2}}$, our choice of $N = T$ leads to

$$\begin{aligned}\int_0^T |\Sigma(\tfrac{1}{2} + it)|^2 dt &= \int_0^T |\sum_1^N n^{-\frac{1}{2}-it}|^2 dt \\ &= T \sum_1^N n^{-1} + O(\sum_1^N n.n^{-1}) \\ &= T(\log N + O(1)) + O(N) \\ &= T\log T + O(T) \ . \qquad (3)\end{aligned}$$

Moreover we trivially have

$$\begin{aligned}\int_0^T |R(\tfrac{1}{2} + it)|^2 dt &<< \int_0^T \{N^{\frac{1}{2}}/(|t| + 1)\}^2 dt \\ &<< N << T \ .\end{aligned}$$

Thus, with the obvious notation,

$$\begin{aligned} I_1 &= \int |\Sigma + R|^2 = \int |\Sigma|^2 + 2\mathrm{Re}\int \Sigma\overline{R} + \int |R|^2 \\ &= T\log T + O(T) + O\{\int|\Sigma|^2\}^{\frac{1}{2}}\{\int|R|^2\}^{\frac{1}{2}} + O(T) \\ &= T\log T + O(T) + O((T\log T)^{\frac{1}{2}}T^{\frac{1}{2}}) \\ &= T\log T + O(T(\log T)^{\frac{1}{2}}) \ . \qquad (4)\end{aligned}$$

Hence

$$\int_0^T |\zeta(\tfrac{1}{2} + it)|^2 dt \sim T\log T \ ,$$

a result first obtained by Hardy and Littlewood in 1918. Our proof derives its simple form from the powerful mean value theorem of Montgomery and Vaughan; since we save only $(\log T)^{\frac{1}{2}}$ in (4) we cannot afford to use a weaker result.

The error term $O(T)$ in (3) derives from the number of terms $N = T$ in (2). Thus if we wish to improve the error term of (4) we must either sharpen the Montgomery-Vaughan theorem (which is, in general, not possible) or replace (2) with a formula in which N is reduced. The latter method does in fact work; we have the following "approximate functional equation...on",

$$\zeta(s) = \sum_{1}^{N} 1/n^{s} + \chi(s)\sum_{1}^{N} 1/n^{1-s} + O(|t|^{-\sigma/2}) \quad , \qquad (5)$$

for $0 < \sigma < 1$,

$$N = [(|t|/2\pi)^{\frac{1}{2}}] \qquad (6)$$

and

$$\chi(s) = 2^{s-1}\pi^{s}\sec(\pi s/2)/\Gamma(s) \quad .$$

Here $\chi(s)$ is such that $\zeta(s) = \chi(s)\zeta(s-1)$, and the first two sums of (5) are parts of $\zeta(s)$ and $\chi(s)\zeta(s-1)$ respectively. The number of terms in our Dirichlet polynomial has now been reduced from $N = T$ to $N = O(T^{\frac{1}{2}})$. We may therefore expect an asymptotic formula for I_1 with error term $O(T^{\frac{1}{2}})$ approximately. There are, of course, technical problems; N now varies with t , and there are two sums now, together with their cross-terms, to consider. However, these difficulties may be overcome, and we do indeed find that

$$I_1 = T(\log T/2\pi + 2\gamma - 1) + E(T) \qquad (7)$$

with

$$E(T) << T^{\frac{1}{2}}\log T \quad . \qquad (8)$$

Note that the leading term has been modified; γ is Euler's constant. This estimate was first given by Ingham in 1926.

We may now examine I_2. If we square the expression (5) we will obtain a formula for $\zeta(s)^2$ involving Dirichlet polynomials of length $N^2 \approx t$. The situation is therefore much as it was with (2); we expect to obtain an asymptotic formula, but only saving a power of $\log T$. Indeed, we find

$$I_2 = \frac{T}{2\pi^2}(\log T)^4 + O(T(\log T)^3) \quad , \tag{9}$$

a result first given by Ingham in 1926. In practice, it is easier to work with the formula

$$\zeta(s)^2 = \sum_{1}^{N^2} d(n)/n^s + \chi(s)^2 \sum_{1}^{N^2} d(n)/n^{1-s} + O(|t|^{\frac{1}{2}-\sigma}\log(2+|t|))$$

in which N is given by (6) as before.

If $k > 2$ we conjecture that

$$I_k \sim C_k T(\log T)^{k^2} \quad , \tag{10}$$

but it is not clear what the constant C_k should be. Of course we could, for example, cube (5), leading to an expression for $\zeta(s)^3$ involving Dirichlet polynomials of length $N^3 \approx t^{3/2}$. We could then deduce that

$$I_3 = C_3 T(\log T)^9 + O(T^{3/2}(\log T)^9) \quad ,$$

but in this "asymptotic formula" the error term is larger than the leading term. It is for just this reason that the conjecture (10) is only known to hold for the values $k = 1$ and $k = 2$ already discussed. The case $k = 2$ of (10) has many applications to differences between primes, and these could all be improved if (10) were known to hold for $k = 3$, for example. Indeed if (10) holds for all positive integers k, then the Lindelöf Hypothesis, the Density Hypothesis, and the estimate

$$p_{n+1} - p_n \ll p_n^{\frac{1}{2}+\varepsilon} ,$$

for any $\varepsilon > 0$, would follow.

In recent years the classical results (8) and (9) have been improved. It is not possible to describe adequately here the techniques involved. The first improvement was found by Balasubramanian [1] who showed that (8) may be replaced by

$$E(T) \ll T^{346/1073+\varepsilon} \tag{11}$$

where, as later, ε may be any positive constant. The exponent here is slightly less than 1/3. In fact one has, when $t \geq 2$,

$$|\zeta(\tfrac{1}{2} + it)|^{2k} \ll (\log t)(1 + \int_{-\log t}^{\log t} |\zeta(\tfrac{1}{2} + it + iu)|^{2k} du) \tag{12}$$

for any positive integer k . When $k = 1$ we may use (7) and (11) to estimate the right hand side, whence

$$|\zeta(\tfrac{1}{2} + it)|^2 \ll t^{346/1067+2\varepsilon} ,$$

$$\zeta(\tfrac{1}{2} + it) \ll t^{173/1067+\varepsilon} . \tag{13}$$

This is the same as Kolesnik's bound [7]. Thus, Balasubramanian's mean-value theorem, which refers to the entire range from 0 to T contains the strongest information currently available about the size of $\zeta(\frac{1}{2} + it)$ at a single point. The same exponent occurs in Kolesnik's estimate for the Dirichlet divisor problem, namely

$$\sum_{n \leq x} d(n) = x(\log x + 2\gamma - 1) + \Delta(x) , \tag{14}$$

$$\Delta(x) \ll x^{346/1067+\varepsilon} ;$$

moreover, there is an obvious similarity between the formulae (8) and (14), which can be strengthened by changing variables so as to associate

$$E(T) \quad \text{and} \quad 2\pi\Delta(T/2\pi) \quad . \tag{15}$$

Recent work shows that this is not coincidence. Hardy found, in 1915, that

$$\int_2^X \Delta(x)^2 dx \sim (6\pi^2)^{-1}\zeta(3/2)^4\zeta(3)^{-1}X^{3/2} \tag{16}$$

and, in analogy we have (see [4])

$$\int_2^T E(t)^2 dt \sim 2/3(2\pi)^{-1/2}\zeta(3/2)^4\zeta(3)^{-1}T^{3/2} \quad ; \tag{17}$$

the constants here correspond under the relation given by (15). From (16), Hardy deduced that $\Delta(x) = \Omega(x^{\frac{1}{4}})$ and similarly from (17) we can conclude that

$$E(T) = \Omega(T^{\frac{1}{4}}) \quad ,$$

a result first obtained by Good [3]. It is reasonable to conjecture that in fact

$$E(T) = O(T^{\frac{1}{4}+\varepsilon}) \quad .$$

We now know more about I_2 (see [6]). We have

$$I_2 = \frac{T}{2\pi^2}(\log T)^4 + aT(\log T)^3 + bT(\log T)^2 + cT(\log T) + dT + O(T^{7/8+\varepsilon}).$$

Here

$$a = 2(4\gamma - 1 - \log(2\pi) - 12\zeta'(2)\pi^{-2})\pi^{-2} \quad ;$$

the coefficients b , c , d are expressed only as infinite sums of certain infinite integrals. A most significant feature of the proof is the use of Weil's estimate for the Kloostermann sum. We therefore have an application of the Riemann Hypothesis for curves over finite fields to the classical Riemann Zeta-function. Non-trivial bounds for averages of Kloostermann sums are available from the theory of modular functions, and these may be applied to the mean value theorems under discussion. This will surely have a profound effect on the theory in the future.

When $k > 2$, we may argue trivially that, from (9) and (13)

$$I_k \ll I_2 \max_{0 \le t \le T} |\zeta(\tfrac{1}{2}+it)|^{2k-4} \ll T^{1+346(k-2)/1067+\varepsilon} \ll T^{(k+1)/3} \tag{18}$$

there being very little loss at the last step since

$$\frac{346}{1067} = \frac{1}{3} - \frac{29}{3201} .$$

However, this trivial bound has recently been superseded by the estimate

$$I_6 \ll T^2 (\log T)^{17} , \tag{19}$$

for which see [5]. If we take $k = 6$ in (12), then, for $t \ge 2$, (19) implies

$$|\zeta(\tfrac{1}{2} + it)|^{12} \ll t^2 (\log t)^{18} ,$$

$$\zeta(\tfrac{1}{2} + it) \ll t^{1/6} (\log t)^{3/2} .$$

This classical estimate for the zeta-function at a single point is therefore contained in the bound (19). Using (19) and a convexity argument one may now improve upon (18) for all $k > 2$. Although (19) is larger than we would like, by a factor T, it enables us to prove new results on primes, for example the bound

$$\sum_{p_n \le x} (p_{n+1} - p_n)^2 \ll x^{23/18+\varepsilon} .$$

These new mean-value theorems have links with van der Corput's method for estimating exponential sums. As a very simple illustration, we prove:

Theorem

$$\int_{T-\Delta}^{T+\Delta} \Big| \sum_{N<n\le 2N} n^{-it} \Big|^2 dt \ll \Delta N$$

uniformly for $\Delta > T^{1/3}$ and $N \le (T\Delta)^{1/2}$.

By (5), the Dirichlet polynomial above is intimately connected with $\zeta(\frac{1}{2} + it)$. Indeed, by (6), only values of $N \ll T^{1/2}$ are relevant, so that our theorem covers a wider range than necessary. We may, in fact, deduce quite readily:

Corollary

$$\int_{T-\Delta}^{T+\Delta} |\zeta(\tfrac{1}{2} + it)|^2 dt \ll \Delta \log T$$

uniformly for $\Delta \ge T^{1/3}$.

The significant point here is that Δ may be taken as small as $T^{1/3}$. Indeed, choosing $\Delta = T^{1/3}$, (12) yields

$$|\zeta(\tfrac{1}{2} + it)|^2 \ll (\log T)(1 + \int_{t-\Delta}^{t+\Delta} |\zeta(\tfrac{1}{2} + iu)|^2 du) \ll \Delta(\log t)^2 ,$$

and we now recover the classical estimate

$$\zeta(\tfrac{1}{2} + it) \ll t^{1/6}\log t \quad .$$

Our starting point is an inequality due to Gallagher [2], namely

$$I = \int_{-\Delta}^{\Delta} \left|\sum a_n n^{-it}\right|^2 dt \ll \Delta^2 \left|\int_0^{\infty} \sum_{y}^{ye^{1/\Delta}} a_n\right|^2 dy/y \quad .$$

We choose $a_n = n^{-iT}$ if $N \le n \le 2N$ and $a_n = 0$ otherwise. Only values of y of order N will contribute, whence

$$I \ll \Delta^2 N^{-1} \int_0^{\infty} \left|\sum_{y}^{ye^{1/\Delta}} a_n\right|^2 dy = \Delta^2 N^{-1} \sum_{m,n}{}' a_m \bar{a}_n (\delta \max(m,n) - |m-n|) \quad ;$$

here $\sum'$ indicates that the summation is restricted by the condition

$$\delta \max(m,n) - |m-n| \ge 0 \quad ,$$

and δ is given by $\delta = e^{1/\Delta} - 1$. Since $\delta \approx 1/\Delta$ the terms $m = n$ contribute

$$\ll \Delta^2 N^{-1} \sum_{N}^{2N} \delta n \ll \Delta N$$

to I. For the remaining terms we may suppose by symmetry that $m > n$. We then write $m = n+r$, so that the relevant contribution is

$$\ll \Delta^2 N^{-1} \sum_{r \ge 1} \left|\sum_{n}{}' a_{n+r} \bar{a}_n (\delta n + \delta r - r)\right| \quad . \tag{20}$$

The conditions of summation show that $r \ll N/\Delta$ for non-zero terms. By partial summation the inner sum is then

$$\ll \delta N \max_{0 \le M \le N} |S_r(M)| \quad ,$$

where

$$S_r(M) = \sum_{N \le n \le N+M} (1 + \frac{r}{n})^{iT} \quad .$$

To bound $S_r(M)$ we use the following lemma of van der Corput: If

$$\lambda \ll |f''(x)| \ll \lambda$$

then

$$\sum_{A<n\le B} e^{if(n)} \ll (B-A)\lambda^{1/2} + \lambda^{-1/2} \quad .$$

In our case $f(x) = T\log(1 + r/x)$ and $\lambda = TrN^{-3}$, whence

$$S_r(M) \ll N(Tr/N^3)^{1/2} + (N^3/Tr)^{1/2} \quad .$$

The sum (20) is therefore

$$\ll \Delta^2 N^{-1} \sum_{r \ll N/\Delta} (\delta N(Tr/N)^{1/2} + (N^3/Tr)^{1/2})$$

$$\ll \Delta N((T/\Delta^3)^{1/2} + (N^2/\Delta T)^{1/2}) \quad .$$

Thus the contribution to I is $\ll \Delta N$, providing that the two hypotheses of the theorem hold.

References

1. Balasubramanian, R., An Improvement on a Theorem of Titch-

marsh on the Mean Square of $|\zeta(\frac{1}{2} + it)|$, Proc. London Math. Soc. (3), 36 (1978), 540-576.

2. Gallagher, P.X., A Large Sieve Density Estimate Near $\sigma = 1$, Inventiones Math., 11 (1970), 329-339.

3. Good, A., Ein Ω-Resultat für das quadtrische Mittel der Riemannschen Zetafunktion auf der kritische Linie, Inventiones Math., 41 (1977), 233-251.

4. Heath-Brown, D.R., The Mean Value Theorem for the Riemann Zeta-function, Mathematika 25 (1978), 177-184.

5. Heath-Brown, D.R., The Twelfth Power Moment of the Riemann Zeta-function, Quart. J. Math. Oxford Ser. (2), 29 (1978), 443-462.

6. Heath-Brown, D.R., The Fourth Power Moment of the Riemann Zeta-function, Proc. London Math. Soc. (3), 38 (1979), 385-422.

7. Kolesnik, G.A., On the Estimation of Some Trigonometric Sums, Acta Arith. 25 (1973), 7-30.

Lois de réciprocité explicites

GUY HENNIART

Lois de réciprocité explicites

Soit p un nombre premier. Soit K une extension finie de $\mathbb{Q}_p$, contenant une racine primitive p^n-ème ζ de l'unité. On donne une formule permettant de calculer explicitement le symbole de Hilbert relatif à ζ.

Explicit reciprocity laws

Let p be a prime number. Let K be a finite extension of $\mathbb{Q}_p$, containing a primitive p^n-th root of unity ζ. We give a formula for explicitly computing the Hilbert symbol of K relative to ζ.

I Points de repère historiques

a. L'époque classique

Pour cette période, la référence reste le "Zahlbericht" de Hasse [H1], en particulier la seconde partie. Nous renvoyons également à sa bibliographie, qui couvre le sujet jusqu'en 1930.

Il n'est guère besoin de rappeler la célèbre loi de réciprocité quadratique de Gauss (1801). Si p et q sont des nombres premiers impairs, elle exprime le produit des symboles de Legendre $(\frac{p}{q})$ et $(\frac{q}{p})$ comme égal à $(-1)^{(p-1)(q-1)/4}$.
Gauss donne également les lois complémentaires $(\frac{-1}{p}) = (-1)^{(p-1)/2}$ et $(\frac{2}{p}) = (-1)^{[p^2-1)/8]}$.

Un peu plus tard (1825), Gauss s'intéresse à un symbole généralisant le symbole de Legendre, mais relatif au corps $\mathbb{Q}(\sqrt{-1})$ et prenant ses valeurs dans le groupe des racines quatrièmes de l'unité. Il énonce alors la loi de réciprocité biquadratique. Vers 1844, Eisenstein énonce la loi de réciprocité cubique, relative aux racines cubiques de l'unité et au corps $\mathbb{Q}(\sqrt{-3})$.

L'étude, par Kummer, des extensions qui portent son nom permet de poser le problème d'un symbole de résidu de puissances général, relatif aux racines m^e de l'unité pour quelconque. On doit aussi à Kummer l'introduction de techniques locales (i.e. p-adiques) et la notion importante de dérivée logarithmique que nous retrouverons plus loin. Les travaux se développent sur de nombreuses années, de 1850 à 1887.

C'est avec Hilbert que s'introduisent, de façon générale, des symboles locaux dans le cadre des lois de réciprocité précédentes. Par exemple, pour la loi quadratique, définissons le symbole de Hilbert sur $\mathbb{Q}_v^x \cdot \mathbb{Q}_v^x$ (où $\mathbb{Q}_v$ est $\underline{\mathbb{R}}$ si v est infinie) par $(a, b)_v = 1$ si $ax^2 + by^2 = z^2$ a une solution non-triviale dans $\mathbb{Q}_v$, et -1 sinon. On peut alors écrire la loi de réciprocité quadratique sous la forme

$$\left(\frac{p}{q}\right)\left(\frac{q}{p}\right)^{-1} = (p,q)_2 (p,q)_\infty .$$

Mais c'est aussi Hilbert, à la fin du siècle dernier, qui, avec Weber, dégage et formule les principaux problèmes de la théorie naissante du corps de classes: il s'agit là de la connaissance des extensions abéliennes de corps de nombres, les lois de réciprocité précédentes s'appliquant aux extensions de Kummer.

Grâce aux travaux de Takagi, Furtwängler, Artin, ces problèmes sont résolus au cours des années vingt. En particulier, la "loi de réciprocité d'Artin" classifie les extensions abéliennes de corps de nombres en termes de groupes de classes d'idéaux généralisés. Les symboles de résidu de puissances peuvent alors se définir facilement (voir aussi les exercices de [CF]). On fixe un entier $m \geq 2$. Soit K un corps de nombres contenant le groupe $\underline{\mu}_m$ de toutes les racines m^e de l'unité. Soit a un élément inversible de K, et soit $\underline{p}$ un idéal premier de K, premier à m et tel que a soit une unité en $\underline{p}$. Alors l'extension $K(\sqrt[m]{a})/K$ est abélienne, non-ramifiée en $\underline{p}$ et on note $\sigma_{\underline{p}}$ l'automorphisme de Frobeniers en $\underline{p}$ de cette extension, (qui correspond à $\underline{p}$ par l'application d'Artin). On définit le symbole de résidu de puissances $\left(\frac{a}{\underline{p}}\right)_m$ par l'équation

$$\sigma_{\underline{p}}(\sqrt[m]{a}) = \left(\frac{a}{\underline{p}}\right)_m \sqrt[m]{a}.$$ Si $N\underline{p}$ est la norme de $\underline{p}$, alors

m divise $N\underline{p}-1$ et $\left(\frac{a}{\underline{p}}\right)_m$ est l'unique racine m^e de l'unité vérifiant la congruence $\left(\frac{a}{\underline{p}}\right)_m \equiv a^{(N\underline{p}-1)/m} \bmod \underline{p}$.

Pour deux éléments α et β de K^x, on définit le symbole $\left(\frac{\alpha}{\beta}\right)$ par la formule $\left(\frac{\alpha}{\beta}\right) = \prod \left(\frac{\alpha}{\beta}\right)^{v_p(\beta)}$, le produit étant pris sur les idéaux premiers de K, premiers à m, et en lesquels α est une unité.

On peut également définir localement, un symbole généralisant le symbole de Hilbert sur $\mathbb{Q}_v$. Soit K_v une extension finie de $\mathbb{Q}_v$ contenant le groupe μ_m des racines de l'unité. On définit le symbole de Hilbert de $K_v^\times \times K_v^\times$ dans μ_m par l'équation $\sigma_\alpha(\sqrt[m]{\beta}) = (\alpha,\beta)_m \cdot \sqrt[m]{\beta}$, où σ_α est l'automorphisme de $K_v(\sqrt[m]{\beta})$ sur K_v associé à α par la théorie du corps de classes local. On peut alors énoncer la formule du produit pour un corps de nombres K contenant μ_m: quels que soient α et β dans $K^\times$, on a

$$\prod_v (\alpha,\beta)_{m,v} = 1,$$ où le produit est pris sur

toutes les places v de K et $(\alpha,\beta)_{m,v}$ désigne le symbole de Hilbert sur le complété K_v de K en v. La loi de réciprocité, liant symboles de résidu de puissances et symboles de Hilbert, s'énonce, pour deux éléments α et β de K^x, par l'égalité $\left(\frac{\alpha}{\beta}\right)_m \left(\frac{\beta}{\alpha}\right)_m^{-1} = \prod (\alpha,\beta)_{m,v}$, où le produit est pris sur les places archimédiennes de K, sur celles qui divisent m et sur celles où ni α ni β ne sont des unités.

b. La période récente

Dans cette période, le problème est celui du calcul du symbole de Hilbert sur une extension de $\mathbb{Q}_p$. Désormais, notre corps K sera une extension finie de $\mathbb{Q}_p$, contenant μ_m. On choisira une racine primitive m^e de l'unité, soit ζ, et une uniformisante π de K. En fait la détermination du symbole de Hilbert ne pose problème que si m est une puissance de p, ce que nous supposerons désormais: $m = p^n$, $n \geq 1$. Le choix de ζ nous permet de définir le symbole $[\alpha,\beta]$, à valeur dans $U/p^n U$, tel que l'on ait $(\alpha,\beta)_m = \zeta^{[\alpha,\beta]}$. En fait, l'importante identité $(\alpha, 1-\alpha) = 1$ et l'identité $(\alpha, -\alpha) = 1$ qui en découle permettent de déterminer entièrement le symbole de Hilbert si l'on connait (π,β) et (α,β) quand α et β sont des unités principales de K (i.e. congrues à 1 modulo l'idéal maximal).

Les premiers travaux (Takagi, Artin et Hasse) [H1], concernent le cas où K est le corps cyclotomique $\mathbb{Q}_p(\zeta)$. Artin et Hasse, en particulier, développent l'utilisation du logarithme p-adique et des dérivées logarithmiques. Ce point de vue culmine avec l'article de Iwasawa (1968) [I], qui a le premier l'idée de considérer la tour entière des corps cyclotomiques.

Pour exprimer les lois qui leur sont dues, il nous faut introduire les dérivées logarithmiques. Appellons T la plus grande extension non-ramifiée de $\mathbb{Q}_p$ incluse dans K, et W son anneau des entiers: c'est l'anneau des vecteurs de Witt sur le corps résiduel de K. On peut évaluer les séries formelles de $W((X))$ en l'uniformisante π de K. Soit α un élément de $K^\times$. Si f, dans $W((X))^\times$, est tel que $\alpha = f(\pi)$, l'élément $f'/f(\pi) = f'(\pi) \cdot \alpha^{-1}$, où f' désigne la dérivée $\frac{df}{dx}$, est une <u>dérivée logarithmique</u> de α (dépendant du choix de f) et est noté $\mathrm{Dlog}(\alpha)$. Dans les formules qui suivent, le résultat ne dépend pas du choix de la dérivée logarithmique.

<u>Lois de Artin-Hasse-Iwasawa</u>

On suppose p impair, $K = \mathbb{Q}_p(\zeta)$. On pose $\zeta - 1 = \lambda$, $\zeta^{p^{n-1}} - 1 = \lambda_\circ$ et on note S la trace de K à $\mathbb{Q}_p$, $\log_p$ le logarithme p-adique.

$$[\zeta,\beta] = \frac{1}{p^n} S(\log_p \beta) \text{ pour } \beta \equiv 1 \bmod \lambda \tag{1}$$

$$[\lambda,\beta] = \frac{1}{p^n} S(\frac{\zeta}{\lambda} \log_p \beta) \text{ pour } \beta \equiv 1 \bmod \lambda \tag{2}$$

$$[\alpha,\beta] = \frac{1}{p^n} S(\zeta \cdot \mathrm{Dlog}(\underline{\beta}) \cdot \log_p \beta) \text{ pour } \alpha \text{ une unité et } \beta \equiv 1 \bmod \lambda_\circ^2. \tag{3}$$

Ces égalités sont, bien sûr, entendues modulo $p^n U_p$, le membre de droite ayant valeur dans U_p. Les deux premières sont dues à Artin [AH] et Hasse en collaboration, la dernière à Artin [AT] et Hasse [H4] indépendamment pour le cas n = 1 et à Iwasawa [I] en général.

Tout récemment (1978) Sen utilise des techniques de cohomologie continue et de représentations p-adiques pour déduire une généralisation des lois précédentes à un corps K quelconque [S1].

Lois de Sen

On suppose $K = \mathbb{Q}_p(\zeta)$, p impair, ou p = 2 et $n \geq 2$; les autres notations sont comme précédemment.

$$[\pi,\beta] = \frac{1}{p^n} S\left(\frac{D\log\pi}{D\log\zeta} \cdot \log_p\beta\right) \text{ pour } \beta \equiv 1 \bmod \lambda_o^2\pi \qquad \text{(a)}$$

$$[\alpha,\beta] = \frac{1}{p^n} S\left(\frac{D\log\alpha}{D\log\zeta} \log_p\beta\right) \text{ pour } \beta \equiv 1 \bmod \lambda_o^2 \qquad \text{(b)}$$

et α une unité.

En fait ces lois, légèrement généralisées dans [S2] et [S3], permettent de déduire toutes les lois de réciprocité pour le symbole de Hilbert dont nous avons parlé précédemment.

Une autre voie, traitant également le cas où K n'est plus nécessairement cyclotomique, avait été ouverte par Šafarevič (1950) [Ša], qui décomposait le groupe multiplicatif des unités principales de K selon une base en tant que U_p-module, et utilisait les unités p^n-primaires de Hasse [H2, H3]. Des démonstrations complètes furent données par Lapin [La] et Kneser [Kn] peu après. Cette méthode restait peu explicite.

En 1964, Brückner [B1] donnait une formule générale et explicite dans le cas où n vaut 1 et p est impair, et annonçait des formules générales pour n et p quelconques. Ses démonstrations sont parues [B2, B3] en 1979. Les lois obtenues, que nous expressons dans la seconde partie de ce texte, ont une grande parenté formelle avec les lois obtenues par Witt dans le cas du symbole d'Artin-Schreier-Witt attaché aux p-extensions cycliques de corps locaux en caractéristique p [Wt]. On peut considérer aussi que les formules données par Rothgiesser en 1935 [Ro] forment de lointains précurseurs de ces lois générales.

Reprenant la méthode de Šafarevič, Vostokov, en 1978, obtenait pour p impair des lois analogues à celles de Brückner [V1, V2]. J'ai obtenu récemment, mi-1979, de nouvelles démonstrations des résultats de Brückner et Vostokov et j'ai pu en déduire les lois dues à Sen.

II Les lois de réciprocité

Dans ce paragraphe, n est un entier fixé, $n \geq 1$, et p un nombre premier. Pour simplifier, nous supposerons p impair, mais nous signalons que le même genre de techniques s'applique et donne des lois, plus compliquées néanmoins, si p vaut 2: nous renvoyons le lecteur à [B3] et à des notes que nous publierons prochainement.

On fixe une extension finie K de $\underline{Q}_p$, une uniformisante π de K, et une racine primitive p^n-è de l'unité ζ, supposée dans K. Si α et β sont des éléments inversibles de K, $[\alpha,\beta]$ désigne l'élément de U_p (modulo $p^n\, U_p$) tel que le symbole de Hilbert $(\alpha,\beta)_{p^n}$ vaille $\zeta^{[\alpha,\beta]}$. Notre but est de calculer $[\alpha,\beta]$ dans les deux cas suivants

a) $\alpha = \pi \qquad \beta \equiv 1 \bmod \pi$

b) $\alpha \equiv 1 \bmod \pi$, $\beta \equiv 1 \bmod \pi$. Comme déjà remarqué, cela suffit à déterminer le symbole de Hilbert relatif aux racines p^n-è, sur K. En fait nous ramènerons d'abord le cas

b) au cas a).

Soit W l'anneau des entiers de l'extension non-ramifiée maximale de Q_p dans K. Comme dans les lois de Sen, nous représenterons un élément de $K^\times$, disons α, par une série inversible, disons f_α, à coefficients dans W:

$$f_\alpha(\pi) = \alpha$$

Il nous faut introduire également le complété $W\{\{X\}\}$ de $W((X))$ pour la topologie (p)-adique. C'est l'anneau des séries formelles $\sum_{i=-\infty}^{+\infty} \omega_i X^i$, à coefficients dans W, telles que ω_i tende vers 0 quand i tend vers $-\infty$. On appelle Δ l'endomorphisme de $W\{\{X\}\}$ (qui respecte $W((X))$) qui transforme X en X^p et agit sur W comme l'endomorphisme de Frobenius absolu.

On définit le logarithme d'Artin-Hasse:

$$\ell \colon W((X))^\times \longrightarrow W[[X]]$$

par la formule $\ell(\psi) = (1 - \frac{\Delta}{p})\log(\psi)$, où log désigne la série logarithme ordinaire. Restreint à $1 + XW[[X]]$, ℓ définit un isomorphisme de $1 + XW[[X]]$ avec $XW[[X]]$, dont l'inverse est l'exponentielle d'Artin-Hasse, notée E; on a
$E(\phi) = ((1 + \frac{\Delta}{p} + \frac{\Delta}{p} + \frac{\Delta^2}{p^2} + \ldots)\phi)$ pour ϕ dans $XW[[X]]$. Notons $\xi = E(X)$. On peut évaluer ξ en tout élément entier de K divisible par π. On a $\xi = E(X) = \prod_{(m,p)=1} (1 - X^m)^{-\mu(m)m^{-1}}$ où μ est la fonction de Moëbius.

De l'identité $[\alpha, 1-\alpha] = 0$, valable pour α dans $K^\times$, $\alpha \neq 1$, Kneser déduit l'identité suivante [Kn]:

$$[\xi(\alpha), \xi(\beta)] = \sum_{s=0}^{\infty} [-\beta^{-1}, \xi(\alpha\beta^{p^s}]$$
$$+ \sum_{r=1}^{\infty}[-\alpha, \xi(\alpha^{p^r}\beta)]$$

valable pour des entiers α et β de K divisibles par π. De cette identité de Kneser, nous déduisons le théorème suivant, dû à Vostokov et Brückner, qui ramène le cas b) au cas a).

Théorème 1: Soient f et g deux séries dans $1 + XW[[X]]$ et $\alpha = f(\pi)$, $\beta = g(\pi)$. Alors on a

$$[\alpha,\beta] = [\pi,\gamma] \text{ avec } \gamma = E(X\Phi)(\pi)$$

et

$$\Phi = \frac{1}{f}\frac{df}{dX}\,\ell(g) - \frac{1}{p\Delta g}\frac{d(\Delta g)}{dX}\,\ell(f).$$

Remarquons que dans ce théorème, on a $\gamma \equiv 1 \bmod(\pi)$. Pour traiter le cas a), introduisons une série z dans $X^eW[[X]]$ telle que l'on ait $\zeta = 1 + z(\pi)$ et que e soit maximal. Posons $s = (1+z)^{p^n} - 1$. On a $s(\pi) = 0$ et s n'est pas inversible dans $W((X))$. Mais il existe un inverse σ dans $W\{\{X\}\}$. Si nous définissons le résidu Res(f) d'une série f de $W\{\{X\}\}$ comme le coefficient de X^{-1} dans f, on a le théorème suivant:

Théorème 2: Soit $\phi \varepsilon XW[[X]]$ et $\gamma = E(\phi)(\pi)$. On a alors $[\pi,\gamma] = Tr_{W/\mathcal{U}p}\,\mathrm{Res}(\sigma\Phi/X)$.

La démonstration de ce théorème, dont l'idée est essentiellement due à Vostokov, est délicate. Le lecteur prendra garde, en lisant [V2], que les problèmes de substitution d'une valeur dans une série entière ne sont pas traités. Une démonstration entièrement détaillée paraîtra dans nos prochaines notes. Un outil essentiel est, dans toutes les démonstrations (Vostokov, Brückner et moi-même), une construction des unités p^n-primaires de Hasse [H2, H3].

Remarques

1. Les lois de Sen apparaissent comme un cas dégénéré des lois données par les théorèmes 1 et 2: le cas où l'on "négligerait" les termes en Δ dans les formules et on l'on "évaluerait" les séries sur K. On peut donner un sens précis aux termes entre guillemets.

2. En fait un symbole de Hilbert peut-être défini sur tout corps K, muni d'une valuation discrète pour laquelle il est complet, pourvu que le corps résiduel k soit parfait, et évidemment, que K contienne les racines p^n-e de l'unité. Ce symbole va de $K^\times \times K^\times$ dans $W/p^nW + \underline{\underline{P}}(W)$, où W est l'anneau des vecteurs de Witt de k et $\underline{\underline{P}}$ l'endomorphisme de W égal au Frobenius moins l'identité. Pour un tel symbole, le théorème 1 reste valable, et le théorème 2 le reste pourvu que l'on supprime la trace de W à U_p.

III Le cas des groupes de Lubin-Tate

Nous traitons dans ce dernier paragraphe de symboles de Hilbert généralisés, attachés aux groupes formels de Lubin-Tate. Comme précédemment, on fixe un entier $n \geq 1$. Soit F une extension finie de Q_p, et $\tilde{\omega}$ une uniformisante de F. Soit ξ un groupe formel de Lubin-Tate attaché à $\tilde{\omega}$. Soit K une extension finie de F contenant le groupe $\xi_{\tilde{\omega}^n}$ des points de division par $\tilde{\omega}^n$ (dans une clôture algébrique de Q_p, que l'on supposera fixée). On a alors un symbole de Kummer (ou symbole de Hilbert, comme l'on voudra) de $K^\times \times \xi(K)$ dans $\xi_{\tilde{\omega}^n}$, où $\xi(K)$ désigne le groupe des points de ξ à valeurs dans l'idéal maximal de K. Ce symbole est défini de la façon suivante. A un élément β de $\xi(K)$, on associe une solution β' de l'équation $[\tilde{\omega}^n]\beta' = \beta$, les crochets indiquant l'action des F, au sens du groupe formel. L'extension $K(\beta')$ sur K est abélienne. A un élément α de K^x, on peut donc associer, grâce à la théorie du corps de classes local, l'automorphisme σ_α de $K(\beta')$ sur K. Le symbole de Kummer de (α,β) est défini comme l'élément $\sigma_\alpha(\beta') \sim \beta'$, où la soustraction est prise au sens du groupe formel.

Wiles, en 1977, a généralisé les idées d'Iwasawa à ce contexte, et a donné pour ce nouveau symbole une loi explicite de réciprocité; néanmoins il est nécessaire pour ces lois que K soit le corps $F(\xi_{\tilde{\omega}^n})$ engendré sur F par les points de $\xi_{\tilde{\omega}^n}$ et que l'élément α soit norme de $F(\xi_{\tilde{\omega}^k})$ pour un entier k assez grand par rapport à n. S. Vostokov, en 1978, [V3] annonçait une loi donnant explicitement le symbole de Kummer (α,β), sans conditions sur K et α, pourvu que le groupe formel soit de hauteur 1, i.e. $F = Q_p$ et p impair. Il annonce, dans [V4], qu'une loi analogue est valable si p est impair et si F est totalement ramifiée sur Q_p, mais, autant que je sache, la démonstration donnée est incomplète. J'ai néanmoins pu démontrer récemment ces lois, en imposant que p soit impair et que F soit totalement ramifiée sur Q_p, d'indice de ramification au plus p-2.

J'ai vérifié, également, que dans le cas de hauteur 1, l'on pouvait déduire des lois de réciprocité analogues à celles de Sen et Kolivaguine [Ko], c'est à dire des lois généralisant celles de Wiles à une situation au cas où K n'est pas égal à $F(\xi_{\tilde{\omega}^n})$. Wintenberger [Wb] m'a communiqué une autre démonstration de telles lois, en hauteur 1, et une démonstration, encore incomplète, dans d'autres cas plus généraux.

Signalons enfin que R. Coleman a donné récemment, en utilisant des techniques de groupes formels et d'analyse ultramétrique [Co], une loi de réciprocité pour le symbole de Hilbert dans les corps cyclotomiques. Il est néanmoins difficile, pour l'instant, de la relier aux autres lois générales.

BIBLIOGRAPHIE

Pour les travaux datant d'avant 1930, on pourra consulter le texte et les références de:

[H1] H. Hasse. Zahlbericht, Physica-Verlag. Würzburg (1965).

Pour l'évaluation des symboles de Hilbert, on a cité:

[AH] E. Artin et H. Hasse. Die beiden Ergänzungssätze zum Reziprozitätsgesetz. . . . Abh. Math. Sem. Hamburg 6 (1928).

[AT] E. Artin et J. Tate. Class field theory, Benjamin, New York (1968).

[B1] H. Brückner. Eine explizite Formel zum Reziprozitätsgesetz für Primzahlexponenten p, in Algebrische Zahlentheorie, Bibliographisches Institut, Mannheim (1967).

[B2] H. Brückner. Explizites Reziprozitätsgesetz und Anwendungen, Vorlesungen aus dem Fachbereich Mathematik der Universität Essen, Heft 2 (1979).

[B3] _____. Hilbertsymbole zum Exponenten p^n und Pfaffsche Formen, prépublication, Hamburg (1979).

[H2] H. Hasse. Die Gruppe der p^n-primären Zahlen für einen Primteiler $\underline{P}$ von p, Journal 8. d. Reine und Aug. Math. 176 (1936).

[H3] _____. Zur Arbeit von I. R. Šafarevič über das allgemeine Reziprozitätsgesetz, Math. Nachr. 5 (1951).

[I] K. Iwasawa. On explicit formulas for the norm residue symbol, J. Math. Soc. Japan 20 (1968).

[Kn] M. Kneser. Zum expliziten Reziprozitätsgesetz von I. R. Šafarevič, Math. Nachr. 6 (1951).

[La] A. Lapin. Theory of Šafarevič's symbol, Izv. Akad. Nauk SSSR, 17 (1953), 18 (1954) et 20 (1956), en russe.

[Ro] H. Rothgiesser. Zum Reziprozitätsgesetz für p^n, Abh. Math. Sem. Hamburg 11 (1934).

[Sa] I. Šafarevič. A general reciprocity law, Mat. Sb. NS 26 (1950), traduction anglaise dans A.M.S. Translations ser. 2 vol. 4 (1956).

[Si] S. Sen. On explicit reciprocity laws, i=1,2,3, à paraître au Journal f. d. reine und ang. Math.

[V1] S. Vostokov. The second factor of the reciprocity law, zap Naučn Sem. Leningrad, traduction anglaise à paraître dans le Journal of Soviet Math.

[V2] Explicit form of the reciprocity law, Izv. Akad. Nauk. SSSR. Ser. Math. 42 (1978), traduction anglaise dans Math. USSR Izvestija 13 (1979).

[Wt] E. Witt. Zyklische Körper und Algebren der Charakteristik p von Grad p^n, Journal f. d. reine und ang. Math. 176 (1936).

Un point de vue moderne sur la théorie du corps de classes peut se trouver dans [AT] et:

[CF] J. Cassels et A. Fröhlich. Algebraic Number Theory, Academic Press, London (1967).

Pour des informations sur les groupes formels de Lubin-Tate, on peut conseiller [CF, chap. 6] et:

[Lg] S. Lang. Cyclotomic fields, Springer, Berlin (1978).

Ce dernier livre contient aussi un exposé de [Wi] ci-après.

Les lois de réciprocité sur ces groupes formels sont étudiées dans:

[Co] R. Coleman. The dilogarithm and the norm residue symbol, prepublication (1979).

[Ko] V. Kolivoguine. Groupes formels et symboles de résidus normiques, Izv. Akad. Nauk SSSR Ser. Math. 43 (1979), en russe.

[V3] S. Vostokov. An explicit pairing formula in formal-modules. Dokl. Acad. Nauk SSSR 241 (1978), traduction anglaise dans Math. USSR Dokl. 19 (1979).

[V4] S. Vostokov. Groupes formels et lois de réciprocité, Isz. Akad. Nauk. SSSR Ser. Math. 43 (1979), en russe.

[Wi] A. Wiles. Higher explicit reciprocity laws, Ann. of Maths. 107 (1978).

SIEVING LIMITS

H. Iwaniec

1. Introduction

Sieve methods have been developed in the expectation to solve Goldbach's conjecture and other fundamental problems about primes. Yet long ago it had been realized that the expectation was too optimistic. There are some theoretical limits which imply very pessimistic conclusion:

Sieve methods alone are not capable of detecting primes.

This is connected with so-called "Parity Phenomenon." Therefore, one is wondering about how much we miss getting primes by sieve and what the sieving limits are? What does the sieve yield if not primes? The most interesting objects are "almost-primes" which imitate primes in a quite attractive manner. In this paper I would like to discuss:

1. the limits of Rosser's sieve;
2. the limits of Buchstab's iterations;
3. the parity phenomenon;
4. the limits of weighted sieves.

2. The Sieve Problem

We shall not consider sieve problem in as general a case as possible but in such a simple case as is sufficient to introduce the principal concepts. We consider a finite sequence of positive integers A and a set of primes $\mathcal{P}$. For a given $Z \geqq 2$, let $P(Z) = \prod_{p<Z, p\in\mathcal{P}} p$.

Sieve Problem

Find an upper bound and a lower bound for

$$S(A,\mathcal{P},Z) = |\{a\in A; (a,p(Z)) = 1\}| .$$

Example: If our interest is in the twin primes problem, then one may take

$$A = \{p+2; p \leqq x, p>2\} \quad ,$$

$\mathcal{P}$-the set of odd primes, getting

$$S(A,\mathcal{P},x^{\frac{1}{2}}) = |\{p; p \leqq x, p+2 \text{ is a prime}\}| + O(x^{\frac{1}{2}}) \quad .$$

3. Sieve Idea

In any sieve method relevant information about the sequence A is furnished by the quantities

$$|A_d| = |\{a \in A; a \equiv 0 \pmod d\}|$$

which represents the cardinality of those elements in A which are divisible by d. By the fundamental property of the Möbius function

$$\sum_{d|m} \mu(d) = \begin{cases} 1 & \text{if} \quad n = 1 \\ 0 & \text{if} \quad n > 1 \end{cases}$$

one gets the exact formula of Legendre

$$S(A,\mathcal{P},Z) = \sum_{a \in A} \sum_{\substack{d|a \\ d|P(Z)}} \mu(d) = \sum_{d|P(Z)} \mu(d)|A_d| \quad .$$

This formula is of limited interest because unless Z is very small, it contains lots of terms $|A_d|$ which we are not able to evaluate with sufficient precision. The concept of the sieve is to replace $\mu(d)$ by other sequences λ_d^+ and λ_d^- with the property

$$\lambda^- * 1 \leqq \mu * 1 \leqq \lambda^+ * 1 \quad ,$$

where

$$f*g(n) = \sum_{d|n} f(d)g(\tfrac{n}{d}) \quad .$$

This yields

$$S(A,\mathcal{P},Z) \leqq \sum_{d|P(Z)} \lambda_d^+ |A_d|$$

and

$$S(A,\mathcal{P},Z) \geqq \sum_{d|P(Z)} \lambda_d^- |A_d|$$

with the effect that, provided $\lambda_d^{\pm}$ (called weights) have limited supports (let us say $\lambda_d^{\pm} = 0$ for $d < D$), there are less terms $|A_d|$ which need be considered.

4. <u>Assumptions</u>

The following regularity properties of sequences A are often offered by the analytic theory of numbers.

(A_1) Every $|A_d|$ can be written as

$$|A_d| = \frac{|A|}{f(d)} + r(A,d) \quad .$$

(A_2) With $f(d)$ a multiplicative function, $f(p) > 1$ and $f(p)$ is constant on average over p in $\mathcal{P}$, i.e.,

$$\sum_{\substack{p \leqq x \\ p \in \mathcal{P}}} \frac{\log p}{f(p)} \sim \quad \log x \quad ,$$

is a constant called "sieve parameter" or "the dimension."

(A_3) $r(A,d)$ is considered as an error term small on average. This means that for any $c > 0$, if A is long enough,

$$\sum_{\substack{d<D\\ d|P(Z)}} |r(A,d)| \leqq |A|(\log |A|)^{-c}$$

In practice D is as large as $|A|^{\theta-\varepsilon}$ where θ is some positive constant, usually called "the level of uniform distribution of in arithmetic progressions."

5. General Results

Without going into detail it turns out that under the above assumptions the sieve problem reduces to a search for functions $f(s)$ and $F(s)$ such that

$$|A|V(Z)f(s) \lesssim S(A,p,Z) \lesssim |A|V(Z)F(s) \qquad (1)$$

where $V(Z) = \sum_{p|P(Z)} (1 - \frac{1}{f(p)})$ and $s = \log D/\log Z$. The functions $F(s)$ and $f(s)$ may depend on a sieve parameter κ. Different sieves, I mean different weights $\lambda_d^{\pm}$, yield different bounds. The best possible $F(s)$ and $f(s)$ are not known in general. Brun's sieve yields

$$f(s) < 1 < F(s)\ ,\ f(s) = 1 + O(e^{-s})\ ,\ F(s) = 1 + O(e^{-s})$$

$$\text{as } s \to \infty\ . \qquad (2)$$

Hence for large s the "heuristical" value $|A|V(Z)$ represents the true order of magnitude for $s(A,p,Z)$.

6. Sieving Limit

It is a most important question when the lower bound is nontrivial or when $f(s)$ is positive. The largest zero β of $f(s)$ is called the "sieving limit." If $f(s)$ has no zeros we define $\beta = 1$. It always happens that $\beta \geqq 1$. Of course our definition depends on the function $f(s)$ which can be distinct for different sieves. Therefore, β is relative to the method. Brun's sieve yields

$$\beta << \kappa + 1$$

with the implied constant in $<<$ absolute but large. To illustrate the concept of sieving limit, let me present a severe application. Define "the degree" of A to be the limit

$$g = \lim_{|A|\to\infty} \log(\max\{a; a \in A\})/\log |A| .$$

Examples: As $x \to \infty$,

$$\deg\{n^2+1; n \leqq x\} = 2$$

$$\deg\{p+2; p \leqq x\} = 1$$

$$\deg\{n; x < n \leqq x + x^{1/g}\} = g .$$

Let θ be the level of uniform distribution of A in arithmetic progressions (see (A_3)), so by definition of β there must be an element a in A which has no prime factors $p < |A|^{\frac{\theta}{\beta} - \varepsilon}$. Since $a \leqq |A|^{g+\varepsilon}$, a may have at most

$$\tau = [g\tfrac{\beta}{\theta}]$$

prime factors each counted with the multiplicity.

A positive number having at most r prime factors counted with the multiplicity is called "almost-prime of order r" and it is denoted by P_r.

7. Buchstab's Iterations

Brun's sieve has been enhanced by means of the very

simple identity

$$S(A,P,Z) = S(A,P,Z_1) - \sum_{\substack{Z_1 \leqq p < Z \\ p \in P}} S(A_p,P,p) \quad .$$

Buchstab was first to observe that if one introduce Brun's bounds to the right-hand side, then the resulting bounds for $S(A,P,Z)$ may be better than the original one. Using Buchstab's identity, from a given pair of admissible functions $F(s)$ and $f(s)$ satisfying (1) and (2), one obtains a new pair

$$F_1(s) = 1 - s^{-\kappa} \int_s^{\infty} (f(t-1)-1)\,dt^{\kappa}$$

Buckstab's transform

$$f_1(s) = 1 - s^{-\kappa} \int_s^{\infty} (F(t-1)-1)\,dt^{\kappa}$$

which is also admissible. One can repeat this procedure getting further improvements until the functions become invariant under Buchstab's transformations

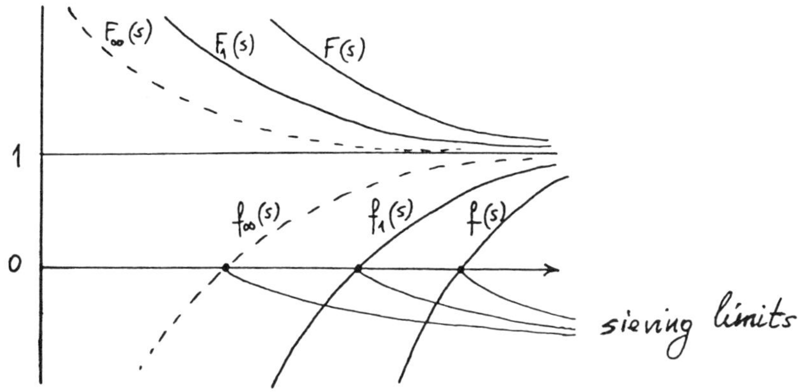

The limit functions satisfy the equations

$$(s^k F(s))' = ks^{k-1} f(s-1)$$

if $\quad s > \beta$

$$(s^k f(s))' = ks^{k-1} F(s-1)$$

with the initial conditions (if $\beta > 1$)

$$\left.\begin{array}{l} s^{\kappa} F(s) = \text{constant} \\ s^{\kappa} f(s) = 0 \end{array}\right\} \quad \text{if} \quad s \leqq \beta .$$

The implied constant and the sieving limit β can be derived from the boundary conditions (2). To save time, let me only formulate results for 2κ - an integer. There is a polynomial $q(s)$ of degree $2\kappa-1$ with rational coefficients satisfying the equation

$$(sq(s))' = \kappa q(s) + \kappa q(s+1) .$$

The sieving limit β is the largest root of $q(s+1)$. As a matter of curiosity, we remark that β is an algebraic number. For example, we have

$$q(s) = s - 1 , \ \beta = 2 \qquad \text{for } \kappa = 1$$

$$q(s) = s^2 - 3s + \frac{3}{2} , \ \beta = \frac{5+\sqrt{3}}{2} \qquad \text{for } \kappa = 3/2 .$$

It had been recognized some time ago that the limits of Buchstab's iterations when initiated by Brun's sieve represents the so-called Rosser's sieve. An approach based on the explicit construction of weights $\lambda_d^{\pm}$ is given in [5].

8. Buchstab's Iterations Initiated by Selberg's Sieve

For $\kappa > 1$ Rosser's sieve is not optimal everywhere. In 1950 A. Selberg [12] introduced to number theory a very elegant and powerful method for upper bounds. His method leads to (1) with $F(s) = 1/\sigma(s)$ where $\sigma(s)$ is the continuous solution of the differential-difference equation

$$\frac{s^{\kappa}}{\sigma(s)} = 2^{\kappa} e^{\kappa\gamma} \Gamma(k+1) \qquad \text{if} \qquad s \leqq 2$$

$$(s^{-\kappa}\sigma(s))' = -\kappa s^{-\kappa-1}\sigma(s-2) \qquad \text{if} \qquad s > 2 \quad .$$

For $\kappa > 1$ and $s \leqq 2$ Selberg's bound turns out to be stronger than any one obtained by Buchstab's iterations initiated by Brun's sieve. Consequently, if Selberg's sieve is used to initiate the iterations, the sieving limit β should decrease. For the limit functions $F(s), f(s)$ there must exist two numbers α, β (sieving limit) such that

$$F(s) = \frac{1}{\sigma(s)} \qquad \text{if} \qquad s \leqq \alpha$$

$$f(s) = 0 \qquad \text{if} \qquad s \leqq \beta$$

$$(s^{\kappa}F(s))' = \kappa s^{\kappa-1}f(s-1) \qquad \text{if} \qquad s > \alpha$$

$$(s^{\kappa}f(s))' = \kappa s^{\kappa-1}F(s-1) \qquad \text{if} \qquad s > \beta \quad .$$

The numbers α and β are determined by the boundary conditions (2). These are relatively simple formulas for α and β. To write them one must first solve the "adjoint equations"

$$\begin{aligned} (sp(s))' &= \kappa p(s) - \kappa p(s+1) \\ & \qquad\qquad\qquad\qquad \text{Re } s > 0 \\ (sq(s))' &= \kappa q(s) + \kappa q(s+1) \quad . \end{aligned}$$

We find that

$$p(s) = \int_0^\infty \exp\left(-sz-\kappa\int_0^\infty \frac{1-e^{-u}}{u}\,du\right)dz$$

$$q(s) = \frac{1}{\Gamma(1-2\kappa)}\int_0^\infty \exp\left(-sz+\kappa\int_0^\infty \frac{1-e^{-u}}{u}\,du\right)z^{-2\kappa}dz$$

(for $\kappa \geqq \frac{1}{2}$, the latter integral does not converge, in which case one should take its analytic continuation in respect to κ) and

$$\alpha \frac{p(\alpha)}{\sigma(\alpha)} + \kappa \int_{\beta-1}^{\infty} \frac{p(x+1)}{\sigma(x)}\, dx = 2$$

$$\alpha \frac{q(\alpha)}{\sigma(\alpha)} - \kappa \int_{\beta-1}^{\infty} \frac{q(x+1)}{\sigma(x)}\, dx = 0$$

for $1 < \kappa < 1.8344$. For larger κ the equations are slightly different. For details see [7]. Similar results were obtained independently by Dan Rawsthorne (unpublished).

9. Parity Phenomenon

The linear sieve ($\kappa = 1$) received most attention. The fact that the sieving limit is $\beta = 2$ means that we just miss primes by a direct application of the sieve to the sequence

$$A = \{n; n \leqq x\} \quad .$$

This is not a failure of the particular method. Yet Selberg showed that the linear sieve of Rosser is optimal in general. Indeed, the sequence

$$A = \{n; n \leqq x, \Omega(n) \text{ is even}\}$$

satisfies the sieve assumptions with $\theta = 1$ but it does not contain any prime. Here $\Omega(n)$ stands for the number of prime factors of n counted with the multiplicity. Selberg's example reveals so-called "Parity Phenomenon." Roughly speaking, it states that:

Any lower bound obtained by sieve methods, if positive, measures the cardinality of certain subsequence of A which must contain two elements having their numbers of prime factors incongruent modulo 2.

This phenomenon is best visible from the recent sieve of

Bombieri [1]. Let $\underline{\underline{G}}$ be a set of functions $G(u_1,\ldots,u_r)$, $r = 1,2,\ldots$ satisfying the conditions for the convergence of integrals and sums of integrals below;

$$G_{\pm} = \sum_{r=1}^{\infty} \frac{(-1)^{r+1}}{r!} \int_{T_r} G(u_1,\ldots,u_r)\,d\mu_r$$

where

$$T_r = \{(u_1,\ldots,u_r)\ ;\ u_i > 0\ ,\quad u_1 + \ldots + u_r = 1\}$$

$$\mu_r = d\,\mu_1 \ldots d\,\mu_r/u_1 \ldots u_r \qquad \text{for} \qquad r \geqq 2$$

$$\mu_1 = \text{the point measure} \quad .$$

For a square-free number $n = p_1 \ldots p_r$, put $\omega(n) = G(\frac{\log p_1}{\log n}, \ldots, \frac{\log p_r}{\log n})$. Then, ignoring plenty of minor details in the assumptions, Bombieri's sieve provides asymptotic inequalities

$$(G_+ - |G_-|)H\,\frac{A(x)}{\log x} \lesssim \sum_{n \leqq x} a_n \omega(n) \lesssim (G_+ + |G_-|)H\,\frac{A(x)}{\log x}$$

where $H = \prod_p (1 - \frac{1}{f(p)})(1 - \frac{1}{p})^{-1}$, a_n is any sequence of nonnegative numbers with $A(x) = \sum_{n \leqq x} a_n$, $A(x,d) = \sum_{\substack{n \leqq x \\ n \equiv 0 \pmod d}} a_n$ satisfying much the same assumptions as $(A_1),(A_2)$ with $\kappa=1$ and (A_3) with $\theta = 1$. Suppose that Bombieri's lower bound is positive, i.e., $G_+ > |G_-|$. Then, for some $r_1 \not\equiv r_2 \pmod 2$, the weights $G(u_1,\ldots,u_{r_1})$ and $G(u_1,\ldots,u_{r_2})$ are positive on sets of positive measures. In other words, there is an essential contribution to the weighted sum a_n (n) of numbers having exactly r_1 prime factors and those having exactly r_2 prime factors.

10. The Sieving Limits of Weighted Sieves

Finally, I would like to mention recent results of M. Laborde [10] and G. Greaves [3] on sieving limits for the linear sieve with weights.

The sifting function $S(A,p,Z)$ is a good object for studying primes. However, in 1954 Kuhn [9] observed that if weights of a certain type are attached to the elements of A, then much better results about almost-primes can be obtained.

Weighted Sieve Problem

Determine critical numbers Λ_r with the property that every sequence A, long enough, satisfying (A_1), (A_2) and (A_3) of degree

$$g < \theta\Lambda_r$$

must necessarily contain an almost-prime of order r.

H. E. Richert [11] constructed very elegant weights which led him to

$$\Lambda_r \geqq r - 0.262$$

and A. Selberg (oral communication) gave an example

$$= \{n; n \leqq x, \text{ n has even number of prime factors } < x^{\frac{1}{r}}\}$$

$$\text{n has exactly } r-1 \text{ prime factors in } (x^{\frac{1}{r}}, 2x^{\frac{1}{r}})$$

showing that

$$\Lambda_r \leqq r, \quad r = 1,2,\ldots$$

Conjecture: $\Lambda_r = r$.

The case $r = 2$ is very interesting because P_2

numbers conssitutes the last but one approximation to primes. Here we record two results:

$$\Lambda_2 = 1.89 \text{ (Laborde [10])} \ , \ \Lambda_2 = 1.93 \text{ (Greaves [3])}$$

which support the conjecture quite strongly.

11. Concluding Remarks

Assuming the conjecture $\Lambda_2 = 2$, one just misses getting P_2 numbers in such interesting sequences as

$$A = \{n; x<n\leqq x+\sqrt{x}\}$$

or

$$A = \{n^2+1; n\leqq x\}$$

for which $\theta = 1$ and $g = 2$. Since $\Lambda_2 = 2$ is best possible in general some additional information about it must be used to push the sieving further. In the first case, J. R. Chen [2] received this extra information from Fourier expansions for the error terms

$$r(A,d) = [\frac{x+\sqrt{x}}{d}] - [\frac{x}{d}]$$

and in the second case, the speaker [6] received it via dispersion method from the equidistribution of $\frac{v}{d}$ (mod 1) for the solutions of the congruence $v^2 + 1 \equiv 0$ (mod d). In either case, one gets a great cancellation of errors in the remainder term, thus in a sense admitting bigger θ. A parity problem which arises in questions about primes may also be solved in some circumstances. Here I have in mind recent results on primes in short intervals, see [4] and [8].

The limits for sieves are set to great extent by artificial sequences. If more "arithmetical" sequences are considered, then we can go beyond the theoretical limits. This opens new possibilities for sieve methods. A lot of work in prescribed directions need to be done. The dream of producing primes purely by means of a sieve process is not entirely hopeless.

References

1. Bombieri, E. The asymptotic sieve, Memorie Accad. Naz. dei XL (to appear).

2. Chen, J.R. On the distribution of almost-primes in an interval, Sci. Sinica 18, 611-627 (1975).

3. Greaves, G. A weighted sieve of Brun's type (to appear in Acta Arith.).

4. Heat-Brown, R. and Iwaniec, H. On the difference between consecutive primes, Inventiones math. 55, 49-69 (1979).

5. Iwaniec, H. Rosser's sieve (to appear in Acta Arith.).

6. Iwaniec, H. Almost-primes represented by quadratic polynomials, Inventiones math. 47, 171-188 (1978).

7. Iwaniec, H., van de Lune, I. and te Riele, H. The limits of Buchstab's iteration sieve, Report ZW 129/79, Mathematisch Centrum, Ansterdam 1979.

8. Iwaniec, H. and Jutila, M. Primes in short intervals, Azkiv fur Matematik 17, 167-176 (1979).

9. Kuhn, P. Uber die Primteiler eines Polynoms, Proc. Internat. Congress Math., Amsterdam, 2, 35-37 (1954).

10. Laborde, M. Buchstab's sifting weights (to appear in Mathematika).

11. Richert, H.E. Selberg's seive with weights, Mathematika 16, 1-22 (1969).

12. Selberg, A. The general sieve method and its place in prime number theory, Proc. Internat. Congress Math., Cambridge, Mass. 1, 286-292 (1950).

U.E.R. de Mathematiques et Informatique
Laboratoire associe an C.N.R.S. n° 226
Universite de Bordeaux I
F.33405 Talence, France

ON SOME PROBLEMS IN PRIME NUMBER THEORY

Chen Jing-run

Thank you for the honour to be invited to give a talk in the University of Paris. I also wish to thank I.H.E.S. for the invitation to come to France. Today I want to report on some problems in prime number theory. Two of the oldest unsolved problems in the theory of numbers, and indeed in the whole of mathematics, are the so-called twin prime and binary Goldbach conjectures. The first of these asserts that "there exist infinitely many primes p such that $p + 2$ is a prime", and the second that "every even integer $N \geq 4$ can be expressed as the sum of two primes". One of the most famous matehmaticians, G. H. Hardy, in his address to the Mathematical Society of Copenhagen in 1921, stated that the binary Goldbach conjecture appeared "... probably as difficult as any of the unsolved problems of mathematics". For brevity, we denote the following proposition by $(1,A)$: Every sufficiently large even integer is the sum of a prime and the product of at most A primes. The sieve method, and some results in the distribution of prime numbers, have been employed by many mathematicians to prove the above proposition for various values of A. The results obtained so far include proofs of $(1,c)$ by Renyi in 1948, where c is a constant, $(1,5)$ by Pan Cheng-tung, and Barban in 1963, $(1,3)$ by Bombieri, Buxshtab, and A.I. Vinogradov in 1965. In 1966, I proved the proposition $(1,2)$. My original proof was very long. But in 1973 I improved the proof, and reduced its length to 20 pages. Also, in 1973, I proved that "there exist infinitely many primes p such that $p + 2$ is a product of at most 2 primes". Let x be a large even integer, and let

$$C_x = \prod_{\substack{p|x \\ p>2}} \frac{p-1}{p-2} \prod_{p>2} \left(1 - \frac{1}{(p-1)^2}\right) .$$

Let $P_x(1,2)$ be the number of primes p satisfying the following conditions: either $x-p = p_1$ or $x-p = p_2p_3$, where p_1, p_2, p_3 are primes. In 1966, I proved that

$$P_x(1,2) \geq \frac{BC_x x}{(\log x)^2} \qquad (1)$$

where $B \geq 0.098$. This was successively improved by myself in 1973 to $B \geq 0.67$, by Halberstam and Richert in 1975 to $B \geq 0.689$, and by myself in 1978 to $B \geq 0.81$. Recently, in an unpublished manuscript, I have shown that $B \geq 0.9$. The improvement of the constant B in the inequality (1) is important because it implies an increase in the number of solutions of our problem. Moreover, if B is larger than 9, then we can solve (1,1).

Let $P_x(1,1)$ be the number of primes p satisfying $x-p = p_1$, where p_1 is prime. Then $P_x(1,1) \leq 8xC_x/\log x)^2$ was proved by Wang Yuan subject to the generalized Riemann hypothesis and, unconditionally, by Bombieri-Davenport. It was regarded as a difficult problem to prove $P_x(1,1) \leq (8-\epsilon)xC_x/(\log x)^2$, where ϵ denotes an arbitrarily small positive number. I proved in Scientia Sinica, 1978, N° 6, that

$$P_x(1,1) \leq \frac{7.8342xC_x}{(\log x)^2} \quad .$$

The even numbers which can be written as a sum of two primes are called Goldbach numbers. Denote by $M(x)$ the number of even integers $N \leq x$ which are not Goldbach numbers. In 1975, Montgomery and Vaughan proved that $M(x) \ll x^{1-\delta}$ for some $\delta > 0$. In 1978, Pan Cheng-dang and I, in a paper written in Chinese, proved that $M(x) \leq x^{0.989}$. Recently, again in an unpublished manuscript, I have shown that $M(x) \leq x^{0.98}$. Now let x denote any large positive number. The problem of finding a number α such that there exist at least two integers n in the interval $x-x^{\alpha} < n \leq x$ having at most two prime factors has been attacked first by Wang Yuan, then by Jurkat and Richert, and again by Richert and myself.

The results obtained so far are

$$\alpha \leq \frac{10}{17}, \frac{14}{25}, \frac{6}{11}, \frac{1}{2}, 0.4856, 0.477, 0.47 .$$

Let D be a large positive integer with $(D,k) = 1$, and suppose that $P(D,k)$ is the least prime in the arithmetice progression $\{Dn+k\}$. Another one of the famous conjectures in number theory is $P(D,k) \ll D^2$. The problem of finding a lower bound for L such that $P(D,k) \ll D^L$ was studied first by Linnik and then by Pan Cheng-dang, myself, Jutila; myself and Jutila, obtaining the respective results

$$L \leq c ; 5448 , 770 ; 630 , 550 ; 168 ; 80 .$$

In Scientia Sinica, V. 22, N° 8, I have shown that $L \leq 17$. Since the publication of this article, I have subsequently proven that $L \leq 15$. I also understand that, independently and about the same time as us, S. Graham has shown that $L \leq 20$. His paper will appear in "Acta Arithmetica".

Mathematical Institute,
Chinese Academy of Sciences, and
Institut des Hautes Etudes Scientifiques;

MONODROMY OF FAMILIES OF CURVES: APPLICATIONS OF SOME RESULTS OF DAVENPORT-LEWIS

Nicholas M. Katz

Abstract We show how certain elementary but ingenious diophantine computations of Davenport-Lewis lead, via the machinery of étale cohomology and the Weil Conjectures, to the irreducibility of the monodromy of certain families of algebraic curves over the field of complex numbers.

I Complex Monodromy

Let S be a connected smooth complex algebraic variety, say of dimension $N \geq 1$, and let

$$\begin{array}{c} X \\ \downarrow f \\ S \end{array}$$

be a proper and smooth morphism of relative dimension one, all of whose fibres are geometrically connected. The fibres $X_s \overset{\text{dfn}}{=\!=} f^{-1}(s)$ are thus complete non-singular connected complex algebraic curves, of some common genus g. Over sufficiently small (for the complex topology) open sets in S^{an}, the morphism f is C^{∞}-trivial. Therefore the cohomology groups

$$H^1((X_s)^{an}, \mathbb{Q})$$

for variable $s \in S^{an}$ form a locally constant sheaf (local system) on S^{an} of 2g-dimensional $\mathbb{Q}$-vector spaces, which we denote $\mathcal{F}$, i.e.

$$\mathcal{F} = R^1(f)^{an}_* \mathbb{Q}$$

If we fix a point $s \in S^{an}$, the natural equivalence of categories

$$\left\{\begin{array}{l}\text{locally constant}\\ \text{sheaves on } S^{an}\end{array}\right\} \xrightarrow[\sim]{\text{fibre at } s} \left\{\begin{array}{l}\text{representations}\\ \text{of } \Pi_1(S^{an},s)\end{array}\right\}$$

makes $\mathcal{F}$ correspond to the natural representation of $\pi_1(S^{an},s)$ on $H^1((X_s)^{an},\mathbb{Q})$. It is this representation of $\pi_1(S^{an},s)$, or, by abuse of language, the locally constant sheaf $\mathcal{F}$ on S^{an}, which we call the monodromy of the family X/S.

According to a fundamental result of Deligne ([3], thm. 4.2.6) the complexified local system $\mathcal{F}\otimes\mathbb{C}$, or more precisely the representation of $\pi_1(S^{an},s)$ on $H^1((X_s)^{an},\mathbb{C})$, is completely reducible. Thus we have

$$\mathcal{F}\otimes\mathbb{C} \simeq \Sigma\, n_i\mathcal{G}_i$$

where the $\mathcal{G}_i$ are a finite set of pairwise non-isomorphic irreducible complex local systems on S^{an}, and the n_i are strictly positive integers. We will denote by $\mathrm{Irr}(\mathcal{F})$ the non-negative integer defined by

$$\mathrm{Irr}(\mathcal{F}) = \Sigma(n_i)^2$$

Thus we have the following equivalences:

$$\mathrm{Irr}(\mathcal{F}) = 0 \longleftrightarrow \mathcal{F} = 0 \longleftrightarrow g = 0.$$

$$\mathrm{Irr}(\mathcal{F}) = 1 \longleftrightarrow \mathcal{F}\otimes\mathbb{C} \text{ is irreducible and } g \neq 0$$

Lemma 1 In the above situation, we have the formula

$$\mathrm{Irr}(\mathcal{F}) = \dim_{\mathbb{Q}}(H^{2N}_{\mathrm{comp}}(S^{an},\mathcal{F}\otimes\mathcal{F})).$$

proof Poincaré duality for the fibres of X/S shows that the cup-product pairing

$$\mathcal{F}\otimes\mathcal{F} \longrightarrow R^2(f^{an})_*\mathbb{Q} \simeq \mathbb{Q}$$

defines an isomorphism

$$\mathcal{F} \xrightarrow{\sim} \mathcal{F}^{\vee}$$

of locally constant sheaves on S^{an}. Poincaré duality for S^{an} identifies $H^{2N}_{comp}(S^{an},\mathcal{F}^{v}\otimes\mathcal{F})$ with the dual of

$$H^{o}(S^{an},\mathcal{F}\otimes\mathcal{F}^{v}) = H^{o}(S^{an},\mathrm{End}(\mathcal{F})) \simeq (\mathrm{End}(\mathcal{F}))^{\pi_1(S^{an})},$$

and this last space visibly has the asserted dimension $\Sigma(n_i)^2$.

<u>Remark</u> The integer $\mathrm{Irr}(\mathcal{F})$ is a birational invariant in the following sense. Let $U \subset S$ be a nonvoid Zariski open set, and pick a point $u \in U^{an}$. The sheaf $\mathcal{F}|U^{an}$ is obtained from the geometric situation

$$\begin{array}{c} X|U \\ \downarrow f|U \\ U \end{array}$$

just as $\mathcal{F}$ was obtained from $X|S$. So we can speak of $\mathrm{Irr}(\mathcal{F}|U^{an})$. However, it follows immediately from the <u>surjectivity</u> of the natural map

$$\pi_1(U^{an},u) \longrightarrow \pi_1(S^{an},u)$$

that we have an equality

$$\mathrm{Irr}(\mathcal{F}) = \mathrm{Irr}(\mathcal{F}|U^{an}).$$

<u>II A Thickened Situation</u>

The geometric data S,X,f over $\mathbb{C}$ discussed in the preceding section is all defined by a finite number of equations, which all in all have a finite number of coefficients.

As is well-known, this means that we can find a subring R of $\mathbb{C}$, which is finitely generated as a $\mathbb{Z}$-algebra, a smooth R-scheme

$$\begin{array}{c} \mathbf{S} \\ \downarrow \pi \\ \mathrm{Spec}(R) \end{array}$$

of relative dimension N with geometrically connected fibres, and a proper and smooth morphism

$$\begin{array}{c} \mathbf{X} \\ \downarrow \mathbf{f} \\ \mathbf{S} \end{array}$$

of relative dimension one, with geometrically connected fibres, such that the morphism of complex varieties obtained via the given "extension of scalars" $R \longrightarrow \mathbb{C}$

$$\begin{array}{c} \mathbf{X} \otimes_R \mathbb{C} \\ \downarrow \mathbf{f} \otimes_R \mathbb{C} \\ \mathbf{S} \otimes_R \mathbb{C} \end{array}$$

is none other than the original

$$\begin{array}{c} X \\ \downarrow f \\ S \end{array}$$

Let us now fix a prime number ℓ, once and for all, which (at the expense of replacing R by $R[1/\ell]$) we assume invertible in R. We denote by $\mathcal{F}$ the lisse $\mathbb{Q}_\ell$-étale sheaf on S defined as

$$\mathcal{F} = R^1 \mathbf{f}_*^{et} \mathbb{Q}_\ell$$

By a fundamental comparison theorem between the étale and topological cohomology of complex algebraic varieties, we have a natural isomorphism of $\mathbb{Q}_\ell$-vector spaces

$$H^{2N}_{comp}(S^{an}, \mathcal{F} \otimes \mathcal{F}) \otimes_{\mathbb{Q}} \mathbb{Q}_\ell \simeq H^{2N}_{comp;et}(\mathbf{S} \otimes_R \mathbb{C}, \mathcal{F} \otimes \mathcal{F}),$$

where the right-hand space is the étale cohomology with compact supports of $\mathbf{S} \otimes_R \mathbb{C} = S$ with coefficients in the restriction to $\mathbf{S} \otimes_R \mathbb{C}$ of the sheaf $\mathcal{F} \otimes \mathcal{F}$ on $\mathbf{S}$.

The proper base-change theorem allows us to interpret the $\mathbb{Q}_\ell$-space $H^{2N}_{\text{comp. et}}(\mathbf{S}\otimes\mathbb{C}, \mathcal{F}\otimes\mathcal{F})$ as the fibre, at the given geometric generic point $R \longrightarrow \mathbb{C}$ at Spec(R), of the constructible $\mathbb{Q}_\ell$-étale sheaf

$$R^{2N}\pi_!^{et}(\mathcal{F}\otimes\mathcal{F}).$$

Because this sheaf is constructible, there exists a non-empty open set $V \subset$ Spec(R) over which this sheaf is lisse, and in particular over which all of its fibres have the <u>same</u> $\mathbb{Q}_\ell$-dimension. This common dimension is necessarily the dimension of the fibre at the geometric generic point $R \longrightarrow \mathbb{C}$, i.e. the $\mathbb{Q}_\ell$-dimension of $H^{2N}_{\text{comp,et}}(\mathbf{S}\otimes_R\mathbb{C}, \mathcal{F}\otimes\mathcal{F})$, by the comparison theorem and lemma quoted above, this last dimension is the integer $\text{Irr}(\mathcal{F})$.

Now consider a maximal ideal $\mathcal{Y}$ of R, i.e. a closed point of Spec(R). Because R is finitely generated over $\mathbb{Z}$, the residue field $\mathbb{F}_{\mathcal{Y}}$ is a finite field, say $\mathbb{F}_q$. Let us fix an algebraic closure $\bar{\mathbb{F}}_{\mathcal{Y}}$ of the residue field.

This choice of an algebraic closure defines a geometric point $\bar{\mathcal{Y}}$ of Spec(R) lying over the closed point $\mathcal{Y}$. By the proper base-change theorem, the fibre of the sheaf $R^{2N}\pi_!^{et}(\mathcal{F}\otimes\mathcal{F})$ at the geometric point $\bar{\mathcal{Y}}$ is the cohomology group

$$H^{2N}_{\text{comp,et}}(\mathbf{S}\otimes_R\bar{\mathbb{F}}_{\mathcal{Y}}, \mathcal{F}\otimes\mathcal{F}).$$

Putting this all together, we find

<u>Lemma 2</u> Hypotheses and notations as above, there exists a non-empty open set $V \subset$ Spec(R) such that for every closed point $\mathcal{Y}$ of V, we have the formula

$$\text{Irr}(\mathcal{F}) = \dim_{\mathbb{Q}_\ell}(H^{2N}_{\text{comp,et}}(\mathbf{S}\otimes_R\bar{\mathbb{F}}_{\mathcal{Y}}, \mathcal{F}\otimes\mathcal{F})).$$

III <u>The diophantine calculation of dim</u>$(H^{2N}_{comp,et}(\mathbf{S}\otimes\overline{\mathbb{F}}_{\wp}, \mathcal{F}\otimes\mathcal{F}))$; <u>cohomology as error</u>

Given a closed point $\wp$ of Spec(R), with residue field $\mathbb{F}_{\wp}$ having q elements, the "reduction mod $\wp$" $\mathbf{S}\otimes_R\mathbb{F}_{\wp}$ of $\mathbf{S}$ is a smooth geometrically connected variety of dimension N over a field $\mathbb{F}_{\wp}$ of q elements. For each integer $d \geq 1$, consider the set $(\mathbf{S}\otimes_R\mathbb{F}_{\wp})(\mathbb{F}_{q^d})$ of $\mathbb{F}_{q^d}$-valued points of $\mathbf{S}\otimes_R\mathbb{F}_{\wp}$. For each $s \in (\mathbf{S}\otimes_R\mathbb{F}_{\wp})(\mathbb{F}_{q^d})$, the fibre $\mathbf{X}_s$ of $\mathbf{f} : \mathbf{X} \longrightarrow \mathbf{S}$

$$\begin{array}{ccc}
\mathbf{X} & \hookleftarrow & \mathbf{X}_s \\
\mathbf{f}\downarrow & & \downarrow \\
\mathbf{S} & \xhookleftarrow{s} & \mathrm{Spec}(\mathbb{F}_{q^d}) \\
\downarrow & & \downarrow \\
\mathrm{Spec}(R) & \xhookleftarrow{\wp} & \mathrm{Spec}(\mathbb{F}_{\wp})
\end{array}$$

is a geometrically connected proper and smooth curve over $\mathbb{F}_{q^d}$. We denote by $N(\wp,d,s)$ the number of $\mathbb{F}_{q^d}$-rational points on $\mathbf{X}_s$:

$$N(\wp,d,s) = \#\mathbf{X}_s(\mathbb{F}_{q^d}),$$

and by $E(\wp,d,s)$ the "error term," defined by

$$E(\wp,d,s) = N(\wp,d,s) - q^d - 1.$$

<u>Lemma 3</u> For any closed point $\wp$ of Spec(R), we have the formula

$$\limsup_{d\geq 1}\left(\frac{1}{q^{d(N+1)}} \sum_{s\in(\mathbf{S}\otimes_R\mathbb{F}_{\wp})(\mathbb{F}_{q^d})} E(\wp,d,s)^2\right)$$

$$= \dim_{\mathbb{Q}_\ell} H^{2N}_{comp,et}(\mathbf{S}\otimes\overline{\mathbb{F}}_{\wp}, \mathcal{F}\otimes\mathcal{F}).$$

<u>Proof</u> By the proper base-change theorem for $\mathbf{f}$, and Weil's original Lefschetz trace formula for the curves $\mathbf{X}_s$, we have the formula

$$-E(\mathcal{Y},d,s) = \operatorname{trace}(F_{s,\mathbb{F}_{q^d}} | \mathcal{F}_s)$$

squaring, we obtain the formula

$$E(\mathcal{Y},d,s)^2 = \operatorname{trace}(F_{s,\mathbb{F}_{q^d}} | (\mathcal{F}\otimes\mathcal{F})_s).$$

By the Grothendieck-Verdier Lefschetz trace formula for $\mathcal{F}\otimes\mathcal{F}$ on $\mathbf{S}\otimes_R \mathbb{F}_{\mathcal{Y}}$, we have

$$\sum_{s\in(\mathbf{S}\otimes\mathbb{F}_{\mathcal{Y}})(\mathbb{F}_{q^d})} \operatorname{trace}(F_{s,\mathbb{F}_{q^d}} | (\mathcal{F}\otimes\mathcal{F})_s)$$

$$= \sum_i (-1)^i \operatorname{trace}(F^d_{\mathcal{Y}} | H^2_{\text{comp,et}}(\mathbf{S}\otimes\overline{\mathbb{F}}_{\mathcal{Y}}, \mathcal{F}\otimes\mathcal{F})).$$

Thus the assertion to be proven may be written as

$$\limsup_{d\geq 1} \left| \left(\frac{1}{q^{d(N+1)}} \Sigma(-1)^i \operatorname{tr}(F^d_{\mathcal{Y}} | H^i_{\text{comp,et}}(\mathbf{S}\otimes\overline{\mathbb{F}}_{\mathcal{Y}}, \mathcal{F}\otimes\mathcal{F})) \right) \right|$$

$$= \dim_{\mathbb{Q}_\ell} H^{2N}_{\text{comp,et}}(\mathbf{S}\otimes\overline{\mathbb{F}}_{\mathcal{Y}}, \mathcal{F}\otimes\mathcal{F}).$$

(There is no harm in taking the absolute value, because the ΣE^2 expression shows that we are taking the absolute value of a positive rational number.)

By the Riemann Hypothesis for curves over finite fields, we know that the sheaf $\mathcal{F}$ is "pure of weight one," and hence that $\mathcal{F}\otimes\mathcal{F}$ is "pure of weight two." By Deligne's main theorem [5], we may conclude that

$$|\text{any eigenvalue of } F_{\mathcal{Y}} \text{ on } H^i_{\text{comp,et}}(\mathbf{S}\otimes\overline{\mathbb{F}}_{\mathcal{Y}}, \mathcal{F}\otimes\mathcal{F})| \leq \sqrt{q}^{\,i+2}$$

for any archimedean valuation $|\ |$ of the algebraic closure of $\mathbb{Q}_\ell$. This shows immediately that for $i < 2N$, we have

$$0 = \lim_{d\to\infty} \left|\frac{1}{q^{d(N+1)}} \operatorname{tr}(F^d_{\mathcal{Y}} | H^i_{\text{comp,et}}(\mathbf{S}\otimes\overline{\mathbb{F}}_{\mathcal{Y}}, \mathcal{F}\otimes\mathcal{F}))\right|$$

But $H^i_{\text{comp,et}} = 0$ for $i > 2N$, simply because $\mathbf{S}\otimes\overline{\mathbb{F}}_{\mathcal{Y}}$ has dimension N, and therefore we are left with verifying that

$$\dim H^{2N}_{\text{comp,et}}(\mathbf{S}\otimes\overline{\mathbb{F}}_{\mathcal{Y}}, \mathcal{F}\otimes\mathcal{F})$$

$$= \limsup_{d} \left|\frac{1}{q^{d(N+1)}} \operatorname{trace}(F^d_{\mathcal{Y}} | H^{2N}_{\text{comp,et}}(\mathbf{S}\otimes\overline{\mathbb{F}}_{\mathcal{Y}}, \mathcal{F}\otimes\mathcal{F}))\right|$$

To check this last point, recall that because $\mathcal{F}\otimes\mathcal{F}$ is pure of weight two and lisse on a smooth geometrically connected variety $\mathbf{S}\otimes\mathbb{F}_{\mathcal{Y}}$ of dimension N over a finite field, the formula

$$H^{2N}_{\text{comp,et}}(\mathbf{S}\otimes\overline{\mathbb{F}}_{\mathcal{Y}}, \mathcal{F}\otimes\mathcal{F}) \simeq (\mathcal{F}\otimes\mathcal{F})_{\pi_1(\mathbf{S}\otimes\overline{\mathbb{F}}_{\mathcal{Y}})}(-N)$$

shows that we have

$$|\text{any eigenvalue of } F_{\mathcal{Y}} \text{ on } H^{2N}_{\text{comp}}(\mathbf{S}\otimes\overline{\mathbb{F}}_{\mathcal{Y}}, \mathcal{F}\otimes\mathcal{F})| = q^{N+1}.$$

Let $\alpha_1, \ldots, \alpha_r$ be these eigenvalues, with multiplicity. Our assertion is simply that

$$r = \limsup_{d\geq 1} \left|\left(\frac{\alpha_1}{q^{N+1}}\right)^d + \ldots \left(\frac{\alpha_r}{q^{N+1}}\right)^d\right|;$$

this follows easily from the fact that the r numbers α_i/q^{N+1} all lie on the unit circle, by a compactness argument ([6], p. 138).

IV An affine variant

In applications, it is convenient to be able to deal directly with a family of affine curves obtained from $\mathbf{X}/\mathbf{S}$ by "uniformly" deleting a finite number of points from each fibre $\mathbf{X}_s$. Let us make this precise.

Suppose we are given a non-empty closed subscheme $\mathbf{Y} \subset \mathbf{X}$ which is finite and étale over $\underline{\mathbf{S}}$. The complement

$$\begin{array}{l} \mathbf{X}^{\mathrm{aff}} = \mathbf{X} - \mathbf{Y} \\ \downarrow \\ \mathbf{S} \end{array}$$

is then an "elementary morphism" in the sense of SGA IV, Exp. XI, 3.i. For each closed point $\mathscr{Y}$ of Spec(R), each integer $d \geq 1$ and each $\mathbb{F}_{q^d}$-valued point $s \in (\mathbf{S} \otimes \mathbb{F}_{\mathscr{Y}})(\mathbb{F}_{q^d})$, the fibre

$$\mathbf{X}_s^{\mathrm{aff}} = \mathbf{X}_s - \mathbf{Y}_s$$

is a smooth geometrically connected affine curve over $\mathbb{F}_{q^d}$. We denote by $N^{\mathrm{aff}}(\mathscr{Y},d,s)$ the number of $\mathbb{F}_{q^d}$-rational points on $\mathbf{X}_s^{\mathrm{aff}}$:

$$N^{\mathrm{aff}}(\mathscr{Y},d,s) = \#\mathbf{X}_s^{\mathrm{aff}}(\mathbb{F}_{q^d}),$$

and by $E^{\mathrm{aff}}(\mathscr{Y},d,s)$ the "error term" defined by

$$E^{\mathrm{aff}}(\mathscr{Y},d,s) = N^{\mathrm{aff}}(\mathscr{Y},d,s) - q^d.$$

Lemma 4 For any closed point $\mathcal{Y}$ of Spec(R), we have the formula

$$\limsup_{d\geq 1}\left(\frac{1}{q^{d(N+1)}}\sum_{s\in(\mathbf{S}\otimes\mathbb{F}_{\mathcal{Y}})(\mathbb{F}_{q^d})}(E^{aff}(\mathcal{Y},d,s))^2\right)$$

$$= \dim_{\mathbb{Q}_\ell}(H^{2N}_{comp,et}(\mathbf{S}\otimes\overline{\mathbb{F}}_{\mathcal{Y}},\mathcal{F}\otimes\mathcal{F})).$$

Proof In view of lemma 3, it suffices to show that

$$0 = \lim_{d\to\infty}\frac{1}{q^{d(N+1)}}\sum_{s\in(\mathbf{S}\otimes\mathbb{F}_{\mathcal{Y}})(\mathbb{F}_{q^d})}|E(\mathcal{Y},d,s)^2-(E^{aff}(\mathcal{Y},d,s)^2|$$

The individual terms in the sum are easily bounded using the Riemann Hypothesis for curves:

$$|E(\mathcal{Y},d,s)^2-(E^{aff}(\mathcal{Y},d,s))^2|$$

$$= |E(\mathcal{Y},d,s)-E^{aff}(\mathcal{Y},d,s)| \times |E(\mathcal{Y},d,s)+E^{aff}(\mathcal{Y},d,s)$$

$$\leqslant (\#\mathbf{Y}_s(\mathbb{F}_{q^d}))(2|E(\mathcal{Y},d,s)| + \#\mathbf{Y}_s(\mathbb{F}_{q^d}))$$

$$\leqslant \deg(\mathbf{Y/S})(4g\sqrt{q}^d+\deg(\mathbf{Y/S})).$$

Because $\mathbf{S}\otimes\mathbb{F}_{\mathcal{Y}}$ is of dimension $\leq N$ over $\mathbb{F}_{\mathcal{Y}}$, we have a trivial estimate for the number of terms in the sum, namely

$$\#(\mathbf{S}\otimes\mathbb{F}_{\mathcal{Y}})(\mathbb{F}_{q^d}) = O(q^{Nd}),$$

the "big O" uniform in d.

Combining these two estimates, we find the required limit formula *QED*.

V Another Variant

In this section, we will consider the very special case of the previous situation in which

1) $\mathbf{S}$ is an open set in $(\mathbb{A}^N)_R$, the N-dimensional affine space over R

2) We are given an affine morphism with one-dimensional fibres

$$\begin{array}{c} \mathbf{W} \\ \downarrow \\ (\mathbb{A}^N)_R \end{array}$$

whose restriction to $\mathbf{S}$ is the given elementary morphism $\mathbf{X}^{\mathrm{aff}}/\mathbf{S}$, i.e. such that we have a cartesian diagram

$$\begin{array}{ccc} \mathbf{W} & \hookleftarrow & \mathbf{X}^{\mathrm{aff}} \\ \downarrow & & \downarrow \\ (\mathbb{A}^N)_R & \hookleftarrow & \mathbf{S} \end{array}$$

We do <u>not</u> assume, (nor will it be true in our examples), that $\mathbf{W}$ is smooth over $(\mathbb{A}^N)_R$, or that the fibres of $\mathbf{W}$ over $(\mathbb{A}^N)_R$ are all geometrically irreducible.

For each closed point $\wp$ of Spec(R), for each integer $d \geq 1$, and for each $\mathbb{F}_{q^d}$-valued point of $(\mathbb{A}^N)_R \otimes_R \mathbb{F}_\wp$

$$a \in ((\mathbb{A}^N)_R \underset{R}{\otimes} \mathbb{F}_\wp)(\mathbb{F}_{q^d}) = (\mathbb{F}_{q^d})^N ,$$

the fibre $\mathbf{W}_a$ is a one-dimensional affine scheme over $\mathbb{F}_{q^d}$.

We denote by $N_{\mathbf{W}}(\wp, d, a)$ the numbers of $\mathbb{F}_{q^d}$-rational points on $\mathbf{W}_a$:

$$N_{\mathbf{W}}(\mathscr{Y},d,a) = \#(\mathbf{W}_a)(\mathbb{F}_{q^d})$$

and by $E_{\mathbf{W}}(\mathscr{Y},d,a)$ the "error term"

$$E_{\mathbf{W}}(\mathscr{Y},d,a) = N_{\mathbf{W}}(\mathscr{Y},d,a) - q^d.$$

If the point a lies in the open set $\mathbf{S}\otimes\mathbb{F}_{\mathscr{Y}}$ of $(\mathbb{A}^N)_{\mathbb{F}_{\mathscr{Y}}}$, we have $\mathbf{W}_a = \mathbf{X}_a^{\mathrm{aff}}$, and therefore

$$\begin{cases} N_{\mathbf{W}}(\mathscr{Y},d,a) = N^{\mathrm{aff}}(\mathscr{Y},d,a) \\ E_{\mathbf{W}}(\mathscr{Y},d,a) = E^{\mathrm{aff}}(\mathscr{Y},d,a) \end{cases} \quad \text{if } a \in \mathbf{S}\otimes\mathbb{F}_{\mathscr{Y}}$$

Notice, however, that if a does not lie in $\mathbf{S}\otimes\mathbb{F}_{\mathscr{Y}}$, then the fibre $\mathbf{W}_a$ may not be geometrically irreducible. If it is not geometrically irreducible, but is made up of several, say M, geometrically irreducible components each of which is rational over $\mathbb{F}_{q^d}$, then our "error term" is not very aptly named, for we will have

$$N_{\mathbf{W}}(\mathscr{Y},d,a) = Mq^d + O(\sqrt{q}^d)$$

and hence

$$E_{\mathbf{W}}(\mathscr{Y},d,a) = (M-1)q^d + O(\sqrt{q}^d),$$

i.e. the "error term" is much too big. Nonetheless, we can assert the following inequality.

Lemma 5 For any closed point $\wp$ of Spec(R), we have the inequality

$$\dim_{\mathbb{Q}_\ell}(H^{2N}_{\text{comp, et}}(\mathbf{S}\otimes\overline{\mathbb{F}}_\wp, \mathcal{F}\otimes\mathcal{F}) \leq$$

$$\limsup_d \left(\frac{1}{q^{d(N+1)}} \sum_{a \in (\mathbb{A}^N_{\mathbb{F}_\wp})(\mathbb{F}_{q^d})} (E_{\mathbf{W}}(\wp, d, a))^2 \right)$$

Proof This follows immediately from lemma 4, for we have simply added some positive terms, namely the $(E_{\mathbf{W}})^2$'s for points a not in $\mathbf{S}\otimes\mathbb{F}_\wp$, to the expression under the "lim sup" sign.

VI The Situation in Reverse

Let us now begin with a subring $R_o \subset \mathbb{C}$ which is absolutely finitely generated as a $\mathbb{Z}$-algebra, an integer $N \geq 1$, and an affine morphism of finite type

$$\begin{array}{c} \mathbf{W} \\ \downarrow \\ (\mathbb{A}^N)_{R_o} \end{array}$$

with one-dimensional fibres. We suppose that the geometric generic fibre of this morphism is smooth and geometrically connected.

Because the generic point of $(\mathbb{A}^N)_{R_o}$ has characteristic zero, there exists a non-empty affine open set Spec(R) $\subset$ Spec(R_o), of the form $R = R_o[1/\delta]$ for some $\delta \neq 0$ in R_o and a non-empty affine open set $\mathbf{S} \subset (\mathbb{A}^N)_R$ such that

1) the geometric fibres of $\mathbf{S}/R$ are all non-empty

2) the restriction to $\mathbf{S}$ of the given morphism $\mathbf{W}/\mathbb{A}^N_{R_o}$ is an elementary morphism, i.e. there exists an elementary morphism

$$\begin{array}{c} \mathbf{X}^{aff} = \mathbf{X} - \mathbf{Y} \\ \downarrow \\ \mathbf{S} \end{array}$$

which sits in a cartesian diagram

$$\begin{array}{ccccc} \mathbf{W} & \hookleftarrow & \mathbf{W} \otimes_{R_o} R & \hookleftarrow & \mathbf{X}^{aff} = \mathbf{X} - \mathbf{Y} \\ \downarrow & & \downarrow & & \downarrow \\ (\mathbb{A}^N)_{R_o} & \hookleftarrow & (\mathbb{A}^N)_R & \hookleftarrow & \mathbf{S} \\ \downarrow & & \downarrow & & \\ \mathrm{Spec}(R_o) & \hookleftarrow & \mathrm{Spec}(R) & & \end{array}$$

Because we are given R_o as a subring of $\mathbb{C}$, we are also given $R = R_o[1/\delta]$ as a subring of $\mathbb{C}$. By means of this extension of scalars $R \longrightarrow \mathbb{C}$, the situation

$$\begin{array}{c} \mathbf{X} \\ \downarrow \\ \mathbf{S} \\ \downarrow \\ \mathrm{Spec}(R) \end{array}$$

gives rise to a situation

$$\begin{array}{l} X = \mathbf{X} \otimes_R \mathbb{C} \\ \downarrow f \\ S = \mathbf{S} \otimes_R \mathbb{C} \end{array}$$

of the sort considered in Section I. Attached to this situation is the integer $\mathrm{Irr}(\mathcal{F})$ which "measures" the irreducibility of the monodromy. Combining lemmas 2 and 5, we find

Theorem 6 There exists a non-void set $V \subset \mathrm{Spec}(R_o)$ such that for every closed point $\mathscr{Y}$ of V, we have the inequality

$$\mathrm{Irr}(\mathscr{F}) \leq \limsup_d \left(\frac{1}{q^{d(N+1)}} \sum_{a \in (\mathbb{A}^N_{\mathbb{F}_{\mathscr{Y}}})(\mathbb{F}_{q^d})} (E_{\mathbf{W}}(\mathscr{Y}, d, a))^2 \right)$$

VII The Results of Davenport-Lewis

In a little-noticed paper [2], Davenport and Lewis computed the individual sums

$$\frac{1}{q^{d(N+1)}} \sum_{a \in (\mathbb{A}^N_{\mathbb{F}_{\mathscr{Y}}})(\mathbb{F}_{q^d})} (E_{\mathbf{W}}(\mathscr{Y}, d, a))^2$$

for certain explicitly given families $\mathbf{W}/\mathbb{A}^N$, and they computed the lim sup over d for certain other families. In view of theorem 6, their computations will lead to information about the irreducibility of the monodromy. For the convenience of the reader, we will recall some of their more striking results.

Lemma 7 (D-L) Let $\mathbb{F}_q$ be a finite field, and $f(X,Y) \in \mathbb{F}_q[X,Y]$ a polynomial in two variables over $\mathbb{F}_q$. For each $(a,b,c) \in (\mathbb{F}_q)^3$, let

$$\begin{cases} N(a,b,c) = \#\{(x,y) \in (\mathbb{F}_q)^2 \mid f(x,y) + ax + by + c = 0\} \\ E(a,b,c) = N(a,b,c) - q. \end{cases}$$

Then we have the formula

$$\sum_{a,b,c \in \mathbb{F}_q} (E(a,b,c))^2 = q^3(q-1).$$

Proof Clearly we have

$$\sum_{a,b,c} N(a,b,c) = \#\{(x,y,a,b,c) \in (\mathbb{F}_q)^5 \mid f(x,y) + ax + by + c = 0\}$$
$$= q^4 \text{ ("solve for c")}.$$

Similarly, we have

$$\sum_{a,b,c} (N(a,b,c))^2 =$$

$$\#\left\{(x,y,x',y',a,b,c) \in (\mathbb{F}_q)^7 \;\middle|\; \begin{array}{l} f(x,y) + ax + by + c = 0 \ \underline{\text{and}} \\ \\ f(x',y') + ax' + by' + c = 0 \end{array}\right\}$$

$$= \#\left\{(x,y,x',y',a,b) \in (\mathbb{F}_q)^6 \;\middle|\; f(x,y) + ax + by = f(x',y') + ax' + by'\right\}$$

The solutions with $x = x'$ and $y = y'$ are q^4 in number (pick x,y,a,b). Those with $x \neq x'$ are $q(q-1)q^3$ in number (pick $x, x' \neq x, y, y', b$ freely, and solve for a). Those with $x = x'$ but $y \neq y'$ are $q(q -nq^2$ in number (pick $x, y, y' \neq y, a$ freely, and solve for b). Thus we find

$$\sum_{a,b,c} (N(a,b,c))^2 = q^5 + q^4 - q^3.$$

To conclude, we readily calculate

$$\sum_{a,b,c} (E(a,b,c))^2 = \sum_{a,b,c} \{N(a,b,c)^2 - 2qN(a,b,c) + q^2\}$$

$$= q^5 + q^4 - q^3 - 2q^5 + q^5$$

$$= q^3(q-1)$$

QED

<u>Lemma 8 (D-L)</u> Let $k \geq 2$ be an integer, and $\mathbb{F}_q$ a finite field which contains k distinct k'th roots of unity, i.e. $q \equiv 1 \bmod k$. Let $f(X) \in \mathbb{F}_q[X]$ be any polynomial in one variable over $\mathbb{F}_q$. For each $(a,b) \in (\mathbb{F}_q)^2$, let

$$\begin{cases} N(a,b) = \#\{(x,y) \in (\mathbb{F}_q)^2 \mid y^k = f(x) + ax + b\} \\ E(a,b) = N(a,b) - q. \end{cases}$$

Then we have the formula

$$\sum_{a,b,\in \mathbb{F}_q} (E(a,b))^2 = (k-1)q^2(q-1).$$

Proof Exactly as in the previous lemma, we find

$$\sum_{a,b} N(a,b) = q^3,$$

and we find

$$\sum_{a,b} N(a,b)^2$$

$$= \#\{(x,y,x',y',a) \in (\mathbb{F}_q)^5 \mid y^k - f(x) - ax$$

$$= (y')^k - f(x') - ax'\}$$

Those solutions with $x \neq x'$ are $q^3(q-1)$ in number (pick y, y', $x, x' \neq x$ freely and solve for a). As for the solutions with $x = x'$, their number is (pick x, a freely)

$$q^2 \cdot \#\{(y,y') \in (\mathbb{F}_q)^2 \mid y^k = (y')^k\}$$

$$= q^2 \cdot \{1 + k(q-1)\}$$

Thus we find

$$\sum_{a,b} N(a,b)^2 = q^3(q-1) + q^2 + kq^2(q-1),$$

and the asserted result follows as in the previous lemma QED

Lemma 9 (D-L) Let $\mathbb{F}_q$ be a finite field of odd characteristic, and $f(X) \in \mathbb{F}_q[X]$ a polynomial in one variable over $\mathbb{F}_q$. Suppose that the polynomial in two variables

$$F(X,Z) = \frac{f(X) - f(Z)}{X-Z}$$

is absolutely irreducible. For each $a \in \mathbb{F}_q$, let

$$\begin{cases} N(a) = \#\{(x,y) \in (\mathbb{F}_q)^2 \mid y^2 = f(x) + a\} \\ E(a) = N(a) - q. \end{cases}$$

Then we have the assymptotic formula

$$\sum_{a \in \mathbb{F}_q} (E(a))^2 = q^2 + O(q^{3/2})$$

with a "big O" which is uniform when we replace q by any power q^d of q.

Proof Let

$$\chi : \mathbb{F}_q^\times \longrightarrow \pm 1$$

denote the non-trivial quadratic character, extended to all of $\mathbb{F}_q$ by the convention

$$\chi(0) = 0.$$

Then we have

$$E(a) = \sum_{x \in \mathbb{F}_q} \chi(f(x)+a),$$

whence

$$\sum_a E(a)^2 = \sum_{a,x,z \in \mathbb{F}_q} \chi((f(x)+a)(f(z)+a).$$

For <u>fixed</u> x and z, the sum

$$\sum_a \chi((f(x)+a)(f(z)+a))$$

is itself the "error term" for the curve in A,B-space

$$B^2 = (A + f(x))(A + f(z)).$$

If $f(x) \neq f(z)$, this is an affine smooth conic, so a projective line minus two points at ∞. Thus this affine curve has q-1 rational points, whence

$$\sum_a \chi((f(x)+a)(f(z)+a) = -1 \qquad \text{if } f(x) \neq f(z).$$

If $f(x) = f(z)$, we are applying χ to a perfect square, whence

$$\sum_a \chi((f(x)+a)(f(z)+a)) = q - 1 \qquad \text{if } f(x) = f(z).$$

Thus we find

$$\sum_a E(a)^2 = -q^2 + q \cdot \#\{(x,z) \mid f(x) = f(z)\}.$$

By assumption the factorization

$$f(X) - f(Z) = (X - Z)F(X,Z)$$

exhibits the curve $f(X) = f(Z)$ as the union of two distinct absolutely irreducible components (distinct because $(X-Z)^2$ is not of the form $f(X) - f(Z)$). Therefore by Weil we have

$$\#\{(x,z) \mid f(x) = f(z)\} = 2q + O(\sqrt{q},$$

whence the asserted result.

VIII Applications to Monodromy

Theorem 10 Let $f(x,y) \in \mathbb{C}[x,y]$ be a polynomial in two variables. Suppose that for indeterminates a, b, c, the complete non-singular model of the affine curve

$$f(x,y) + ax + by + c = 0$$

over the field $\mathbb{C}(a,b,c)$ has genus $g \geq 1$. Then for any non-void Zariski open set $S \subset \mathbb{A}^3_{\mathbb{C}}$ over which the complete non-singular model "extends" to an X/S as in section I, we have

$$\mathrm{Irr}(\mathcal{F}) = 1,$$

i.e., the monodromy is absolutely irreducible.

Proof We apply the set-up of section VI. We may take R_o to be the subring of $\mathbb{C}$ generated over $\mathbb{Z}$ by the coefficients of f, N=3, and **W** the affine curve over $(\mathbb{A}^3)_{R_o}$ of equation

$$f(x,y) + ax + by + c = 0.$$

Combining theorem 6 with lemma 7, we obtain the inequality

$$\mathrm{Irr}(\mathcal{F}) \leq 1.$$

The hypothesis $g \geq 1$ (which would be violated if, e.g., we took $f = 0$) insures that $\mathcal{F} \neq 0$, and so forces the asserted equality

$$\mathrm{Irr}(\mathcal{F}) = 1.$$

Similarly, lemma 8 with $k = 2$ yields

Theorem 11 Let $f(X) \in \mathbb{C}[X]$ be a polynomial in one variable of degree d at least three. Then the monodromy of the two-parameter family of hyperelliptic curves

$$Y^2 = f(X) + aX + b,$$

over the open set $S \subset \mathbb{C}^2$ consisting of those (a,b) for which the polynomial $f(X) + aX + b$ has d distinct roots is absolutely irreducible, i.e.

$$\mathrm{Irr}(\mathcal{F}) = 1.$$

In the same way, lemma 9 yields

Theorem 12 Let $f(X) \in \mathbb{C}[X]$ be a polynomial in one variable of degree d at least three, such that the polynomial in two variables

$$F(X,Z) = \frac{f(X) - f(Z)}{X - Z}$$

is irreducible. Then the monodromy of the one-parameter family of hyperelliptic curves

$$Y^2 = f(X) + a,$$

over the open set $S \subset \mathbb{C}$ consisting of those a for which $f(x) + a$ has d distinct roots, is absolutely irreducible, i.e.

$$\mathrm{Irr}(\mathcal{F}) = 1.$$

To conclude, we give the monodromy consequence of the general case of lemma 8.

Theorem 13 Let $f(X) \in \mathbb{C}[X]$ be a polynomial in one variable of degree $d \geq 2$. Let k be an integer ≥ 2.

Suppose that either k and d are relatively prime, or that $d \geq 3$. Consider the two-parameter family of curves

$$Y^k = f(x) + ax + b$$

over the open set $S \subset \mathbb{C}^2$ consisting of those (a,b) for which the polynomial $f(x) + ax + b$ has d distinct roots. The group μ_k operates on this family of curves (through $(x,y) \longrightarrow (x,\zeta y)$) and therefore on its monodromy $\mathcal{F}$. For each of the k-1 non-trivial characters

$$\chi : \mu_k \longrightarrow \mathbb{C}^{\times}$$

we denote by $(\mathcal{F}\otimes\mathbb{C})^{\chi}$ the corresponding χ-component of $\mathcal{F}\otimes\mathbb{C}$. Then we have

$$\mathcal{F}\otimes\mathbb{C} = \sum_{\chi \text{ non-triv}} (\mathcal{F}\otimes\mathbb{C})^{\chi}$$

each $(\mathcal{F}\otimes\mathbb{C})^{\chi}$ is irreducible, i.e. we have

$$\mathrm{Irr}((\mathcal{F}\otimes\mathbb{C})^{\chi} = 1 \text{ for each non-trivial } \chi,$$

and the $(\mathcal{F}\otimes\mathbb{C})^{\chi}$ are mutually inequivalent.

Proof Again we apply the set-up of section VI, this time taking for R_o the subring of $\mathbb{C}$ generated by the coefficients of f, by a primitive k'th root of unity, and by 1/k. Then lemma 8 shows us that

$$\mathrm{Irr}(\mathcal{F}) \leq k-1.$$

Given this inequality, it suffices to show that in the decomposition of $\mathcal{F}\otimes\mathbb{C}$ by the action of μ_k, which is a priori of the form

$$\mathcal{F}\otimes\mathbb{C} = (\mathcal{F}\otimes\mathbb{C})^{\mu_k} + \sum_{\chi \text{ non-trivial}} (\mathcal{F}\otimes\mathbb{C})^{\chi}$$

we have

$$(\mathcal{J}\otimes\mathbb{C})^{\chi} \neq 0 \text{ for each non-trivial } \chi.$$

To see this, we use a specialization argument. Consider the universal family of curves of the form

$$Y^k = \text{a polynomial in } X \text{ of degree } d \text{ with } d \text{ distinct roots.}$$

Clearly the rank of $(\mathcal{J}\otimes\mathbb{C})^{\chi}$ is equal to the dimension of the χ-part of the H^1 of the complete non-singular model of <u>any</u> of these curves. This reduces us to checking one single curve

$$Y^k = X^d + 1.$$

On this curve, a direct calculation shows that for each non-trivial χ, the dimension of the χ-component of H^1 is either d-1, if χ^d is non-trivial, or is d-2 if χ^d is trivial. Because we assumed either $(k,d) = 1$ or $d \geq 3$, each of these χ-components, χ non-trivial, is therefore non-zero.

REFERENCES

1. M. Artin, A. Grothendieck, and J. L. Verdier. Théorie des Topos et Cohomologie Etale des Schémas, tome 3. Springer Lecture Notes 305, Springer-Verlag, 1973.

2. H. Davenport and D. J. Lewis. Notes on Congruences (I), Quarterly J. Math. Oxford (2), 14 (1963), 51-60. Reprinted in The Collected Works of Harold Davenport, Vol. 3, 1290-1299, Academic Press, 1977.

3. P. Deligne. Théorie de Hodge II, Pub. Math. I.H.E.S. 40, (1971), 5-57.

4. _____. Séminaire de Géométrie Algébrique du Bois-Marie SGA 4½, Springer Lecture Notes 569, Springer-Verlag, 1977.

5. _____. La Conjecture de Weil II, to appear in Pub. Math. IHES

6. S. Lang, Abelian Varieties, Interscience Publishers, 1959.

7. _____ and A. Weil. Number of points of varieties in finite fields, Amer. J. Math, Vol 76, No. 4 (1954), 819-827.

8. A. Weil. Sur les Courbes Algébriques et les Variétés qui s'en déduisent, Hermann, 1948.

Princeton University
Princeton, New Jersey
U.S.A.

ON THE LOCAL LANGLANDS CONJECTURE

H. Koch

Let p be a prime, K a local field with finite residue class field of characteristic p and G_K the Galois group of the separable algebraic closure $\bar{K}$ of K. We denote by R_n the set of (equivalence classes of) continuous irreducible representations ρ with the property that the dimension of ρ, $\dim \rho$, is a divisor of n. Beside the Artin conductor of ρ, $c(\rho)$, we consider the Swan conductor $j(\rho)$, which is defined as follows: $j(\rho) = c(\rho) - \dim\rho$ if $c(\rho) > 0$ and $j(\rho) = 0$ if $c(\rho) = 0$. It is also convenient to introduce the Swan different exponent of an extension L/K, $j(L/K) = d(L/K) - (e(L/K)-1)f(L/K)$, where $d(L/K)$ is the different exponent, $e(L/K)$ the ramification index and $f(L/K)$ the inertia degree of L/K.

Furthermore, let D_n be a central division algebra of index n over K and $\hat{D}_n^\times$ the set of (equivalence classes of) continuous irreducible representations ρ of the multiplicative group $D_n^\times$ of D_n with the property that the kernel of ρ has finite index in $D_n^\times$. Let P be the prime ideal of D_n. The maximal number j with $\rho(1+P^j) \neq \{1\}$ is called the index $j(\rho)$ of ρ. If $\rho(1+P^j) = \{1\}$ for all natural numbers, we put $j(\rho) = 0$.

Now the local Langlands conjecture can be formulated as follows: There is a one to one correspondence ϕ_n of R_n and $\hat{D}_n^\times$ with the following properties:

1. ϕ_1 is induced by the reciprocity map. (In the following we identify $\chi \in R_1$ and $\phi_1\chi$).

2. If $\chi \in R_n$ is one dimensional, then

$$\phi_n\chi = \chi \circ N_{D_n/K} ,$$

where $N_{D_n/K}$ denotes the reduced norm;

3. $\phi_n(\rho\otimes\chi) = \phi_n\rho \otimes \phi_n\chi$;

4. $j(\phi_n(\rho)) = j(\rho)^{n/\dim\rho}$;

5. $\phi_n \rho\big|_{K^\times} = (\det\rho)^{n/\dim\rho}$;

6. For the ε-factors associated to ρ and $\phi_n\rho$, we have $\varepsilon(\rho)^{n/\dim\rho} = \varepsilon(\phi_n\rho)$.

For $n = 2$, ϕ_2 is unique and exists. This was shown for residue characteristic $p \neq 2$ in Jacquet-Langlands [3] and for $p = 2$ in almost all cases by Tunnell [9] with a global argument, finally by Gerardin and Kutzko in all cases with a local argument (International Congress of Mathematicians Helsinki 1978).

For $n > 2$, ϕ_n is not uniquely determined by 1-6.

If $p \nmid n$, then one can construct a map $\phi_n' : R_n \to D_n^\times$ which satisfies 1-4 but not 5,6 though it may not be too difficult to satisfy also 5 and 6 (see [5]). After some minutes I shall come back to this case.

The really difficult case is the wild case $p|n$. At the moment it seems that there is no method for finding ϕ_n in this case. But one can formulate the following weaker conjecture, which I shall call the numerical Langlands conjecture:

Let $R_n(j) = \{\rho \in R_n | j(\rho)n/\dim\rho = j , (\phi_1 \det\rho)(\pi_K)]^{n/\dim\rho} = 1\}$, $D_n^\times(j) = \{\rho \in \hat{D}_n^\times | j(\rho) = j , \rho(\pi_K) = 1\}$, where π_K is a fixed prime element of K .

$$\operatorname{card} R_n(j) = \operatorname{card} D_n^\times(j) \qquad (1)$$

<u>Theorem 1</u>:

(1) is true for $p|n$.

<u>Theorem 2</u>:

(1) is true for $n = p$.

In the following I shall speak mainly about the proof

of Theorem 2 (for the details see [6]), but first I say some words about the tame case p/n .

The representations in R_n and in $\hat{D}_n^\times$ can be parametrised by the same objects, the so-called admissible pairs $(L/K,\chi)$, where L/K is an extension of degree a divisor of n and χ is a character of $L^\times$ with $[L^\times : \mathrm{Ker}\chi]$ finite. The following two conditions must be fulfilled.

1. If $\chi = \chi' \circ N_{L/L'}$ on $L^\times$ with $K \subset L' \subset L$, then $L' = L$.

2. Let U_L^1 be the group of principal units of L .

If $\chi = \chi' \circ N_{L/L'}$ on U_L^1 , then L/L' is unramified.

Two pairs $(L_1/K,\chi_1)$, $(L_2/K,\chi_2)$ are called equivalent if there exists an isomorphism $\eta : L_1 \to L_2$ such that $\chi_1 = \chi_2 \circ \eta$. Given an equivalance class of admissible pairs $(L/K,\chi)$ it is easy to associate to it a representation ρ in R_n : $\rho = \mathrm{ind}_{G_L}^{G_K} \chi$. The conditions 1,2 mean that ρ is irreducible and that our map $\{(L/K,\chi)\} \to R_n$ is injective. So the sole problem is that the map is also surjective. To prove this one must know that the representations in R_n are induced from characters. One can deduce this from Clifford-Mackey theory.

Now we want to associate to $(L/K,\chi)$ a representation in $\hat{D}_n^\times$. Since the degree of L/K divides n , there is an injection $L \to D_n$. Let D_L be the centralizer of L in D_n . Then $\chi' = \chi \circ N_{D_L/L'}$ is a character of $D_n^\times$. Furthermore, there is an induction process which is much more complicated than the usual one. It leads from χ' to a representation of $D_n^\times$, which we associate to $(L/K,\chi)$. For the details see [5].

Now we come to the main question of this talk, the Langlands correspondence in the case $n = p$.

1. Representations of $D_p^\times$

These representations were constructed by Howe [2] and

Tunnell [9] saw how to compute the number $D(j) = \text{card } D_p^\times(j)$ if $(j,p) = 1$.

This idea is so simple and nice that I want to reproduce it here: 'From the results of Howe, it follows that $\dim\rho = \frac{q^p-1}{q-1} \cdot q^{(j-1)(p-1)/2}$ for $\rho \in D_p^\times(j)$. The dimension of a representation depends only on its index j.

Now a representation $\rho \in D_p^\times(j)$ is the same as a representation of the group $D_p^\times/U^{j+1}\langle\pi_K\rangle$ which is not a representation of $D_p^\times/U^j\langle\pi_K\rangle$.

We consider Burnside's formula for $D_p^\times/U^{j+1}\langle\pi_K\rangle$ and get

$$\text{card } D_p^\times/U^{j+1}\langle\pi_K\rangle = D(j)((\frac{q^p-1}{q-1})q^{(j-1(p-1)2})^2 + \text{card } D_p^\times/U^j\langle\pi_K\rangle$$

and therefore

$$D(j) = p(q-1)^2q^{j-1} \quad .'$$

There remains the case $p|j$.

One says that $\rho \in D_p^\times$ is <u>in general position</u> or in french <u>primordial</u> if there is no character χ of $D_p^\times$ such that $j(\rho\otimes\chi) < j(\rho)$. From Howe's results one can compute $\dim\rho$ for a representation in general position. Furthermore, it is easy to show that

$$j(\rho\otimes\chi) \leq \max\{j(\rho),j(\chi)\} \text{ with equality}$$

if $j(\rho) \neq j(\chi)$. I said already that we get each χ in the form $\chi' N_{D_p/K}$. Then $j(\chi) = pj(\chi')$. Hence we obtain the representations which are not in general position with index j by tensoring representations of index smaller than j with characters of index j . Taking this in mind, one can again use the idea of Tunnell to compute the number B(j) of representations in $D_p^\times(j)$ which are in general position.

2. <u>Representations ρ of R_p with $p|j(\rho)$.</u>

We have the same situation as with the representations

of $D_p^{\times}$ with $p|j(\rho)$. One says that ρ is in general position if there is no character χ of $K^{\times}$ such that $j(\rho\otimes\chi) < j(\rho)$.

Concerning the computation of $j(\rho\otimes\chi)$ one has $j(\rho\otimes\chi) \leq \max\{j(\rho), pj(\chi)\}$ with equality if $j(\rho) \neq pj(\chi)$. Here it is essential that ρ is irreducible.

Concerning the nature of representations in general position, one has the following

Proposition 2.1:

Let $p|j(\rho)$. Then ρ is in general position if and only if ρ is induced from a character of the multiplicative group of K_p , the unramified extension of K of degree p .

From the conductor formula for induced representation we get $j(\rho) = pj(\chi)$. Therefore it is clear that a representation of the form $\rho = \mathrm{ind}_{G_L}^{G_K}\chi$ satisfies $p|j(\rho)$.

The other direction of the Proposition is more difficult. One has to consider the case of induced and primitive representation separately and the most essential part of the proof is to show that a primitive representation ρ with $p|j(\rho)$ is never in general position. This case is reduced to the induced case by the following Theorem on primitive representations ([4]).

Let ρ be a primitive representation and let G_L be the kernel of the corresponding projective representation. Furthermore, let T/K be the maximal tamely ramified subextension of L/K . Then the restriction of ρ to G_T is irreducible and induced.

W. Zink has Proposition 2.1 generalised to the following

Theorem:

If $\rho \in \hat{G}_K$, then $\dim\rho|j(\rho)$ if and only if ρ is induced from an unramified extension E/K and a representation of G_E which is not in general position.

Now it is easy to compute the number $A(j)$ of $\rho \in R_n(j)$ which are in general position. One finds $A(j) = B(j)$. Thus we are reduced to the case $p \nmid j(\rho)$ and we have to show that $\operatorname{card} R_p(j) = p(q-1)^2 q^{j-1}$. We consider first induced and then primitive representations; the formulas which one get look much more complicated than the formula above. But I don't see any method to count induced and primitive representations together; the methods in both cases are different.

3. Induced Representations $\rho \in R_p$ with $p \mid j(\rho)$

Induced representations of degree p are of the form $(E/K,\chi) = \operatorname{ind}_{G_E}^{G_K}\chi$, where $[E:K] = p$ and χ is a finite character of $E^\times$ which we identify with the corresponding character of G_L.

First of all, we need a criterion for the irreducibility and equivalence of such representations. It is more convenient to work with normal extensions, therefore we make a base change F/K which guarantees that EF/F is normal. It is easy to see that the maximal extension of K of exponent $p-1$ is sufficient. This F/K is the tamely ramified abelian extension $F = K_{p-1}(\sqrt[p-1]{\pi_K})$, where K_{p-1} is the unramified extension of K with degree $p-1$.

Mackey's irreducibility criterion for induced representations then leads to the following

Criterion: $(E/K,\chi)$ is irreducible if, and only if, the multiplicative character $\tilde{\chi}$ of $H = EF$ with

$$\tilde{\chi}(x) = \chi \circ H_{H/E}(\sigma x/x) \ , \text{ where } \quad \langle\sigma\rangle = G(H/F) \ ,$$

is nontrivial.

If $p \nmid j(E/K,\chi)$, then this is the case if, and only if,

$$j(\chi) > d(E/K)/(p-1)-1 = j(E/K)/(p-1) \quad .$$

In this connection one finds also

$$j(\tilde{\chi}) = a(\tilde{\chi}) - 1 = e(F/K)a(\chi) - (p-1)d(H/F) - 1 \quad . \quad (1)$$

The equality $\tau\sigma\tau^{-1} = \sigma^{\beta(\tau)}$ for $\tau \in G(H/K) = G$

defines a homomorphism β of $G(H/K)$ in $(Z/pZ)^{\times}$, which is trivial on $G(H/F)$. Therefore β may be also considered as homomorphism of $G(F/K)$. We call β the root of E/K.

The group ring $Z[G]$ acts on $H^{\times}$ as

$$\left(\sum_{g\in G} a_g g\right)(x) = \prod_{g\in G} gx^{a_g} \qquad \text{for} \qquad x \in G \quad .$$

The proof of the Criterion and of other propositions in this paper is based on the following.

<u>Lemma</u>:

Let E/K be a ramified extension of degree p, let a be a positive integer which satisfies the conditions

$$a \equiv -j(H/F)/(p-1) \pmod{e} \quad , \quad (e = e(F/K))$$

$$a \not\equiv 0 \pmod{p}$$

and let $b = (a+j(H/F)/(p-1))/e$.

Then $\theta_F = N_{H/E}(\sigma-1)$ induces an epimorphism θ_F of N_H^a/U_H^{a+1} onto U_E^b/U_E^{b+1} with kernel

$$\{\tau y/y^{\beta(\tau)^{-1}} U_H^{a+1} \mid y \in U_H^a \; , \; \tau \in G(H/E)\} \quad . \qquad (2)$$

<u>Proof</u>:

Let ν_H denote the normalized valuation of H.

The well known equation $\nu_H(\sigma\pi_H - \pi_H) = j(H/F)/(p-1)+1$ implies that for given π_H, π_E the existence of a unique $\xi_o \in V_F$ (the system of multiplicative representatives in F of the residue field of F) such that

$$\sigma\pi_H \equiv \pi_H + \xi_o \pi_E^b \pi_H^{1-a} (\text{mod } \pi_H^{j(H/F)/(p-1)+2}) \quad .$$

Hence, if $\xi \in V_F$

$$\sigma(1+\xi\pi_H^a)/(1+\xi\pi_H^a) \equiv 1 + a\xi_o \xi \pi_E^b (\text{mod } \pi_H^{eb+1}) \quad .$$

Therefore $\sigma-1$ induces an isomorphism of U_H^a/U_H^{a+1} onto U_H^{eb}/U_H^{eb+1} and

$$(\sigma^\nu - 1)z = (\nu\sigma - \nu)z \qquad \text{for} \qquad z \in U_H^a/U_H^{a+1} \quad , \quad \nu \in \mathbb{Z}. \tag{3}$$

Furthermore, $N_{H/E}$ induces an epimorphism of U_H^{eb}/U_H^{eb+1} onto U_E^b/U_E^{b+1} .

It follows from (2.5) that all elements of the form (2.4) are in Ker θ_F . On the other hand, it is easy to see that the groups (2.4) and Ker θ_F have the same order, hence must be equal, q.e.d.

Now we come to the question of equivalence. There is a general criterion which is similar to the irreducibility criterion above:

Two representations $(E/K,\chi)$ and $(E'/K,\chi')$ of G_K of degree p are equivalent if, and only if, there exists $\eta \in G_K$ with

$$\chi \circ \eta \circ N_{\eta^{-1}EE'/\eta^{-1}E} = \chi' \circ N_{\eta^{-1}EE'/E'} \quad . \tag{4}$$

We consider the question of equivalence in more detail. If E and E' are conjugate over K : $E' = \eta E$, then $(E'/K,\chi')$ is equivalent to $(E/K,\chi'\circ\eta)$. Therefore this case is settled by the following.

<u>Proposition 3.1</u>:

If $(E/K,\chi)$ is equivalent to $(E'/K,\chi')$ and E,E' are conjugate over K,, then there is an isomorphism $\eta : E \to E'$ such that $\chi = \chi \circ \eta$.

This looks trivial but is trivial only in the case that E/K is normal. Nevertheless, the more interesting case is the case that $(E/K,\chi)$ is equivalent to $(E'/K,\chi')$ with E' not conjugate to E over K . If such an $(E'/K,\chi')$ exists, we say that $(E/K,\chi)$ is of the second kind.

The following two propositions express the main properties of representations of the second kind.

Proposition 3.2:

Let $\rho = (E/K,\chi) = (E'/K,\chi')$ be of second kind.

Let F be a normal extension of K such that $([F:K],p) = 1$, and $H = EF$, $H' = E'F$ are normal over F , $L = HH'$, and $U = \mathrm{Ker}\, \tilde{\chi} \subset H^\times$. Then

1. L/H corresponds to U in the sense of class field theory, therefore L/H is independent of the choice of E' , χ' .

2. $j(L/F) = j(\rho)(p-1)e(F/K)$.

3. Let $\beta : G(F/K) \to (Z/pZ)^\times$ be given by

$$\tau\sigma\tau^{-1} = \sigma^{\beta(\bar{\tau})} \qquad \text{for} \qquad \tau \in G(H/K)\ ,\ \sigma \in G(H/F)$$

and let $\beta' : G(H'/K) \to (Z/pZ)^\times$ be defined in the same manner, then $\beta' = \beta^{-1}$.

Proof:

1. If $(E/K,\chi)$ is equivalent to $(E'/K,\chi')$, then, if we go over from $(E/K,\chi)$ to $(\eta^{-1}E/K,\chi\circ\eta)$, we have by (4)

$$\chi \circ N_{L/E}(x) = \chi' \circ N_{L/E'}(x) \qquad \text{for} \qquad x \in L \ .$$

Let $\sigma \in G(L/F)$ such that the restriction of σ to H generates the group $G(H/F)$ and that the restriction of σ to H' is trivial. We put $x = \sigma y/y$ with some $y \in L^\times$. Then

$$\chi N_{H/E}\sigma(H_{L/H}y)/N_{L/H}y = \chi' N_{L/E'}\sigma y/y = 1 \quad .$$

It follows $N_{L/H}L^\times \subset \operatorname{Ker} \chi \subset H^\times$, where $[H^\times : N_{L/H}L^\times] = p$. Since $(E/K,\chi)$ is irreducible, we have $\operatorname{Ker} \tilde{\chi} \neq H^\times$, therefore $N_{L/H}L^\times = \operatorname{Ker} \tilde{\chi}$.

2. $d(L/F) = pd(H/F) + d(L/H) = pd(H/F) + (p-1)a(\tilde{\chi})$.
Therefore, by (1)

$$j(L/F) = d(L/F) - (p^2-1) = p(j(H/F)+p-1) - (p^2-1)$$

$$+ (p-1)(e(F/K)a(\chi) - (p-1)(j(H/F)+p-1)) = j(\rho)(p-1)e(F/K) .$$

3. Follows from the lemma.

<u>Proposition 3.3</u>:

Let E/K be a ramified extension of degree p, $H = EF$ and $U \subset H^\times$ a subgroup with the properties

(i) $[H^\times : U] = p$;

(ii) $\tau x \equiv x^{\beta(\tau)^{-1}} \pmod U$ for $\tau \in G(H/K)$, $x \in H^\times$.

(iii) The index a of U satisfies the conditions

$$a \equiv -j(H/F)/(p-1) \pmod{e = e(F/K)}$$
$$a \not\equiv 0 \pmod p \quad .$$

Then there exists a character χ of $E^\times$ such that $U = \operatorname{Ker} \tilde{\chi}$.

The extension L corresponding to U is normal over K by (ii). If $G(L/F) = Z/pZ \times Z/pZ$, then $(E/K,\chi)$ is of the second kind.

The last two propositions reduce the counting of induced representation to the counting of field extension with certain given properties, which is possible by class field theory and is similar to the procedure of Tunnell in the case $p = 2$. The result is the following.

Let $I(j)$ be the number of induced representations in $R_p(j)$. Then

$$I(j) = p(q-1)^2 q^{j-1}(1-X(j)q^{[r/p(p-1)] - [r/(p+1)]})$$

where $r = (p-1)j \not\equiv 0 \pmod p$

$$X(j) = 1 \quad \text{if} \quad r < p(p+1)\nu_K(p)\ ,\ r \not\equiv 0 \pmod{p+1}$$

$$X(j) = [\tfrac{p}{2}]\frac{(q+1)}{(p+1)} \quad \text{if} \quad r < p(p+1)\nu_K(p)\ ,\ r \equiv 0 \pmod{p+1}$$

$$X(j) = 0 \quad \text{if} \quad r > p(p+1)\nu_K(p) \quad .$$

4. Primitive Representations $\rho \in R_p$ with $p/j(\rho)$

Primitive representations are best classified by considering first projective representations and then going over to linear representation:

$$\begin{array}{ccl} \rho : G_K & \to & GL_n(\mathbb{C}) \\ & \searrow & \downarrow \\ & & PGL_n(\mathbb{C}) = GL_n(\mathbb{C})/\mathbb{C}^\times \end{array}$$

Projective primitive representations are projective representations whose liftings are primitive representations. They were classified in my paper [4] which I mentioned above, but I could not calculate the conductor of this representation, which is defined to be the minimum of the conductors of the liftings. This then seemed to be the most difficult question in the representation theory of local Galois groups. Buhler [1] and Zink [12] were able to compute this conductor in the case $n = p$ but the proof is rather complicated. I am now going to give a very simple proof:

Theorem:

Let $\rho : G_K \to PGL_p(\mathbb{C})$ be a primitive representation and let $G_L = \mathrm{Ker}\,\rho$, the maximal tamely ramified sub-extension of L/K. Then the (Swan) conductor of ρ is

$$j(\rho) = \frac{j(L/T)}{(p-1)e(T/K)} \quad .$$

Proof:

I mentioned already above that the restriction of a primitive representation to the ramification group remains irreducible. Let $\bar{\rho}$ be a lifting of ρ with $j(\bar{\rho}) = j(\rho)$ and $\bar{\rho}_T$ the restriction to $G(L/T)$. Then it is easy to see from the definition of the Artin conductor that

$$j(\bar{\rho}_T) = e(T/K)j(\bar{\rho})$$

$G(L/T)$ is the direct product of two cyclic groups of order p. Furthermore, $\bar{\rho}_T$ is an induced representation of the second kind which is induced from each of the sub-extensions of L/T of degree p as was proved in my paper [4]. Therefore, we can apply Proposition 3.2 with $F = T$ (T plays here the role of K),

$$j(L/T) = (p-1)j(\bar{\rho}_T) \quad .$$

This proves the formula.

On the basis of this formula one can compute the number of primitive projective representations with given Swan-conductor j, which was essentially already done by W. Zink [11].

The transition to linear representations is easy on the basis of the following

Theorem:

Let ρ be a primitive representation of dimension p and ϕ a character of G_K. Then $\rho\otimes\phi$ is equivalent to ρ if, and only if, $\phi = 1$.

For $p = 2$ this was proved by Tunnell by a global argument. Already after my talk in this seminary, E.-W. Zink found that the Theorem can be generalised to the following

Theorem of Zink: Let G be a finite group and let ϕ be a one dimensional representation of G. We denote the kernel of ϕ by H. Then for all irreducible representations of G, the following statements are equivalent:

(i) $\rho \otimes \phi$ is equivalent to ρ,

(ii) ρ is induced from a representation of H.

References

1. Buhler, J.P. Icosahedral Galois representations, Springer Lecture Notes 654, Chapter 2 (1978).

2. Howe, R. Kirillov theory for compact p-adic groups, Pac. J. Math. 73, 365-381 (1977).

3. Jacquet, H. and Langlands, R.P. Automorphic forms on GL(2), Springer Lecture Notes 114, Berlin (1970).

4. Koch, H. Classification of the primitive representations of the Galois Group of local fields. Inv. math. 40, 195-216 (1977).

5. Koch, H. and Zink, E.-W. Zur Korrespondenz von Darstellungen der Galoisgruppen und der zentralen Divisionsalgebren über lokalen Körpern (Der zahme Fall). Preprint R-03/79, Akademie der Wissenschaften der DDR, ZIMM, Berlin, 1979.

6. Koch, H. On the local Langlands conjecture for central division algebras of index p. (To appear.)

7. Langlands, R.P. Problems in the theory of automorphic forms. Lectures on modern analysis and applications, Springer Lecture Notes 170 (1970).

8. Serre, J.P. Corps locaux, Hermann, Paris 1962.

9. Tunnell, J.B. On the local Langlands conjecture for GL(2). Inv. Math. 46, 179-200 (1978).

10. Weil, A. Exercices dyadiques. Inv. Math. 27, 1-22 (1974).

11. Zink, E.-W. Counting primitive projective representations of local Galois groups. Preprint, 1978.

12. Zink, E.-W. Ergänzungen zu Weil's Exercices dyadiques. To appear in Math. Nachr.

Akademie der Wissenschaften der DDR,
Zentralinstitut für Mathematik und Mechanik
DDR-1080 Berlin,
Mohrenstrasse 39

SMALL VALUES OF THE QUADRATIC PART OF THE NERON-TATE HEIGHT

D. W. Masser

1. Introduction

Let A be a projective abelian variety in $\mathbb{P}^N$ defined over the field of algebraic numbers $\overline{\mathbb{Q}}$. If $P = (x_0,\dots,x_N)$ is in the group $A(\overline{\mathbb{Q}})$ of points of A defined over $\overline{\mathbb{Q}}$, we define an absolute height function $H(P)$ as follows. We may suppose that $x_0,\dots,x_N$ lie in some number field F; then we put

$$H_F(P) = \prod_v \max(|x_0|_v,\dots,|x_N|_v) \quad ,$$

where the product is over all valuations v of F normalized in the usual way. If F is of degree D, then the expression

$$H(P) = (H_F(P))^{1/D}$$

does not depend on the choice of field F.

As A. Néron and J. Tate independently realized, the function $H(P)$ has a very nice approximate behavior. If we introduce the logarithmic height

$$h(P) = \log H(P)$$

then there exists a quadratic form $q(P)$ and a linear form $\ell(P)$, both uniquely defined on all of $A(\overline{\mathbb{Q}})$, such that the difference

$$h(P) - q(P) - \ell(P) \tag{1}$$

is bounded on $A(\overline{\mathbb{Q}})$ (see, for example, Theorem 3 of [4]). Moreover, $q(P)$ is positive definite on the quotient of $A(\overline{\mathbb{Q}})$ by the group of torsion points of A.

Hence if P is a non-torsion point of $A(\overline{\mathbb{Q}})$, we have $q(P) > 0$. The main aim of this article is to describe certain lower bounds for $q(P)$ in terms of P, in a sense to be made more precise in Section 3. These lower bounds may be useful in Manin's conditional algorithm [7] for finding bases for the Mordell-Weil groups of A. But a more important reason for studying such problems arises in connection with questions of linear dependence of points of A. We discuss these in the next section.

For the moment, we note for later use the inequality

$$(q(P_1 + P_2))^{\frac{1}{2}} \leq (q(P_1))^{\frac{1}{2}} + (q(P_2))^{\frac{1}{2}} \qquad (2)$$

for any points P_1, P_2 on $A(\overline{\mathbb{Q}})$. This is an easy consequence of the fact that $q(s_1P_1 + s_2P_2) \geq 0$ for all integers s_1, s_2. Also if c is an upper bound for the absolute value of the difference (1), we deduce by similar arguments that

$$(h(P))^{\frac{1}{2}} \leq (q(P))^{\frac{1}{2}} + c^{\frac{1}{2}} \qquad (3)$$

for any P in $A(\overline{\mathbb{Q}})$.

2. Linear Dependence of Points

Suppose we are given points $P_1, \ldots, P_m$ of $A(\overline{\mathbb{Q}})$, and we wish to determine whether or not they are linearly dependent over the ring of rational integers. A first step is to consider the question modulo torsion. Assume we have a relation

$$s_1P_1 + \ldots + s_mP_m = W \qquad (4)$$

for integers $s_1, \ldots, s_m$ not all zero and some torsion point W. We may suppose that $s_1, \ldots, s_m$ have no common factor. Following a remark of Cassels, we choose a large integer $t > 1$. By Dirichlet's Theorem [3] there exists an integer k with $0 < k < t$ such that

$$||k(s_i/t)|| \leq t^{-1/m} \qquad (1 \leq i \leq m) \quad ,$$

where as usual $||x||$ denotes the distance from the real number x to the nearest integer. Thus there are integers $r_1, \ldots, r_m$ such that the integers $s_i' = ks_i - tr_i$ $(1 \leq i \leq m)$ have absolute values at most $t^{(m-1)/m}$, and on multiplying (4) by k we get

$$s_1'P_1 + \dots + s_m'P_m = kW - tP \quad , \tag{5}$$

where

$$P = r_1P_1 + \dots + r_mP_m \quad . \tag{6}$$

Let us now apply the quadratic form q to (5). On the right-hand side we obtain simply $t^2q(P)$. The left-hand side may be estimated from above by repeated use of (2), and we find that

$$t^2q(P) \le m^2t^{2(m-1)/m}\eta \quad , \tag{7}$$

where

$$\eta = \max(q(P_1),\dots,q(P_m)) \quad . \tag{8}$$

Suppose now that we have an a priori lower bound $q(P) \ge \chi > 0$ for all non-torsion P , in the sense described in Section 3. In this case, choosing any $t > \max(1,(m^2\eta/\chi)^{m/2})$ gives a contradiction in (7), so that for such values of t the resulting P defined by (6) must be torsion. But then (5) yields a new relation of the same form as (4) with coefficients $s_1',\dots,s_m'$ of absolute values at most $t^{(m-1)/m}$. Furthermore, these coefficients cannot all be zero. For because $s_1,\dots,s_m$ have no common factor, there are integers $a_1,\dots,a_m$ with $a_1s_1 + \dots + a_ms_m = 1$, and now the equations

$$s_i' = ks_i - tr_i = 0 \qquad (1 \le i \le m)$$

would lead to

$$t(a_1r_1 + \dots + a_mr_m) = k \quad .$$

But this contradicts the condition $0 < k < t$.

In other words, if there is a non-trivial relation (4), there is a similar non-trivial relation in which the coefficients are explicitly bounded in terms of m , η , and χ . Hence if we know a value of χ given by a theorem of the type we are discussing, and if we can satisfactorily recognize torsion points of A , then we can determine whether or not given points of $A(\overline{\mathbb{Q}})$ are linearly dependent. How to recognize torsion points is a more delicate question which will be answered in Section 5.

3. The Main Result

In the preceding section we needed a lower bound for $q(P)$ where P is defined by an expression of the form (6). Thus we know very little about P. If the original points $P_1,\ldots,P_m$ are defined over a number field F, we can say something about the field of definition of P; but the exact nature of F does not appear to be relevant to the problem. In fact, we can give lower bounds for $q(P)$ solely in terms of the degree $d(P)$ of the field generated by the ratios of the projective coordinates of P.

It is not difficult to see that such lower bounds exist. Recall the constant c of (3), and suppose that $q(P) \le c/s^2$ for some positive integer s. Then by (3) the points $P, 2P, \ldots, sP$ have coordinate heights at most $4c$. But if $d(P) \le D$ their degrees are at most $c_1 D$, where c_1 depends only on the degree of the field of definition of the abelian variety A. Straightforward estimates show that the number of such points on A cannot exceed $c_2^{D^2}$ for some c_2 depending only on A; if P is non-torsion the points $P, 2P, \ldots, sP$ are distinct and thus we must have $s \le c_2^{D^2}$. It follows that in this case $q(P) \ge c_3^{-D^2}$ for some c_3 depending only on A.

Our main result substantially improves on this estimate. Let n denote the dimension of A.

Theorem 1:

There is a constant $C > 0$ depending only on A such that

$$q(P) \ge CD^{-(4n+8)}$$

for all non-torsion points P of $A(\overline{\mathbb{Q}})$ with $d(P) \le D$.

Such results already exist for elliptic curves (when $n = 1$). The first was obtained by M. Anderson [1], who found the lower bound $CD^{-4}(\log D)^{-3}$ in the case of complex multiplication. Later Anderson and myself [2] sharpened this to $CD^{-3}(\log D)^{-2}$ and obtained the weaker lower bound $CD^{-10}(\log D)^{-6}$ without the hypothesis of complex multiplication. It should also be noted that if we replace the abelian variety A by the group variety $\mathbb{C}^{x}$ of non-zero complex numbers, the analogous problem is connected with a classical question of Lehmer; for a fuller discussion see [2].

4. Outline of the Proof

In view of the results of [2] we may suppose that $n \ge 2$, and no essential generality is lost in assuming also that the abelian variety A is simple. By introducing suitable abelian functions on A and using standard techniques from transcendence theory initiated in this context by C. L. Stewart [12], we may establish the following proposition.

Proposition

For any $c > 0$ there exists $\gamma > 0$ with the following property. Let P be a point of $A(\overline{\mathbb{Q}})$ with $d(P) \le D$ and $q(P) \le \gamma^{-1}D^{-(4n+8)}$ for some $D \ge 1$. Then there exists a positive integer $b \le \gamma D^{2n+2}$ and a homogeneous polynomial $\Phi(x_0,\ldots,x_N)$ of degree $L \le \gamma D^{2/n}$, not vanishing identically on A , which vanishes at the points sbP for all non-negative integers $s \le cL^{n}$.

In the case $n = 1$ the transcendence techniques of [2] in effect allowed us to take c infinite in the above

Proposition, and even to construct a polynomial Φ vanishing on the whole subgroup Γ of A generated by bP. This is not possible for $n \geq 2$, but if it were, we could then argue as follows. Consider the Zariski closure $\overline{\Gamma}$ of Γ in A. Then Φ vanishes on $\overline{\Gamma}$, and therefore $\overline{\Gamma}$ is contained in a proper subvariety of A. However, $\overline{\Gamma}$ is itself a group, and hence a proper algebraic subgroup of A. But A is simple; thus $\overline{\Gamma}$ must be finite. Hence Γ is also finite, and this implies that P is a torsion point. Theorem 1 would then follow at once.

In the absence of such arguments for c infinite, we must use a suitable zero-estimate for c sufficiently large. This is provided by the following result of G. Wüstholz and myself [9], whose proof involves techniques from commutative algebra. We state it for an arbitrary quasiprojective commutative connected group variety G of dimension n in $\mathbb{P}^N$. Let Γ be a finitely generated subgroup of G of rank m, and define $\mu = \mu(\Gamma;G)$ by

$$\mu = \min_{1 \leq r \leq n} (m-m_r)/r \quad ,$$

where m_r is the maximum rank of any subgroup of Γ contained in any algebraic subgroup of G of codimension r. Select any linearly independent points $P_1,\ldots,P_m$ of Γ.

Zeros Lemma:

There is a constant $\lambda > 0$ depending only on G with the following property. Suppose that for some $S > 0$ there is a homogeneous polynomial $\Phi(x_0,\ldots,x_N)$ of degree at most $\lambda(S/n)^{\mu}$ that vanishes at the points $s_1P_1 + \ldots + s_mP_m$ for all nonnegative integers $s_1,\ldots,s_m$ not exceeding S. Then $\Phi(x_0,\ldots,x_N)$ vanishes identically on G.

Return now to the above Proposition. If the point P were non-torsion, we could apply the Zeros Lemma with $G = A$ and Γ as the subgroup generated by $P_1 = bP$. Since A is simple we have $m_r = 0 \quad (1 \le r \le n)$, and therefore $\mu = m/n = 1/n$. Thus we choose $c = \lambda^{-n}$ in the Proposition and then $S = cL^n$ in the Zeros Lemma to deduce a contradiction. This contradiction establishes that $q(P) > \gamma^{-1}D^{-(4n+8)}$ if P is non-torsion with $d(P) \le D$, which is what we wanted to prove.

5. More on Torsion Points

Suppose now that P is a torsion point of $A(\overline{\mathbb{Q}})$ to begin with. Then $q(P) = 0$, so the Proposition may still be applied, and it yields a polynomial Φ with many zeros as before. The Zeros Lemma then shows that P is a torsion point, so we do not appear to have got anywhere. However, it is possible to make further progress by a deeper analysis of the commutative algebra involved in the Zeros Lemma. Firstly we can deduce the existence of a positive integer $b' \le \gamma' D^2$ and a new homogeneous polynomial $\Phi'(x_0,\ldots,x_N)$ of degree $L' \le \gamma' D^{2/n}$, not vanishing identically on A , which vanishes at the points $sbb'P$ for all nonnegative integers s . Then we can conclude that the order of $bb'P$ must be at most $\gamma' L'^{n(2n+1)}$. Here γ' depends only on A . This yields the following result.

Theorem 2:

There is a constant C depending only on A such that if P is a torsion point of $A(\overline{\mathbb{Q}})$ with $d(P) \le D$ then the order of P is at most CD^{6n+6} .

In conjunction with Theorem 1 this completely answers the linear dependence question of Section 2. For suppose $P_1,\ldots,P_m$ are given points of $A(\overline{\mathbb{Q}})$ defined over a number field of degree at most D , and put

$$E = \max(1,h(P_1),\ldots,h(P_m)) \quad .$$

It is easily seen that $q(P_i) \leq c_4 E$ $(1 \leq i \leq m)$ for some c_4 depending only on A. Now if $P_1,\dots,P_m$ are linearly dependent, then Theorem 1 and the arguments of Section 2 show that there exist integers $s_1,\dots,s_m$, not all zero, of absolute values at most $c_5 D^{(m-1)(2n+4)} E^{(m-1)/2}$ for some c_5 depending only on m and A, such that $P = s_1 P_1 + \dots + s_m P_m$ is torsion. Next P has degree at most $c_6 D$ where c_6 depends only on A. So by Theorem 2 we have $sP = 0$ for some positive integer $s \leq c_7 D^{6n+6}$ and some c_7 depending only on A. Hence we obtain a nontrivial linear relation between $P_1,\dots,P_m$ with coefficients of absolute values at most $\Lambda D^{m(2n+4)+4n+2} E^{(m-1)/2}$, where Λ depends only on m and A.

Finally we note the following additional consequence of Theorems 1 and 2, which relies on the observation that points P with $q(P)$ small may be obtained by dividing a fixed point Q by a large integer.

Corollary:

For any Q in $A(\overline{\mathbb{Q}})$ there is a constant $\gamma > 0$ with the following property. Suppose P is a point of $A(\overline{\mathbb{Q}})$ such that $sP = Q$ for some minimal positive integer s. Then

$$d(P) \geq \gamma s^{\nu} ,$$

where $\nu = (2n+4)^{-1}$ if Q is non-torsion and $\nu = (6n+6)^{-1}$ if Q is torsion.

Of course for abelian varieties with complex multiplication, and also for arbitrary elliptic curves, much stronger estimates are available (see for example [10], [11], [6], [5], [8]). However, our Corollary appears to be the first (albeit very weak) result of its kind for arbitrary abelian varieties.

Department of Mathematics
University of Nottingham
University Park
Nottingham, U.K.

References

1. Anderson, M. Ph.D. thesis, University of Nottingham (1978).

2. Anderson, M and Masser, D.W. Lower bounds for heights on elliptic curves, to appear in Math. Zeitschrift.

3. Cassels, J.W.S. An Introduction to Diophantine Approximation, Cambridge University Press (1965).

4. Lang, S. Les formes bilinéaires de Néron et Tate, Sém. Bourbaki, 16e année (1963/4), No. 274.

5. Lang, S. Division points of elliptic curves and abelian functions over number fields, Amer. J. Math. 97, 124-132 (1972).

6. Lang, S. Elliptic Curves, Diophantine Analysis, Springer-Verlag, Berlin-Heidelberg-New York (1978).

7. Manin, Y. Cyclotomic fields and modular curves, Russian Math. Surveys 26, 7-78 (1971).

8. Masser, D.W. Division fields of elliptic functions, Bull. London Math. Soc. 9, 49-53 (1977).

9. Masser, D.W. and Wüstholz, G. Zero-estimates on group varieties I, in preparation.

10. Ribet, K. Division fields of abelian varieties with complex multiplication, to appear in Mém. Soc. Math. France.

11. Serre, J.-P. Propriétés galoisiennes des points d'ordre fini des courbes elliptiques, Inventiones Math. 15, 259-331 (1972).

12. Stewart, C.L. Algebraic integers whose conjugates lie near the unit circle, Bull. Soc. Math. France 106, 169-176 (1978).

EXTENSIONS OF NUMBER FIELDS WITH SOLVABLE GALOIS GROUPS

J. Neukirch

We study the following <u>embedding problem</u>:

<u>Given a finite group</u> G <u>acting on a number field</u> K. <u>When does there exist an extension</u> $N|K$ <u>on which</u> G <u>acts faithfully</u>?

Let $H = \{\sigma \in G \mid \sigma a = a$ for all $a \in K\}$ and $\Gamma = G/H$. We then have a group extension

$$1 \to H \to G \to \Gamma \to 1$$

where Γ is the Galois group $G(K|k)$ of K over the fixed field $k = K^G$. We thus have given a Galois extension $K|k$ with group Γ and ask for a larger Galois extension $N|k$ with the prescribed group extension G of Γ as Galois group. This problem is in general insoluble, e.g., the extension $\mathbb{Q}(\sqrt{-1})|\mathbb{Q}$ cannot be embedded into a Galois extension $N|\mathbb{Q}$ with group $\mathbb{Z}/4$. .

We are interested in the case that the group H is <u>solvable</u>, and we have to study first the case that H is a simple abelian Γ-module A. In order to find conditions for the solvability of our problem we consider the following diagram:

$$\begin{array}{cccccccccc}
N & & G(K|k) & \cong & G & \supseteq & G_{\mathfrak{p}} & \hookleftarrow & G(N_{\mathfrak{p}}|k_{\mathfrak{p}}) & N_{\mathfrak{p}} \\
\vdots & & \downarrow & & \downarrow & & \downarrow & & \downarrow & \vdots \\
K & & G(K|k) & = & \Gamma & \supseteq & \Gamma_{\mathfrak{p}} & = & G(K_{\mathfrak{p}}|k_{\mathfrak{p}}) & K_{\mathfrak{p}} \\
| & & & & & & & & & | \\
k & & & & & & & & & k_{\mathfrak{p}}
\end{array}$$

where $K_{\mathfrak{p}}|k_{\mathfrak{p}}$ is the completion of $K|k$ at the prime $\mathfrak{p}$ of k and $G_{\mathfrak{p}}$ is the pre-image of $\Gamma_{\mathfrak{p}} = G(K_{\mathfrak{p}}|k_{\mathfrak{p}})$ under $G \to \Gamma$. We see that for each prime $\mathfrak{p}$ we have a <u>local embedding problem</u>. If $N|k$ is a solution of the global imbedding problem, then the completions $N_{\mathfrak{p}}|k_{\mathfrak{p}}$ are solutions of the local embedding problems (in the weaker sense that $G(N_{\mathfrak{p}}|k_{\mathfrak{p}})$ is only a subgroup of $G_{\mathfrak{p}}$). We therefore have to ask first as to when the local imbedding problem has a solution. Unfortunately this is very rarely the case.

For the fixed finite set S of "bad" primes $\mathfrak{p}$ (infinite primes, primes which divide the order of G) we shall impose the solvability of the local imbedding problem as an assumption of our induction process. For the primes $\mathfrak{p} \notin S$ we assume the extensions $K_{\mathfrak{p}}|k_{\mathfrak{p}}$ to be <u>cyclic</u>. If $K_{\mathfrak{p}}|k_{\mathfrak{p}}$ is unramified, then the imbedding problem has always a (weak) solution. If, however, $K_{\mathfrak{p}}|k_{\mathfrak{p}}$ is ramified, then the cyclicity alone is not sufficient. The typical situation is this: Let $K = k_{\mathfrak{p}}(\sqrt[n]{\pi})$, π a prime element of $k_{\mathfrak{p}}$, $\mathfrak{p} \nmid n > 1$. If $N_{\mathfrak{p}}|k_{\mathfrak{p}}$ is a cyclic extension of degree m containing $K_{\mathfrak{p}}$ then $N = k_{\mathfrak{p}}(\sqrt[m]{\pi'})$. But such a field can be Galois only if $k_{\mathfrak{p}}$ contains the m-th roots of unity, i.e., that $\mathfrak{p}$ splits totally in a given field $\Omega|k$ of roots of unity. We obtain in this way the following

<u>Necessary conditions for the solvability of the global imbedding problem</u>:

1. $K_{\mathfrak{p}}|k_{\mathfrak{p}}$ is cyclic for $\mathfrak{p} \notin S$;

2. If $\mathfrak{p} \notin S$ is ramified, then $\mathfrak{p}$ splits totally in a given field Ω of roots of unity.

Knowing that the local imbedding problems are solvable under the conditions 1 and 2 we now have to ask for a local-global-principle. This principle is very rarely available. We are, however, in the situation that the Γ-module A, the kernel of $G \to \Gamma$, is simple. It thus is annihilated by a prime number p. If μ_p denotes the group of p-th roots of unity, we can prove:

<u>Local-global-principle</u>: If $pA = 0$ and $\mu_p \notin K$, then the global imbedding problem has a solution if all the local imbedding problems are solvable (in the weak sense).

The condition $\mu_p \not\subset K$ restricts us to the case of Galois groups of odd order; there is an even more serious reason for this restriction coming up later.

We have obtained the result that the imbedding problem has solution $N|k$ if (outside S) the extension $K|k$ is locally cyclic, if the ramified primes split completely in a field $\Omega|k$ of roots of unity and if $\mu_p \not\subset K$. But this does not mean that we are finished. On the contrary, the essential difficulties begin at this point. Namely, in the next step we have to imbed the extension $N|k$ into a larger one, i.e., we have to solve a further imbedding problem, in which the role of the extension $K|k$ is taken over by $N|k$. Therefore, we shall have to require from $N|k$ that it is locally cyclic, that its ramification primes split completely in the field Ω and that $\mu_p \not\subset N$. This requirement strengthens very much the original imbedding problem. In order to find such a solution, we now translate the problem into a cohomological language.

Let $\mathcal{G} \supseteq \mathcal{G}_{\mathcal{Y}}$ be the absolute Galois group over k and $k_{\mathcal{Y}}$, respectively, and consider the diagrams

$$\mathcal{Y}$$

$$\overset{\psi}{} \quad \overset{}{j} \quad \overset{\phi}{} \qquad \mathcal{E}_{\Gamma}(\ ,G)$$
$$1 \to A \to G \to \Gamma \to 1 \qquad , \qquad 1 \to A \to G_{\mathcal{Y}} \to \Gamma_{\mathcal{Y}} \to 1 \qquad \psi_{\mathcal{Y}} \qquad \mathcal{E}_{\Gamma_{\mathcal{Y}}}(\ _{\mathcal{Y}},G_{\mathcal{Y}})$$

If $\psi : \mathcal{G} \to G$ is a surjective homomorphism with $j \circ \psi = \phi$, then the fixed field $\ker(\psi)$ is a solution of our embedding problem. We call any two homomorphisms ψ, ψ' with $j \circ \psi = j \circ \psi' = \phi$ equivalent, $\psi \sim \psi'$, if $\psi' = a\psi a^{-1}$ with a fixed $a \in A$. We denote by $\mathcal{H}om_{\Gamma}(\mathcal{G},G)$ the set of equivalence classes $[\psi]$, which we call the <u>solutions</u> of the imbedding problem $E_{\Gamma}(\mathcal{G},G)$. $[\psi]$ is a <u>proper</u> solution, if ψ is surjective.

$\mathcal{H}om_{\Gamma}(\mathcal{G},G)$ is a principal homogeneous space over the cohomology group $H^1(k,A) = H^1(\mathcal{G},A)$ in the following way.

If $[\psi]$ is a solution and $\chi : \quad \to A$ an 1-cocycle, then $\chi\cdot\psi : G \to G$ is again a homomorphism with $j\circ(\chi\psi) = \phi$, i.e., defines a new equivalence class in $Hom_\Gamma(G,A)$. Analogously $Hom_{\Gamma_y}(G_y,G_y)$ is a principal homogeneous space over $H^1(k_y,A)$ and the restriction maps

$$Hom_\Gamma(G,G) \to \coprod_y Hom_{\Gamma_y}(G_y,G_y)$$

$$H^1(k,A) \quad \to \coprod_y H^1(k_y,A)$$

form a morphism of locally compact principal homogeneous spaces. If $x \in H^1(k,A)$, then x_y denotes the image of x in $H^1(k_y,A)$. x_y is called cyclic (unramified) if it is split by a cyclic (unramified) extension $L_y|k_y$, i.e., if it lies in the kernel of the restriction map

$$H^1(k_y,A) \to H^1(L_y,A) \quad .$$

The central cohomological result which we need for our imbedding problem is the following

<u>Theorem</u>:

Let A be a simple G-module with $pA = 0$. Let $K|k$ be a Galois extension such that $k(A) \subseteq K$ but $\mu_p \nsubseteq K$ and let $\Omega|K$ be an abelian extension.

Let S be a finite set of primes of k and $y_y \in H^1(k_y,A)$ for $y \in S$. Then there exists an element $x \in H^1(k,A)$ such that

i) $x_y = y_y$ for $y \in S$.

ii) If $y \notin S$, then x_y is cyclic and if x_y is ramified, then y splits completely in Ω.

Before we say some words concerning the proof of this theorem, let us explain in which way it yields a solution of our embedding problem with all the required properties. Assuming the conditions 1 and 2 of page 2 for the given extension $K|k$ and the solvability of $E_\Gamma(G_y, G_y)$ for $y \in S$, we know that all local imbedding problems are solvable. Because of the local-global-principle we therefore find a solution $[\psi_o] \in Hom_\Gamma(G,G)$ of the global imbedding problem, defining an extension $N_o|k$. But we cannot hope that this solution is good because its localizations $[\psi_{oy}]$ might not satisfy the conditions 1 and 2 of local cyclicity, etc. We therefore consider the maps

$$\begin{array}{ccc} Hom_\Gamma(G,G) & \to & \coprod_y Hom_{\Gamma_y}(G_y, G_y) \\ [\psi_o] & & [\psi_{oy}] \\ H^1(k,A) & \to & \coprod_y H^1(k_y, A) \end{array} .$$

Outside S the local solutions $[\psi_{oy}]$ are bad (in the sense of 1 and 2) only at the finitely many primes where they ramify. Since $Hom_{\Gamma_y}(G_y, G_y)$ is a principal homogeneous space over $H^1(k_y, A)$, we can change the bad $[\psi_{oy}]$ by elements $y_y \in H^1(y_y, A)$ into good solutions $[\psi_y] = [\psi_{oy}] + y$ for $y \in S'$, S' a finite set of primes. If we now take an element $x \in H^1(k,A)$ with $x_y = y_y$ for $y \in S'$ and change $[\psi_o]$ by x into the new solution $[\psi] = [\psi_o] + x$, then $[\psi]$ will be good at all primes $y \in S'$. However, $[\psi]$ might be bad at primes $y \notin S'$, where $[\psi_o]$ was already good. But taking an x which satisfies also the condition (ii) of the above theorem, $[\psi]$ will be good at <u>all</u> primes y. The reason is this: For $y \notin S'$, $[\psi_y]$ is bad only if it ramifies. Since $[\psi_{oy}]$ was unramified, x_y must be ramified. Therefore, x_y is cyclic and y spits completely in the field $\Omega \supseteq K$. Now it is easy to see that these two conditions imply that the solution $[\psi_y] = [\psi_{oy}] + x_y$ is cyclic. Taking Ω a sufficiently large cyclotomic extension of K, the solution $[\psi]$ will define an extension $N|k$ having all the required properties of being imbeddable into a further extension.

Now let us give some indications of the proof of the above theorem on the cohomology of simple Galois modules. Trivial modules are easier to handle than simple ones. Therefore we go over from k to a Galois extension $K|k$, not containing μ_p, over which A becomes a trivial Galois module and we consider the commutative diagram

$$\begin{array}{ccc} H^1(K,A) & \to & \coprod_{y} \prod_{p|y} H^1(K_p,A) \\ \downarrow \text{cor} & & \downarrow \text{cor}_y \\ H^1(K,A) & \to & \coprod_{y} H^1(k_y,A) \end{array} .$$

We want to construct an element $x \in H^1(k,A)$ having given components $x_y = y_y$ for $y \in S$ and satisfying the condition (ii). The idea is to transform this problem into a problem concerning the upper map where the Galois module is trivial, i.e., we try to find x as the image of a suitable element $\tilde{x} \in H^1(K,A)$ under cor. In order to do this, we would like to lift the elements y_y, $y \in S$, to elements $(\tilde{y}_p)_{p|y} \in \prod_{p|y} H^1(K_p,A)$ and then find $\tilde{x}$ with the components $\tilde{x}_p = \tilde{y}_p$. Unfortunately this is not possible since cor_y is not surjective. We overcome this difficulty by first shifting the local prescriptions y_y to places where they can be lifted. This is achieved as follows.

Using the duality theorem of Tate and Poitou, we can prove that there exists an element $z \in H^1(k,A)$ with $z_y = y_y$ for $y \in S$ such that the map cor_y is surjective for those primes $y \notin S$ for which the components z_y are bad. This result allows us to assume that cor_y is surjective for $y \in S$. We thus can lift the elements y_y, $y \in S$, to elements $(\tilde{y}_p)_{p|y} \in \prod_{p|y} H^1(K_p,A)$. It is easy to find an element $\tilde{x} \in H^1(K,A)$ having the components $\tilde{x}_p = \tilde{y}_p$ for $p|y \in S$, so that $x = \text{cor}\,\tilde{x}$ has the components y_y for $y \in S$. But we have to care that moreover x_y is cyclic for $y \notin S$ and that y splits completely in Ω if x_y is ramified. This forces us to construct $\tilde{x}$ in such a way that if $\tilde{x}_p$ is ramified for $p|y \notin S$, then $\tilde{x}_{p'} = 0$ for

$\mathfrak{p}'|\mathfrak{y}$, $\mathfrak{p}' \neq \mathfrak{p}$ and $\mathfrak{y}$ splits completely in Ω . Using Kummer theory we can translate this problem into a problem on algebraic numbers:

Let $\beta_{\mathfrak{p}} \in K_{\mathfrak{p}}$ for $\mathfrak{p} \in \bar{S}$, $\bar{S}$ a finite set of primes of K . We then have to find a number $\alpha \in K$ with the properties

i) $\alpha \equiv \beta_{\mathfrak{p}} \mod (K^*_{\mathfrak{p}})^p$ for $\mathfrak{p} \in \bar{S}$,

ii) if α is not a unit in $K_{\mathfrak{p}} \mod (K^*_{\mathfrak{p}})^p$ for $\mathfrak{p} \notin \bar{S}$, then $\alpha \in (K^*_{\mathfrak{p}'})^p$ for $\mathfrak{p}' \neq \mathfrak{p}$, $\mathfrak{p}' \cap k = \mathfrak{p} \cap k = \mathfrak{y}$, and $\mathfrak{y}$ splits completely in Ω .

One can prove that this problem is unsolvable in general, and we obtain a non-vanishing obstruction for it. A closer examination, however, shows that this obstruction vanishes under the assumption $\mu_p \not\subset K$ if the $\beta_{\mathfrak{p}}$ satisfy a further condition, which is fulfilled in our case. This finally proves the theorem.

Let us now explain the results which we obtain by the above procedure for the imbedding problem $E_\Gamma(G,G)$. Let $K|k$ be a finite Galois extension with group Γ and let

$$1 \to H \to G \to \Gamma \to 1$$

a group extension. We admit H to be a pro-solvable separable group of finite exponent (i.e., the elements of H have a finite bounded order). However, we make the assumption that this exponent is prime to the number m(K) of roots of unity in K . If, for example, K is real, i.e., admits an imbedding into $\mathbb{R}$, then we study the imbedding problem where H is a pro-solvable separable group of finite odd exponent.

<u>Main Theorem:</u>

If $Hom_{\Gamma_{\mathfrak{y}}}(G_{\mathfrak{y}},G_{\mathfrak{y}}) \neq 0$ for all $\mathfrak{y}$, then the map

$$Hom_{\Gamma}(G,G)_{surj} \to \prod_{\mathfrak{y} \in S} Hom_{\Gamma_{\mathfrak{y}}}(G_{\mathfrak{y}},G_{\mathfrak{y}})$$

is surjective for every finite set S of primes of k .

Remark: As mentioned before, $Hom_{\Gamma_{\mathfrak{y}}}(G_{\mathfrak{y}},G_{\mathfrak{y}}) \neq \emptyset$ for almost all $\mathfrak{y}$, namely of all $\mathfrak{y}$ which are unramified in K .

Corollary 1:

Let k be a finite algebraic number field and G a pro-solvable group of finite odd exponent.

Then there exists a Galois extension $K|k$ with Galois group isomorphic to G :

$$Gal(K|k) \cong G \quad .$$

Proof:

We apply the main theorem to the field $\mathbb{Q}$ of rational numbers, i.e., we denote by $\mathcal{G}$ resp. $\mathcal{G}_p$ the absolute Galois group of $\mathbb{Q}$ resp. $\mathbb{Q}_p$. For S we choose the set of all primes of $\mathbb{Q}$ which ramify in k , and we set $\Gamma = \{1\}$. Then trivially $\prod_p Hom_{\Gamma}(\mathcal{G}_p,G) \neq \emptyset$ and the exponent of G is prime to $m(\mathbb{Q}) = 2$. Therefore, by the main theorem there exists a surjective homomorphism $\psi : \mathcal{G} \to G$, the restriction ψ_p of which to $\mathcal{G}_p$ is the trivial homomorphism for $p \in S$. If K' is the fixed field of $\ker(\psi)$, then $Gal(K'|\mathbb{Q}) \cong \mathcal{G}/\ker(\psi) \cong G$. Since $\mathcal{G}_p$ is a decomposition group of the algebraic closure $\overline{\mathbb{Q}}$ of $\mathbb{Q}$ over p , the image of $\mathcal{G}_p$ under $\mathcal{G} \to G(K'|\mathbb{Q})$ is a decomposition group of $K'|\mathbb{Q}$ over p . Since $\psi(\mathcal{G}_p) = \{1\}$ for $p \in S$, the primes in S split completely in K' . Therefore, the field $K' \cap k$ is unramified over $\mathbb{Q}$, i.e., $K' \cap k = \mathbb{Q}$. If we set $K = K' \cdot k$, then $Gal(K|k) \cong G$.

We remark that it is necessary to require the finiteness of the exponent of G. The group $\mathbb{Z}_p \times \mathbb{Z}_p$, for example, cannot occur as a Galois group over $\mathbb{Q}$.

As a special case of the main theorem, one obtains also the following existence theorem of Grunwald type.

Corollary 2:

Let k be a finite algebraic number field, $m(k)$ the number of its roots of unity and S a finite set of primes of k.

Let G be a pro-solvable group of finite exponent prime to $m(k)$ and $K_{\mathfrak{y}}|k_{\mathfrak{y}}$, $\mathfrak{y} \in S$, Galois extensions whose Galois groups $G_{\mathfrak{y}}$ are imbeddable into G.

Then there exists a Galois extension $K|k$ with Galois group isomorphic to G, which for the primes $\mathfrak{y} \in S$ has the given extensions $K_{\mathfrak{y}}|k_{\mathfrak{y}}$ as completions.

Proof:

We apply the main theorem to the case $\Gamma = 1$. Then trivially $\prod_{\mathfrak{y}} \mathit{Hom}_{\Gamma_{\mathfrak{y}}}(\mathcal{G}_{\mathfrak{y}}, G_{\mathfrak{y}}) \neq \emptyset$, and the field which in the theorem is denoted by K is identical with k. For every $\mathfrak{y} \in S$ let $\mathcal{G}_{\mathfrak{y}} \to G_{\mathfrak{y}}$ be the canonical homomorphism onto the Galois group of $K_{\mathfrak{y}}|k_{\mathfrak{y}}$ and $G_{\mathfrak{y}} \to G$ an imbedding. Then we obtain homomorphisms $\psi_{\mathfrak{y}} : \mathcal{G}_{\mathfrak{y}} \to G$ and by the main theorem there exists a surjective homomorphism $\psi : \mathcal{G} \to G$ such that

$$\psi|\mathcal{G}_{\mathfrak{y}} = a_{\mathfrak{y}}\psi_{\mathfrak{y}}a_{\mathfrak{y}}^{-1} \qquad \text{for} \qquad \mathfrak{y} \in S \ ,$$

where $a_{\mathfrak{y}} \in G$. If $K|k$ is the fixed field of $\ker(\psi)$, then on the one hand $Gal(K|k) \cong \mathcal{G}/\ker(\psi) \cong G$. On the other hand, the completion of $K|k$ at the prime $\mathfrak{y} \in S$ is the fixed field of the kernel of the restriction $\psi|\mathcal{G}_{\mathfrak{y}} : \mathcal{G}_{\mathfrak{y}} \to G$ and this kernel is the same as the kernel of $\psi_{\mathfrak{y}}$ which defines the given extension $K_{\mathfrak{y}}|k_{\mathfrak{y}}$.

For the imbedding problem we have the following local-global-principle

Corollary 3:

The imbedding problem $E_{\Gamma}(G,G)$ has a proper solution if and only if all the local imbedding problems $E_{\Gamma_{\mathcal{y}}}(G_{\mathcal{y}},G_{\mathcal{y}})$ are solvable.

Proof:

The solvability of all local imbedding problems $E_{\Gamma_{\mathcal{y}}}(G_{\mathcal{y}},G_{\mathcal{y}})$ is equivalent with $\prod_{\mathcal{y}} Hom_{\Gamma_{\mathcal{y}}}(G_{\mathcal{y}},G_{\mathcal{y}}) \neq \emptyset$. Therefore, by the main theorem the set $Hom_{\Gamma}(G,G)_{sur}$ is not empty.

This corollary can be understood as a complete answer to the imbedding problem insofar as it reduces the solvability question to a purely group theoretical problem. Namely, for the primes $\mathcal{y}$ which are unramified in $K|k$, the imbedding problem $E_{\Gamma_{\mathcal{y}}}(G_{\mathcal{y}},G_{\mathcal{y}})$ is automatically solvable, so that it only remains to check the solvability at the finitely many ramified primes $\mathcal{y}$. Now by the work of Jakovlev [6] the structure of the group $G_{\mathcal{y}}$ is explicitly known. It is given in terms of generators and relations. Therefore, the problem of finding a $\Gamma_{\mathcal{y}}$-homomorphism $G_{\mathcal{y}} \to G_{\mathcal{y}}$ goes over into a purely group theoretical word problem. In [9], Korollar 9, 10, 11 we have given examples, which demonstrate how this group theoretical question can be decided in concrete cases.

Since the local problem $E_{\Gamma_{\mathcal{y}}}(G_{\mathcal{y}},G_{\mathcal{y}})$ is always solvable if the extension $K_{\mathcal{y}}|k_{\mathcal{y}}$ is unramified, we obtain the result

Corollary 4:

The imbedding problem $E_{\Gamma}(G,G)$ has always a proper

solution if the extension $K|k$ is unramified .

Directly from the main theorem follows, furthermore,

Corollary 5:

If the imbedding problem $E_\Gamma(G,G)$ has a solution, then it has also a proper solution.

Proof:

$Hom_\Gamma(G,G) \neq \emptyset$ implies $\prod_y Hom_\Gamma(G_y,G_y) \neq \emptyset$ and hence $Hom_\Gamma(G,G)_{sur} \neq \emptyset$ by the main theorem.

The assertion of this Corollary has been proven by Ikeda in the case that the kernel $G \xrightarrow{f} \Gamma$ is a finite abelian group.

Corollary 6:

The imbedding problem $E_\Gamma(G,G)$ has always a proper solution if the group extension $G \xrightarrow{f} \Gamma$ splits.

Proof:

If $s : \Gamma \to G$ is a homomorphism with $f \circ s = id_\Gamma$, then $\psi = s \circ \phi : G \to G$ defines a solution of $E_\Gamma(G,G)$. Hence by Corollary 5 there exists a proper solution.

This result has been proven by Scholz [17] in the case that the kernel of $G \to \Gamma$ is a finite abelian group and by Safarevic [16] and Ishanov [5] in the case that the kernel is nilpotent.

References

1. Bauer, M. Zur Theorie der algebraischen Zahlkörper, Math. Ann. 77, 353-356 (1916).

2. Hoechsmann, K. Zum Einbettungsproblem, J. reine angew. Math. 229, 81-106 (1968).

3. Ikeda, M. Zur Existenz eigentlicher galoisscher Körper beim Einbettungsproblem, Hamb. Abh. 24, 126-131 (1960).

4. Ishanov, V.V. The imbedding problem with given localizations, Izv. Akad. Nauk. SSSR. Ser. Math. 39 (1975), (russisch).

5. Ishanov, V.V. On the semidirect imbedding problem with nilpotent kernel, Izv. Akad. Nauk. SSSR. 40 (1976), (russisch).

6. Jakovlev, A.V. The Galois group of the algebraic closure of a local field, Izv. Akad. Nauk. SSSR. 32 (1968), (russisch).

7. Neukirch, J. Einbettungsproblem mit lokaler Vorgabe und freie Produkte lokaler Galoisgruppen, J. reine. angew. Math. 259, 1-47 (1973).

8. Neukirch, J. Über das Einbettungsproblem der algebraischen Zahlentheorie, Inv. Math. 21, 59-116 (1973).

9. Neukirch, J. Zur Theorie der nilpotenten algebraischen Zahlkörper, Math. Ann. 219, 65-83 (1976).

10. Neukirch, J. On Solvable Number Fields, Inventiones math. 53, 135-164 (1979).

11. Neumann, O. Einige Klassen von endlichen Galois-Moduln mit Hasse-Prinzip, Math. Nachr. 72, 306-320 (1976).

12. Neumann, O. Über das Einbettungsproblem für globale Körper bei begrenzter Verzweigung, Math. Nachr. 71,

147-152 (1976).

13. Šafarevič, I.R. On the construction of fields with a given Galois group of order l^a, Izv. Akad. Nauk. SSSR. Ser. Math. 18, 216-296 (1954); AMS Translation, Ser. 2, 4, 107-142 (1956).

14. Šafarevič, I.R. On the problem of imbedding fields, Izv. Akad. Nauk. SSSR. Ser. Math. 18, 389-418 (1954); AMS Translation, Ser. 2, 4, 151-183, (1956).

15. Šaferevič, I.R. Construction of fields of algebraic numbers with given solvable Galois group, Izv. Akad. Nauk. SSSR. Ser. Math. 18, 525-578 (1954); AMS Translation, Ser. 2, 4, 185-237 (1956).

16. Šafarevič, I.R. The imbedding problem for splitting extensions, Dokl. Akad. Nauk. SSSR. 120, 1217-1219 (1958), (russisch).

17. Scholz, A. Über die Bildung algebraischer Zahlkörper mit auflösbarer galoisscher Gruppe, Math. Z. 30, 332-356 (1929).

18. Scholz, A. Konstruktion algebraischer Zahlkörper mit beliebiger Gruppe von Primzahlpotenzordnung, Math. Z. 42, 161-188 (1936).

19. Serre, J.-P. Cohomologie Galoisienne. Lecture Notes in Mathematics 5, Berlin-Göttingen-Heidelberg: Springer (1964).

University of Regensburg
Regensburg, West Germany

GROUPE DE SELMER A 2 VARIABLES
DES COURBES ELLIPTIQUES A MULTIPLICATION COMPLEXE

BERNADETTE PERRIN-RIOU

Le calcul du rang d'une courbe elliptique par les méthodes classiques amène à calculer certains groupes relatifs à des isogénies de la courbe elliptique que l'on appelle groupes de Selmer. C'est une propriété de ces groupes dans le cas des courbes elliptiques à multiplication complexe que l'on veut montrer. On utlise pour cela les méthodes d'Iwasawa en faisant le lien entre ces groupes et un groupe de Galois.

Soit K un corps quadratique imaginaire, F une extension finie de K. Soit E une courbe elliptique à multiplication complexe par l'anneau des entiers $\mathcal{O}$ de K, définie sur F. Soit p un nombre premier, différent de 2 et de 3, tel que E a bonne réduction en toutes les places v de F au dessus de p. On considère alors les points de p^n-division E_{p^n} et le groupe E_{p^∞} réunion des E_{p^n} pour $n \in \mathbb{N}$. Soit F_∞ le corps $F(E_{p^\infty})$ dans une clôture algébrique $\overline{F}$ de F. On a alors la suite exacte de Kummer

$$0 \to E(F_\infty)/p^n E(F_\infty) \longrightarrow H'(G(\overline{F}/F_\infty), E_{p^n})$$

$$\longrightarrow H'(G(\overline{F}/F_\infty), E)_{p^n} \longrightarrow 0$$

et en prenant la limite inductive, on obtient la suite exacte

$$0 \to E(F_\infty) \otimes \mathbb{Q}_p/\mathbb{Z}_p \longrightarrow H'(G(\overline{F}/F_\infty), E_{p^\infty})$$

$$\longrightarrow H'(G(\overline{F}/F_\infty), E)(p) \longrightarrow 0$$

Définissons le groupe de Shafarevitch $Ш_\infty$ comme le noyau de l'application

$$H'(G(\overline{F}/F_\infty), E) \longrightarrow \prod_v H'(G(\overline{F}_v/F_{\infty v}), E)$$

Le groupe de Selmer $\mathcal{S}_\infty$ relatif à p^∞ est alors défini comme l'image réciproque de la composante p-primaire $Ш_\infty(p)$ de $Ш_\infty$ dans $H'(G(\overline{F}/F_\infty), E_{p^\infty})$. On a donc la suite exacte

$$0 \longrightarrow E(F_\infty) \otimes \mathcal{Q}_p/\mathcal{Z}_p \longrightarrow \mathcal{S}_\infty \longrightarrow Ш_\infty(p) \longrightarrow 0 \qquad (1)$$

Le groupe de Galois G_∞ de F_∞/F agit de manière naturelle sur $\mathcal{S}_\infty$ et sur la suite exacte (1). C'est cette structure de module que nous allons étudier.

Soit T_p le module de Tate associé à E_{p^∞}:

$$T_p = \varprojlim E_{p^n} \qquad \text{et soit} \qquad \mathcal{O}_p = \mathcal{O} \underset{\mathcal{Z}}{\otimes} \mathcal{T}_p$$

$$= \prod_{P/p} \mathcal{O}_P .$$

Alors T_p est un $\mathcal{O}_p$-module libre de rang 1. Il existe donc un caractère canonique K: $G_\infty \longrightarrow \mathcal{O}_p^*$ donnant l'action de G_∞ sur T_p et l'image de ce caractère est d'indice fini. Donc G_∞ est le produit d'un groupe fini Δ d'ordre premier à p et d'un groupe Γ égal à $G(F_\infty/F(E_p)$ isomorphe à $\mathcal{Z}_p^2$. L'action de Γ sur $\mathcal{S}_\infty$ s'étudie de la manière suivante. On a une action continue de $\mathcal{Z}_p[[\Gamma]]$ sur $\mathcal{T}_\infty$. Soient γ_1 et γ_2 deux générateurs topologiques de Γ. L'algèbre des séries formelles à deux variables $\Lambda = \mathcal{Z}_p[[T_1,T_2]]$ agit alors sur $\mathcal{S}_\infty$ par $(1 + T_1)x = \gamma_1 x$, $(1 + T_2)x = \gamma_2 x$. Plutôt que $\mathcal{S}_\infty$ qui est un module discret, on étudie son dual de Pontryagin $\hat{\mathcal{S}}_\infty$ qui est compact

$$\hat{\mathcal{S}}_\infty = \mathrm{Hom}\ (\mathcal{S}_\infty, \mathcal{Q}_p/\mathcal{Z}_p)$$

Il est facile de montrer que $\hat{\mathcal{S}}_\infty$ est un Λ-module de type fini.

Donnons maintenant quelques rappels sur la structure des Λ-modules de type fini.

Un Λ-module X de type fini est dit pseudonul si pour tout idéal premier P de hauteur 1, le localisé X_P de X en P est nul. D'autre part, soit Q le corps des fractions de Λ. Si M est un Λ-module sans torsion, il peut être consideré comme un réseau de $M \otimes_{\Lambda} Q$. Il est dit réflexif s'il est égal à l'intersection de ses localisés en tout idéal premier de hauteur 1.

Théorème de classification: (i) Pour tout Λ-module X de type fini et de Λ-torsion, il existe des éléments premiers f_1, ..., f_r de Λ, des entiers e_1, ..., e_r et un homomorphisme

$$X \longrightarrow \bigoplus_{i=1}^{r} \Lambda/(f_i^{ei})$$

à noyau et conoyau pseudonuls. Les idéaux (f_i^{ei}) sont des invariants de X. On appelle série caractéristique de X (définie à un unité près) la série

$$f_X = \prod_{i=1}^{r} f_i^{ei}$$

(ii) Pout tout Λ-module M de type fini sans torsion, il existe un Λ-module réflexif L, un Λ-module pseudonul N et un homomorphisme injectif $M \to L$ à conoyau égal à N. Le module N est déterminé par M à isomorphisme près.

Revenons au groupe de Selmer S_∞. On fait desormais l'hypothèse que p se décompose dans K: $p = PP^*$. Soit $F_o = F(E_p)$. On fait sur F_o la conjecture suivante que l'on appelera conjecture de Leopoldt p-adique forte. Soient $\mathcal{E}(F_o)$ le groupe des unités globales de F_o, U_ν le groupe des unités locales de F_o en ν. On a les applications naturelles

$$\psi_P : \mathcal{E}(F_o) \longrightarrow \prod_{\nu|P} U_\nu$$

$$\psi_{P^*} : \mathcal{E}(F_o) \longrightarrow \prod_{\nu} U_\nu$$

Alors le Z_p-rang de la clôture de $\psi_P(\xi(F_o))$ (resp. $\psi_{P^*}(\xi(F_o)))$ dans $\prod_{\nu|P} U_\nu$ (resp. $\prod_{\nu|P^*} U_\nu$) est maximal, c'est-à-dire ici égal à $r_2(F_o) - 1$, si $r_2(F_o)$ est le nombre de places imaginaires de F_o. Cette conjecture a été démontrée dans le le cas où l'extension F_o est abélienne sur K par les méthodes de Baker.

On peut maintenant énoncer le théorème principal.

Théorème 1: On suppose que p se décompose dans K et que la conjecture de Leopoldt p-adique forte est vraie pour F_o. Alors $\hat{\mathcal{S}}_\infty$ est un Λ-module de Λ-torsion sans modules pseudo-nuls.

Le fait que $\hat{\mathcal{S}}_\infty$ est de Λ-torsion a été montré par M. Harris ([H]). Ces propriétés de groupe de Selmer facilitent le calcul de formules analytiques pour la série caractéristique de $\hat{\mathcal{S}}_\infty$.

Pour la démonstration, on ramène ce théorème à un théorème analogue portant sur des modules galoisiens. L'anneau $\mathcal{O}$ agit sur la suite exacte (1). Cela permet de décomposer $\mathcal{S}_\infty$ en ses composantes $\mathcal{P}$-primaires et $\mathcal{P}^*$-primaires,

$$\mathcal{S}_\infty = S_\infty \oplus S_\infty^*$$

avec les suites exactes

$$0 \longrightarrow E(F_\infty) \otimes K_{\mathcal{P}}/O_{\mathcal{P}} \longrightarrow S_\infty \longrightarrow Ш_\infty(\mathcal{P}) \longrightarrow 0$$

$$0 \longrightarrow E(F_\infty) \otimes K_{\mathcal{P}^*}/O_{\mathcal{P}^*} \longrightarrow S_\infty^* \longrightarrow Ш_\infty(\mathcal{P}^*) \longrightarrow 0$$

et on a $\hat{\mathcal{S}}_\infty = \mathrm{Hom}\ (S_\infty, K_{\mathcal{P}}/\mathcal{O}_{\mathcal{P}}) \oplus \mathrm{Hom}\ (S_\infty^*, K_{\mathcal{P}^*}/\mathcal{O}_{\mathcal{P}^*})$. Il suffit donc de démontrer le théorème pour $\hat{S}_\infty = \mathrm{Hom}\ (S_\infty, K_{\mathcal{P}}/\mathcal{O}_{\mathcal{P}})$. Soit M_∞ la p-extension non ramifiée au dehors de $\mathcal{P}$, abélienne de F_∞ maximale et soit X_∞ le groupe de Galois de M_∞/F_∞. Soit $T_{\mathcal{P}}$ le module de Tate associé aux points de $\mathcal{P}^n$-division $E_{\mathcal{P}^n}$. On pose

$$X_\infty(-1) = X_\infty \otimes \mathrm{Hom}_{\mathcal{O}_{\mathcal{P}}}(T_{\mathcal{P}}, \mathcal{O}_{\mathcal{P}}).$$

On a alors le théorème

Théorème 2: Le dual de Pontryagin de S_∞ est isomorphe à $X_\infty(-1)$ en tant que Λ-module.

On est alors ramené à la démonstration du théorème suivant

Théorème 3: On suppose que la conjecture de Leopoldt P-adique est vraie pour F_o. Alors, X_∞ est un Λ-module de torsion sans module pseudonul.

On utilise les théorèmes suivants dûs à Greenberg ([G])

Théorème A: Soit L/F_o une Z_p extension, et soit X_L le groupe de Galois de la p-extension non ramifiée au dehors de P, abélienne maximale de L. On suppose que X_L est un $Z_p[[G(L/F_o)]]$-module de torsion. Alors X_L n'a pas de sous-modules finis

Théorème B: Soit Y_∞ le groupe de Galois sur F_∞ de la p-extension non ramifiée au dehors de p, abélienne maximale de F_∞. Alors Y_∞ est un Λ-module de rang $r_2(F_o)$ et si la conjecture de Leopoldt p-adique est vraie pour F_o, il n'a pas de sous-modules pseudonuls non nuls.

Remarque: Le théorème A et le théorème 3 impliquent que la dimension projective de X_∞ est inférieure ou égale à 1.

On peut d'autre part montrer à l'aide de la théorie du corps de classes et de résultats de Wintenberger ([W]) la proposition suivante

Proposition: Il existe un Λ-module Z_∞ vérifiant les deux propriétés suivantes

(i) on a la suite exacte

$$Z_\infty \longrightarrow Y_\infty \longrightarrow X_\infty \longrightarrow 0$$

(ii) Z_∞ s'injecte dans un Λ-module libre de rang $r_2(F_o)$ avec un conoyau pseudonul isomorphe à

$$T_\infty = \prod_{v \mid P^*} T(\mu_{p^\infty})$$

où le produit est étendu aux places de F_∞ divisant P^* et où $T(M_{p^\infty})$ est le module de Tate associé aux racines de l'unité.

Montrons comment la proposition et les théorèmes A et B impliquent le théorème 3.

Comme le noyau de $Z_\infty \longrightarrow Y_\infty$ est de torsion et que Z_∞ est sans torsion, on a en fait la suite exacte

$$0 \longrightarrow Z_\infty \longrightarrow Y_\infty \longrightarrow X_\infty \longrightarrow 0.$$

Soit B le sous-module pseudonul maximal de X_∞ et C son image réciproque dans Y_∞. Comme le module de torsion de C s'injecte dans B et que Y_∞ n'a pas de sous-modules pseudonuls non nuls, C est sans torsion. Il s'injecte donc dans un module réflexif R à conoyau D pseudonul. Soit F le conoyau de l'application

$$Z_\infty \longrightarrow C \longrightarrow R.$$

On a une suite exacte

$$0 \longrightarrow B \longrightarrow F \longrightarrow D \longrightarrow 0.$$

Comme B et D sont pseudonuls, F l'est aussi. Il est donc isomorphe à T_∞. Mais, pour presque tout sous-groupe H de Γ tel que $\Gamma/H \simeq \mathbb{Z}_p$, B, F et D sont $\mathbb{Z}_p[[H]]$-modules de torsion et si $(T_\infty)_H$ est le plus grand quotient de T_∞ sur lequel H agit trivialement, $(T_\infty)_H$ est fini. On en déduit que B_H est fini. D'autre part, on montre facilement que pour presque tout H, B_H est un sous-module de $(X_\infty)_H$ et de $X_{L\infty}$ si L_∞ est le sous-corps de F_∞ fixé par H. On déduit alors du théorème A que B_H est nul, donc que B est nul, ce que termine la démonstration.

[G] Greenberg, R. On the structure of certain Galois groups. Inventiones Math. 47, 85-99 (1978)

[H] Harris, M. p-adic representations arising from descent on abelian varieties, Compositio Mathematica, 39, 177 -245 (1979)

[P] Perrin-Riou, B. Groupe de Selmer des courbes elliptiques à multiplication complexe.

[W] Wintenberger, J.-P. Structure Galoisienne de limites projectives d'unités locales, à paraître dans Compositio Mathematica.

STRUCTURE GALOISIENNE DES ANNEAUX D'ENTIERS D'EXTENSIONS SAUVAGEMENT RAMIFIEES I

J. Queyrut

Soient N un corps de nombres, $\mathbb{Z}_N$ son anneau d'entiers et Γ un groupe d'automorphismes de N ; on note K le corps des invariants de Γ .

Cette situation conduit à deux types de problèmes.

D'une part le groupe Γ opère sur un certain nombre d'objets associés à N . Il opère tout d'abord sur N , et on sait que N est un module libre sur l'algèbre de groupe $K[\Gamma]$, c'est-à-dire qu'il existe un élément θ de N formant avec ses conjugués une base de N sur K . Le groupe Γ opère aussi sur $\mathbb{Z}_N$, sur le groupe des unités de $\mathbb{Z}_N$ et sur le groupes des classes des idéaux fractionnaires de $\mathbb{Z}_N$. Le premier problème est la détermination de leur structure en tant que Γ-modules.

D'autre part, on définit un certain nombre d'objets traduisant les propriétés arithmétiques de N ; on définit principalement les sous-groupes de ramification de Γ , le conducteur d'Artin, les sommes de Gauss, les fonctions L d'Artin et la constante W de leur équation fonctionnelle. Le deuxième problème est la détermination de leurs propriétés.

Le lien entre ces deux problèmes est connu depuis longtemps.

Soit χ un caractère de Γ et soit $s \to L(s,\chi,N/K)$ la fonction L d'Artin correspondante. La fonction L étendue est une fonction méromorphe Λ sur $\mathbb{C}$ qui possède une équation fonctionnelle de la forme $\Lambda(s,\chi) = W(\chi)\Lambda(1-s,\bar{\chi})$, où le symbole - désigne la conjugaison complexe et $W(\chi)$ est un nombre complexe de module 1 . On montre que $W(\chi) = +1$ ou -1 si χ est à valeurs réelles. Fröhlich et moi-même avons démontré simultanément que $W(\chi) = +1$ si χ est rationnel sur $\mathbb{R}$. On peut de plus montrer que $W(\chi)$ peut prendre les valeurs +1 et -1 pour les autres caractères à valeurs réelles ([FQ]).

Je m'intéresse particulièrement ici au lien entre la structure de Γ-module de $\mathbb{Z}_N$, le signe de la constante W pour les caractères à valeurs réelles et les sommes de Gauss.

Un automorphisme γ de Γ est dit ramifié (resp. sauvagement ramifié) en un nombre premier p s'il existe un idéal $\mathcal{p}$ de $\mathbb{Z}_N$ au-dessus de p est un entier i supérieur ou égal à 1 (resp. 2), tel que $\gamma(a)-a\in\mathcal{p}^i$ pour tout $a\in\mathbb{Z}_N$.

Le premier résultat est dû à Hilbert qui montre dans son rapport (1913) que pour une extension N abélienne de $\mathbb{Q}$ de groupe de Galois Γ , $\mathbb{Z}_N$ est un $\mathbb{Z}[\Gamma]$-module libre si Γ ne contient pas d'automorphisme ramifié aux diviseurs premiers de l'ordre de Γ ([H]).

E. Noether a montré ensuite (1932) que $\mathbb{Z}_N$ est un $\mathbb{Z}_N[\Gamma]$-module projectif si Γ ne contient pas d'automorphisme ramifié aux diviseurs premiers de l'ordre de Γ . En fait, on peut montrer précisément que $\mathbb{Z}_N$ est un $\mathbb{Z}[\Gamma]$-module localement projectif en p si et seulement si Γ ne contient pas d'automorphisme sauvagement ramifié en p ([N] et [M1]).

Le résultat de Hilbert a été généralisé par Leopoldt (1959). Si N est une extension abélienne de $\mathbb{Q}$ de groupe de Galois Γ , alors $\mathbb{Z}_N$ est un $\mathcal{O}$-module libre ou $\mathcal{O}$ est l'ensemble des $\lambda\in\mathbb{Q}[\Gamma]$ tels que $\lambda\mathbb{Z}_N \subset \mathbb{Z}_N$, (appelé ordre associé). Il a construit une base de $\mathbb{Z}_N$ sur $\mathcal{O}$ à l'aide de sommes de Gauss ([L]).

Le sujet a été relancé par Martinet tout d'abord en 1969 en montrant que pour N extension diédrale de degré 2p (p premier) de $\mathbb{Q}$ de groupe de Galois Γ , $\mathbb{Z}_N$ est un $\mathbb{Z}[\Gamma]$-module libre si Γ ne contient pas d'automorphisme sauvagement ramifié, puis en 1971 en étudiant les extensions quaternioniennes de degré 8 de $\mathbb{Q}$. Il a montré que pour les groupes Γ quaternioniens d'ordre 8 , il n'y avait que deux classes d'isomorphismes de $\mathbb{Z}[\Gamma]$-modules projectifs, toutes les deux représentées par des anneaux d'entiers d'extensions quaternioniennes de $\mathbb{Q}$ ([M1] et [M2]). Fröhlich a alors montré que $\mathbb{Z}_N$ appartient à la classe des $\mathbb{Z}[\Gamma]$-modules libres si et seulement si la constante $W(\chi)$ vaut +1 pour le caractère irréductible de degré 2 de Γ (qui est à valeurs réelles non rationnel sur le corps des réels) ([F1]).

J'ai montré qu'il en était de même pour les extensions quaternioniennes de $\mathbb{Q}$ de degré 12 ([Q1]).

Sous l'impulsion de Fröhlich, le lien entre la structure des anneaux d'entiers de N et la constante de W s'est précisé sous l'hypothèse que Γ ne contienne pas d'automorphisme sauvagement ramifié dite hypothèse de ramification modérée, et une théorie très complète s'est développée. Cela a débouché sur le théorème et la conjecture suivants ([F2]).

Soit M un ordre maximal de $\mathbb{Z}$ dans $\mathbb{Q}[\Gamma]$ contenant $\mathbb{Z}[\Gamma]$, c'est-à-dire un sous-anneau unitaire de $\mathbb{Q}[\Gamma]$ qui est un $\mathbb{Z}$-module de type fini, contenant Γ et maximal pour l'inclusion. Fröhlich a montré le résultat suivant conjecturé par Martinet: sous l'hypothèse de ramification modérée, alors $M\mathbb{Z}_N$ est un M-module stablement libre (i.e., $M\mathbb{Z}_N \oplus M$ est isomorphe à $M^r \oplus M$ où r est le degré de K sur $\mathbb{Q}$). Puis il a fait la conjecture suivante justifiée par un grand nombre de nouveaux cas particuliers obtenus par Cassou-Noguès, Cougnard, lui-même et Taylor: sous l'hypothèse de ramification modérée, $\mathbb{Z}_N \oplus \mathbb{Z}_N$ est un $\mathbb{Z}[\Gamma]$-module libre et de plus si $W(\chi) = +1$ pour les caractères à valeurs réelles non réalisables sur $\mathbb{R}$, alors $\mathbb{Z}_N$ est un $\mathbb{Z}[\Gamma]$-module stablement libre.

L'étude de la structure d'un $\mathbb{Z}[\Gamma]$-module projectif (à isomorphisme stable près) revient à déterminer sa classe dans le groupe des classes des $\mathbb{Z}[\Gamma]$-modules projectifs de rang 1. Fröhlich a donné une nouvelle description de ce groupe et a décrit la classe de $\mathbb{Z}_N$ à l'aide d'une généralisation de la notion de résolvante de Lagrange. Ces résolvantes sont engendrées par les sommes de Gauss. Tout cela utilise de façon fondamentale le fait que $\mathbb{Z}_N$ est un $\mathbb{Z}[\Gamma]$-module localement libre ([F2]).

Je montre ici comment se généralisent tous les résultats précédents sans hypothèse de ramification modérée.

La première difficulté est que l'on connaît très mal la structure locale des anneaux d'entiers pour les idéaux premiers sauvagement ramifiés. A.-M. Bergé ([B]) a montré qu'il existe des contraintes très fortes sur la ramification pour que les anneaux d'entiers soient libres ou seulement projectifs sur leur ordre associé. Une façon de travailler avec des modules projectifs sans avoir besoin d'hypothèse de ramification consiste à étendre les scalaires à un ordre maximal contenant $\mathbb{Z}[\Gamma]$. Quelques cas particuliers ont été étudiés (essentiellement par Cougnard) et ont donné des résultats positifs. Toutefois, Cougnard et Wilson ont constuit un contre-exemple montrant que le théorème de Fröhlich ne se généralise pas au cas où Γ contient des automorphismes sauvagement ramifiés, tout au moins sous la même forme ([C], [W]).

L'idée de départ de ce travail a été de considérer la classe de l'anneau des entiers dans de nouveaux groupes de Grothendieck. Les idéaux premiers sauvagement ramifiés jouant un rôle particulier, ces groupes dépendent de l'ensemble S des nombres premiers p tels que Γ contienne un automorphisme sauvagement ramifié en p .

1. S-groupes de Grothenedieck

Soit S un ensemble fini de nombres premiers. A toute catégorie C de $\mathbb{Z}[\Gamma]$-modules de type fini, on associe le groupe abélien libre $G(C)$ engendré par les classes d'isomorphismes (M) des modules M de C et le sous-groupe $G_S'(C)$ de $G(C)$ engendré par les éléments de la forme $(M)-(M')-(M'')$, où M, M' et M'' sont des objets de C vérifiant: il existe une suite exacte

$$0 \to M' \overset{\phi}{\to} M \overset{\psi}{\to} M'' \to 0$$

telle que, pour toute nombre premier p n'appartenant pas à S , la suite

$$0 \to M'_p \xrightarrow{\phi_p} M_p \xrightarrow{\psi_p} M''_p \to 0$$

est sciendée (où l'indexation par p désigne la complétion en p).

<u>Définition</u>: On appelle S-groupe de Grothendieck de $\mathcal{C}$ le groupe quotient $G(\mathcal{C})/G'_S(\mathcal{C})$.

On note [M], la classe dans $G(\mathcal{C})/G'_S(\mathcal{C})$ d'un module M de $\mathcal{C}$.

Je m'intéresse en particulier à la catégorie des $\mathbb{Z}[\Gamma]$-modules de type fini sans $\mathbb{Z}$-torsion et à la catégorie des $\mathbb{Z}[\Gamma]$-modules de type fini sans $\mathbb{Z}$-torsion et localement projectifs en dehors de S . Les S-groupes de Grothendieck correspondants sont notés respectivement $G_{\oplus}^S(\mathbb{Z}[\Gamma])$ et $K_0^S(\mathbb{Z}[\Gamma])$. On note $\tilde{G}_{\oplus}^S(\mathbb{Z}[\Gamma])$ et $\tilde{K}_0^S(\mathbb{Z}[\Gamma])$ leur sous-groupe de torsion respectifs. On a un homomorphisme surjectif de $\tilde{K}_0^S(\mathbb{Z}[\Gamma])$ sur $\tilde{G}_0^S(\mathbb{Z}[\Gamma])$. En particulier si S est vide $\tilde{K}_0^S(\mathbb{Z}[\Gamma])$ est le groupe des classes des $\mathbb{Z}[\Gamma]$-modules projectifs.

Soit $\overline{\mathbb{Q}}$ une clôture algébrique de $\mathbb{Q}$ et $J(\overline{\mathbb{Q}})$ le groupe des idèles de $\overline{\mathbb{Q}}$. On note $G_{\mathbb{Q}}$ le groupe de Galois de $\overline{\mathbb{Q}}$ sur $\mathbb{Q}$. Soit R_Γ le groupe des caractères de Γ à valeurs dans $\overline{\mathbb{Q}}$. Le groupe $G_{\mathbb{Q}}$ opère sur R_Γ et sur $J(\overline{\mathbb{Q}})$.

Soit $J(\mathbb{Q}[\Gamma])$ le groupe des idèles de $\mathbb{Q}[\Gamma]$; tous les éléments α de $J(\mathbb{Q}[\Gamma])$ sont de la forme $\alpha = \sum_{\gamma\in\Gamma}\alpha_\gamma\gamma$ où $\alpha_\gamma \in J(\overline{\mathbb{Q}})$. Soit $T : \Gamma \to Gl_n(\overline{\mathbb{Q}})$ une représentation de Γ de caractère ϕ . Le déterminant de $\sum_{\gamma\in\Gamma}\alpha_\gamma T(\gamma)$ est un élément de $J(\overline{\mathbb{Q}})$ qui ne dépend que de ϕ , on le note $Det_\phi(\alpha)$. L'application $\phi \to Det_\phi(\alpha)$ se prolonge par linéarité en un homomorphisme de R_Γ dans $J(\overline{\mathbb{Q}})$ invariant par $G_{\mathbb{Q}}$. On définit ainsi un homomorphisme surjectif, noté Det , de $J(\mathbb{Q}[\Gamma])$ dans $Hom_{G_{\mathbb{Q}}}(R_\Gamma, J(\overline{\mathbb{Q}}))$.

On associe à $G_{\oplus}^S[\mathbb{Z}[\Gamma])$, (resp. $K_0^S(\mathbb{Z}[\Gamma])$) le sous-groupe noté $H(G_{\oplus}^S(\mathbb{Z}[\Gamma]))$, (resp. $H(K_0^S(\mathbb{Z}[\Gamma]))$) de $Hom_{G_{\mathbb{Q}}}(R_\Gamma, J(\overline{\mathbb{Q}}))$ formé des homomorphismes f dont les composantes locales vérifient les propriétés suivantes:

pour $p \in S$, $f(\phi)_p$ est une unité pour les caractères ϕ nuls sur les éléments de Γ d'ordre divisible par p ,

pour $p \notin S$, $f(\phi)_p$ est une unité pour tous les caractères ϕ (resp. il existe $\alpha \in \mathbb{Z}_p[\Gamma]^*$ tel que $f(\phi)_p = Det_\phi(\alpha)$), pour la place à l'infini p_∞ , $f(\phi)_p$ est réel et positif pour tous les caractères ϕ symplectiques de Γ .

Le théorème suivant donne la description des groupes $\tilde{G}^S_\oplus(\mathbb{Z}[\Gamma])$ et $\tilde{K}^S_o(\mathbb{Z}[\Gamma])$, ([Q2]).

Théorème 1:

Soit $\alpha \in J(\mathbb{Q}[\Gamma])$, on note $\mathbb{Z}[\Gamma]\alpha$ l'unique $\mathbb{Z}[\Gamma]$-module tel que $(\mathbb{Z}[\Gamma]\alpha)_p = \mathbb{Z}_p[\Gamma]\alpha_p$, pour tout nombre premier p . L'application $\alpha \to [\mathbb{Z}[\Gamma] - [\mathbb{Z}[\Gamma]\alpha]$ de $J(\mathbb{Q}[\Gamma])$ dans $\tilde{G}^S_\oplus(\mathbb{Z}[\Gamma])$ (resp. $\tilde{K}^S_o(\mathbb{Z}[\Gamma]))$ se factorise en un isomorphisme $\eta_{\mathbb{Z}[\Gamma]}$ rendant le diagramme suivant commutatif:

$$\begin{array}{ccc} \mathrm{Hom}_{G_\mathbb{Q}}(R_\Gamma, J(\bar{\mathbb{Q}}))/\mathrm{Hom}_{G_\mathbb{Q}}(R_\Gamma, \bar{\mathbb{Q}}^*)H(X) & \xrightarrow{\eta_{\mathbb{Z}[\Gamma]}} & X \\ & \nwarrow^{\mathrm{Det}} \quad \nearrow & \\ & J(\mathbb{Q}[\Gamma]) & \end{array}$$

pour $X = \tilde{G}^S_\oplus(\mathbb{Z}[\Gamma])$, (resp. $\tilde{K}^S_o(\mathbb{Z}[\Gamma]))$.

En particulier, pour S vide, ce théorème montre que $\tilde{G}^S_\oplus(\mathbb{Z}[\Gamma])$ est isomorphe au groupe des classes des modules projectifs sur un ordre maximal de $\mathbb{Z}$ dans $\mathbb{Q}[\Gamma]$.

2. Structure des Anneaux d'Entiers

On suppose dans ce paragraphe que S contient l'ensemble des nombres premiers p tels que Γ contienne un automorphisme sauvagement ramifié en p .

Les principaux résultats sont les suivants ([Q2]):

Théorèm 2:

Soit S un ensemble de nombres premiers contenant les nombres premiers p tels qu'il existe un automorphisme de Γ sauvagement ramifié en p . Alors $[\mathbb{Z}_N] - r[\mathbb{Z}[\Gamma]] = 0$ dans $G^S_{\oplus}(\mathbb{Z}[\Gamma])$, où $r = [K:\mathbb{Q}]$ est le rang de $\mathbb{Z}_N$.

Sous l'hypothèse de ramification modérée on peut prendre S vide; on montre que l'on retrouve ainsi le théorème de Fröhlich.

Théorème 3:

Si Γ est abélien, $[\mathbb{Z}_N[- r[\mathbb{Z}[\Gamma]] = 0$ dans $K^S_o(\mathbb{Z}[\Gamma])$.
Soit $U^S_{N/K}$ l'élément de

$\mathrm{Hom}_{G_{\mathbb{Q}}}(R_\Gamma, J(\overline{\mathbb{Q}}))/\mathrm{Hom}_{G_{\mathbb{Q}}}(R_\Gamma, \overline{\mathbb{Q}}^*)H(K^S(\mathbb{Z}[\Gamma]))$ dont l'image dans

$\tilde{K}^S_o(\mathbb{Z}[\Gamma])$ par $\eta_{\mathbb{Z}[\Gamma]}$ est $[\mathbb{Z}_N] - r[\mathbb{Z}[\Gamma]]$.

Pour tout χ de R_Γ , on note $W_{N/K}(\chi)$ la constante de l'équation fonctionnelle des séries L d'Artin associées au caractère χ .

On note $W'_{N/K}$ l'élément de $\mathrm{Hom}_{G_{\mathbb{Q}}}(R(G), J(\overline{\mathbb{Q}}))$ construit de la façon suivante:

- pour tout caractère χ irréductible et non symplectique de G on pose $W'_{N/K}(\chi) = 1$,
- pour tout caractère χ irréductible et symplectique de G , on définit les composantes locales de $W'_{N/K}(\chi)$ par:

$$W'_{N/K}(\chi)_p = 1 \quad \text{pour tout nombre premier } p$$

$$W'_{N/K}(\chi)_{p^\omega_\infty} = W_{N/K}(\chi^{\omega^{-1}}) \text{ , pour tout } \omega \in G_{\mathbb{Q}} .$$

On désigne par $t^S_{\mathbb{Z}[\Gamma]}(W_{N/K})$ la classe de $W'_{N/K}$ modulo

$\mathrm{Hom}_{G_{\mathbb{Q}}}(R_\Gamma,\overline{\mathbb{Q}}^*)H(K_o^S(\mathbb{Z}[\Gamma]))$. On pose $V_{N/K}^S = U_{N/K}^S/t_{\mathbb{Z}[\Gamma]}^S(W_{N/K})$.

La conjecture de Fröhlich se généralise de la facon suivante:

$$U_{N/K}^S = t_{\mathbb{Z}[\Gamma]}^S(W_{N/K}) \quad .$$

Pour démontrer le théorème 1, on montre que $U_{N/K}^S$ est représenté par l'élément f de $\mathrm{Hom}_{G_{\mathbb{Q}}}(R_\Gamma, J(\overline{\mathbb{Q}}))$ suivant:

pour tout $\chi \in R_\Gamma$, la p composante de $f(\chi)$ est égale à:

$$f(\chi)_p = \mathcal{N}_{K/\mathbb{Q}}(a_p/\chi)\,\tau_K(\chi)^{-1}W'_{N/K}(\chi)$$

où $\tau_K(\chi)$ est la somme de Gauss galoisienne associée à χ (voir [M3]):

a_p est une base de $\mathbb{Z}_{N_p}$ sur $\mathbb{Z}_{K_p}[\Gamma]$

$\mathcal{N}_{K/\mathbb{Q}}(a_p/\chi)$ est la résolvante de a_p (définie dans [F] ou [Q2]).

On démontre alors que les applications $\chi \to W'_{N/K}(\chi)$ et $\chi \to \mathcal{N}_{K/\mathbb{Q}}(a_p.\chi)\tau_K(\chi)^{-1}$ appartiennent à $\mathrm{Hom}_{G_{\mathbb{Q}}}(R_\Gamma,\mathbb{Q}^*)H(G_\oplus^S(\mathbb{Z}[\Gamma]))$.

Références

[C] Cougnard, J. Un contre-exemple à une conjecture de J. Martinet, in Algebraic Number Fields, Proc. Sympos. Univ. Durham, Fröhlich ed., Academic Press, London, 1977.

[B] Bergé, A.-M. Anneau d'entiers et ordres associés, Thèse, Université de Bordeaux I.

[F 1] Fröhlich, A. Artin root numbers and normal integral bases for quaternion fields, Invent. Math. 17, 143-166 (1972).

U.E.R. de Mathématiques et d'Informatique
Université de Bordeaux I
F 33405 TALENCE CEDEX

[F 2] Fröhlich, A. Arithmetic and galois module structure for tame extensions, J. reine agnew. Math. 286-287 (1976), 380-439.

[F Q] Fröhlich, A. and Queyrut, J. On the functional equation of the Artin L function for characters of real representations, Invent. Math. 20, 125-138 (1973).

[H] Hilbert, D. Gesammelte Abhandlungen, Band. 1.

[L] Leopole, H.W. Über die Hauptordnung des ganzen Elementeneines abelschen, Zahlkörpers, J. reine angew. Math. 201, 119-149 (1959).

[M 1] Martinet, J. Sur l'arithmétique des extensions galoisiennes à groupe de Galois diédral d'ordre 2p, Ann. Inst. Fourier 19, 1-80 (1969).

[M 2] Martinet, J. Modules sur l'algèbre du groupe quaternion , Ann. Scient. Ec. Norm. Sup., 4e série, t. 4 399-408 (1971).

[M 3] Martinet, J. L-Functions and Galois Properties, in Algebraic Number Fields, Proc. Sympos. Univ. Durham, Fröhlich ed., Academic Press, London, 1977.

[N] Noether, E. Normal basis bei Körpern ohne höhere Verzweigung, J. reine angew. Math. 167, 147-152 (1972).

[Q 1] Queyrut, J. Extensions quaternioniennes généralisées et constante de l'équation fonctionnelle des séries L d'Artin, Publ. Math. Univ. de Bordeaux I, 4, 91-113 (1972-73).

[Q 2] Queyrut, J. K-théorie algébrique et structure galoisienne des anneaux d'entiers, Thèse, Université de Bordeaux I, 1980.

[W] Wilson, S. (à paraitre aux Annales de l'Institut Fourier).

ITERATION DES ENDOMORPHISMES D'UN INTERVALLE

GERARD RAUZY

Le but de l'exposé était de montrer comment un problème de représentation des nombres réels (proche de celui des β-développements de Renyi [21]) pouvait se traduire en un problème d'itération d'une application continue de l'intervalle [0,1] en lui même.

Ce dernier problème, pour des raisons extérieures à la théorie des nombres, et dans une certaine mesure au mathématiques pures, fait actuellement l'objet de multiples études très diverses, notamment, en ce qui concerne les outils mis en jeu et les questions abordées.

L'exposé n'ayant pas sur ce plan apporté d'idées originales, nous nous bornerons ici à expliciter le problème posé et à renvoyer à quelques titres de l'abondante littérature sur le sujet.

* * *

Soiet λ et z deux nombres réels vérifiant:

$$1 < \lambda \leq 2 \qquad - \frac{1}{\lambda-1} \leq z \leq \frac{1}{\lambda-1}$$

On définit deux suites $(z_n)_{n\geq 0}$ et $(c_n)_{n\geq 0}$ de la manière suivante:

(i) $z_0 = 0$

(ii) $c_n = -1$ si $z_n > z$
$\quad\;\; = 0$ si $z_n = z$
$\quad\;\; = +1$ si $z_n < z$

(iii) $z_{n+1} = z_n + \dfrac{c_n}{\lambda^{n+1}}$

La suite $(c_n)_{n\geq 0}$ introduite dans [2] est appelée λ-développement de z. On vérifie aisément que $z = \sum_{n=0}^{\infty} \frac{c_n}{\lambda^{n+1}}$, cette égalité ne suffisant pas pour déterminer la suite (c_n).

Le problème central est donc de caractériser les λ-développements possibles. On montre [2] que cette caractérisation s'exprime en général simplement à partir du λ-développement de -1, appelé à peu de choses près auto-développement dans l'article cité.

Le problème devient maintenant de caractériser les auto-développements possibles, des problèmes connexes consistant en la caractérisation des auto-développements périodiques, et en l'existence de mesures invariantes par certaines transformations de l'intervalle $[-\frac{1}{\lambda-1}, \frac{1}{\lambda-1}]$ en lui-même liées simplement aux propriétés des λ-développements.

Une dé marche similaire permet [6], une application continue de [0,1] en lui-même assujettie à certaines conditions étant donnée, de caractériser les <u>itinéraires</u> [4] relativement à cette application, en termes de la <u>coordonnée invariante</u> de l'application, puis de caractériser les différentes coordonnées invariantes possibles.

Les deux problèmes sont en fait liés.

Définissons en effet, pour λ appartenant à l'intervalle [0,2] la fonction g_a de [0,1] en lui même par:

$$g_\lambda(z) = \frac{\lambda}{2} - \lambda|x - \frac{1}{2}| \quad (= \lambda g_1(x))$$

et désignons par g_λ^k la k-ème puissance itérée de g_λ et par ε la fonction de [0,1] en $\{-1,0,1\}$ telle que:

$\varepsilon(x) = +1$, 0 ou -1 selon que x est inférieur, égal ou supérieur à 1/2 (ε est en quelque sorte le signe de la dérivée de g_λ).

Un calcul simple montre alors que

$$c_n = \prod_{k=0}^{n} \varepsilon(g_\lambda^k(\frac{1 - (\lambda-1)z}{2}))$$

Ce qui établit le lien entre λ-développements et itinéraires pour la fonction g_λ.

Remarquons, en outre, que les fonctions g_λ sont des candidats naturels à être choisis comme représentants privilégies des classes de conjugaison topologique de certains endomorphismes d'intervalles: toute classe ne contient pas une fonction g_λ, mais c'est "presque" vrai [4]. De ce point de vue, la détermination des auto-développements possibles est presque équivalente à la détermination des coordonnées invariantes possibles.

BIBLIOGRAPHIE

1. J. Couot, C. Gillot, G. Gillot. Détermination numérique des densités des suites récurrentes. Preprint. Université Paul Sabatier. Toulouse.

2. B. Derrida, A. Gervois, Y. Pomeau. Iteration of endomorphisms on the real axis and representation of numbers. Ann. Inst. Henri Poincaré. Vol. XXIX, No. 3, 305-356 (1978).

3. J. Guckenheimer. On the bifurcation of maps on the interval. Inv. math. 39, 165-178 (1977).

4. _____. Sensitive dependence to initial conditions for one dimensional map. Preprint. IHES (1979).

5. M. J. Jakobson. On smooth mappings of the circle into itself. Math. USSR Sbornik 14, 161-185 (1971).

6. L. Jonker. Periodic orbits and kneading invariants. Proc. London Math. Soc. 39, 428-450 (1979).

7. A. Lasota. Ergodic problems in biology. Asterisque No. 50, 239-250 (1978).

8. A. Lasota, J. A. Yorke. On the existence of invariant measures for piecewise monotonic transformations. T.A.M.S. Vol. 186 (1973).

9. T. Y. Li, J. A. Yorke. Period three implies chaos. A.M.M. 82, 10, 985-992 (1975).

10. E. N. Lorenz. Deterministic non periodic flows. J. Atmos. Sci. 20, 130-141 (1963).

11. _____. The problem of deducing the climate from the governing equations. Tellus 16, 1-11 (1964).

12. R. M. May. Biological populations obeying difference equations: stable points, stable cycles and chaos. J. Theor. Biol. 51, 511-524 (1975).

13. N. Metropolis, M. L. Stein. On finite limit sets for transformations on the unit interval. J. of Comb. Theory. A 15, 25-44 (1973).

14. J. Milnor, W. Thurston. On iterated maps of the interval, the kneading matrix. Preprint IHES (1979).

15. M. Misuriewicz. Structure of mappings of an interval with zero entropy. Preprint IHES (1978).

16. _____. Absolutely continuous measures for certain Markov maps of an interval. Preprint IHES (1979).

17. _____. Absolutely continuous measures for certain maps of an interval. Preprint IHES (1979).

18. M. Misuriewicz, W. Slenk. Entropy of piecewise monotone mappings. Asterisque, No. 50, 299-310 (1978).

19. M. B. Nathanson. Permutations, periodicity and chaos. J. of Comb. Theory A 22, 61-68 (1977).

20. W. Parry. Symbolic dynamics and transformations of the unit interval T.A.M.S. 122, 368-378 (1966).

21. A. Renyi. Representations for real numbers and their ergodic properties. Acta. Math. Acad. Sci. Hung. 8, 477-493 (1957).

22. D. Ruelle. Applications concervant une mesure absolument continue par rapport à dx sur [0,1]. Comm. Math. Phys. 55, 47-51 (1977).

23. A. N. Sharkovski. Coexistence of the cycles of a continuous mapping of the line into itself. Ukrainian Math J., 16,1. 61-71 (1964).

24. D. Singer. Stable orbits and bifurcation of maps of the interval. SIAM J. Appl. Math. 35, 260-267 (1978).

25. S. Smale, R. F. Williams. The qualitative analysis of a difference equation of population growth. J. of Math. Bio. 3, 1-4 (1976).

26. L. S. Young. A closing lemma on the interval. Inv. Math. 54, 173-187 (1979).

ENDOMORPHISM ALGEBRAS OF ABELIAN VARIETIES ATTACHED TO NEWFORMS OF WEIGHT 2

K. A. Ribet

1. Let $f = \Sigma a_n q^n$ be a weight-2 newform on $\Gamma_1(N)$ with character ε. Let $E = \mathbb{Q}(\ldots a_n \ldots)$ be the subfield of $\mathbb{C}$ generated by the coefficients of f. Let A be the abelian variety attached to f (see, e.g., [7, Th. 7.14]), viewed as an abelian variety up to isogeny over $\mathbb{Q}$. One knows that the $\mathbb{Q}$-algebra of endomorphisms of A over $\mathbb{Q}$ is equal to E.

On the other hand, let D be the algebra of all endomorphisms of A (defined over $\overline{\mathbb{Q}}$, the algebraic closure of $\mathbb{Q}$ in $\mathbb{C}$). If f is a form with complex multiplication by an imaginary quadratic field k (in the sense of [3]), then D is a matrix algebra over k. We shall suppose, to the contrary, that f is not a form with complex multiplication. One then sees easily that E is its own commutant in D, implying that D is a central simple algebra over some subfield F of E. The determination of the structure of D (and in particular of the subfield F) has been carried out in [2] and in [4]. As we shall recall below, this structure depends on the "self twists" which f possesses.

Before discussing these twists, we will prove three simple results concerning D, of which the first is contained in [2].

Theorem 1:

The algebra D is either a matrix algebra over F, or else a matrix algebra over a quaternion division algebra with center F.

Proof (suggested by J. Tunnell):

We know a priori that D is isomorphic to a matrix algebra over some division algebra C with center F. Let n be such that D is isomorphic to $\mathbb{M}(n,C)$. We must show that $[E:F]/n$ divides 2.

Consider the cohomology group $V = H_1(A(\mathbb{C}),\mathbb{Q})$, which is of dimension

$$2 \cdot \dim(A) = 2[E:\mathbb{Q}]$$

over $\mathbb{Q}$. By functoriality, D acts on V ; in particular, V is a C-vector space. Because of the D-action, the C-dimension of V is a multiple of n . We have now

$$2[E:F] = \dim_F(V) = (\dim_F C)\cdot(\dim_C V) = \left(\frac{[E:F]}{n}\right)^2 \cdot \dim_C V ,$$

so that $2 = \frac{[E:F]}{n} \cdot \frac{\dim_C V}{n}$ as desired.

Remark. This result will be proved in Section 3 by another method.

Theorem 2:

Suppose that all endomorphisms of A are defined over the field $\mathbb{R}$ of real numbers. Then D is in fact a matrix algebra over F .

Proof:

To begin, suppose that D is not a matrix algebra. Then in the above notation, the algebra C is a quaternion division algebra over F , $[E:F]/n = 2$, and $\dim_C V = n$. Now the action of D on V breaks up V into the direct sum of n copies of a subspace W of V which is stable by C . We have

$$\mathrm{End}_D V = \mathrm{End}_C W .$$

On the other hand, the C-dimension of W is 1, so that $\mathrm{End}_C W$ is a division algebra (in fact, isomorphic to C). In particular, the only involutions in $\mathrm{End}_D V$ are the scalars +1 and -1 .

If we assume, however, that all endomorphisms of A are defined over $\mathbb{R}$, then the endomorphism of V induced by "complex conjugation" on $A(\mathbb{C})$ is D-linear. This endomorphism is an involution, and therefore a scalar. One knows that this is not the case, for example because the two summands in the Hodge decomposition of $V \otimes \mathbb{C}$ are permuted by the complex conjugation.

Remarks

1. It is easy to see under what conditions the hypothesis to this theorem is satisfied (cf. Theorem 4 below and its corollary).

2. This theorem is obviously closely related to the results of Shimura in [6]. The proof given above was suggested by the discussion on pp. 137-139 of [6].

3. Another proof of the theorem may be given using the ℓ-adic representations of $\mathrm{Gal}(\overline{\mathbb{Q}}/\mathbb{Q})$ defined by f (cf. [3, (5.2)]).

Theorem 3:

Suppose that D is not a matrix algebra over F. Then A has everywhere potential good reduction.

Proof:

Let k be a finite extension of $\mathbb{Q}$ over which A has semistable reduction. Let v be an ultrametric place of k, and denote by $A^{\sim}$ the connected component of the special fibre of the Néron model for A at v. Then $A^{\sim}$ is an extension of an abelian variety by a torus T. Let $r = \dim T$. By functoriality, we find a representation

$$D \to (\text{End } T) \otimes \mathbb{Q} \approx \mathbb{M}(r,\mathbb{Q}) \quad .$$

It is obvious that $[E:\mathbb{Q}]$ divides r, and the proof of Theorem 1 shows that $2[E:\mathbb{Q}]$ divides r when D is not a matrix algebra over F. Since we have

$$r \leq \dim A = [E:\mathbb{Q}] \quad ,$$

we must have $r = 0$ under the hypothesis of the theorem.

Remark. According to the criterion of Néron-Ogg-Shafarevich, the behavior of A at a prime v is determined by the ℓ-adic representations (of a decomposition group for v in $\text{Gal}(\overline{\mathbb{Q}}/k)$) attached to f. Except in certain cases where v is of residue characteristic 2, these representations have been determined by Deligne (unpublished). Thus, given f, it may happen that we are able to say *a priori* that A does not have everywhere potential good reduction; in that case, D must be a matrix algebra. As an example, suppose that there is a prime p which exactly divides N at which the character ε is trivial. By a well known result of Deligne-Rapoport [1], the abelian variety A has purely multiplicative reduction at p. Hence D is a matrix algebra in that case.

2. The Action of $\text{Gal}(\overline{\mathbb{Q}}/\mathbb{Q})$ on D.

When $\gamma \in \text{Hom}(E,\mathbb{C})$ is an embedding of E into $\mathbb{C}$, we denote by γf the newform $\Sigma \gamma a_n q^n$. Similarly, for χ a Dirichlet character, let $f \otimes \chi$ be the newform whose p^{th} coefficient is $\chi(p)a_p$ for all primes p prime to $N \cdot \text{cond}(\chi)$. Let

$$\Gamma = \{\gamma : E \longrightarrow \mathbb{C} \mid \gamma f = f \otimes \chi \text{ for some character } \chi\} \quad .$$

One knows ([2],[4]) that Γ is an abelian subgroup of

Aut(E) . Further, for $\gamma \in \Gamma$ there is a unique Dirichlet character χ (which we call χ_γ) such that $\gamma f = f \otimes \chi$. For $\gamma, \gamma' \in \Gamma$ we have the cocycle rule

$$\chi_{\gamma\gamma'} = \chi_\gamma \chi_{\gamma'}^{\gamma} \quad .$$

Also, $\chi_\gamma^2 = \varepsilon^{\gamma-1}$ for each γ . Finally, we recall (loc. cit.) that F is precisely the fixed field of Γ .

Now each element g of $G = \mathrm{Gal}(\overline{\mathbb{Q}}/\mathbb{Q})$ acts in the usual way to give an automorphism of the algebra D , and this automorphism is the identity on the field E (which is a maximal commutative subfield of D). (The action is as follows: for $d \in D$, we define $(gd)(x) = g(d(g^{-1}x))$.) By the Skolem-Noether theorem, this automorphism is an inner automorphism

$$d \mapsto ede^{-1}$$

for an element e of E^* which is well defined modulo F^* . The numbers $\gamma e/e$ (for $\gamma \in \Gamma$) are well defined, and they together determine e as an element of the group E^*/F^* . The map $g \mapsto e$ defines a continuous character α on G with values in the discrete group E^*/F^* .

<u>Theorem 4</u>:

For each $g \in G$ and all $\gamma \in \Gamma$ we have

$$\alpha(g)^{\gamma-1} = \chi_\gamma(g) \quad .$$

<u>Proof</u>:

Let ℓ be a prime number, and let V now be the $\mathbb{Q}_\ell$-adic Tate module attached to A . The action of D on V defines an inclusion

$$D \otimes \mathbb{Q}_\ell \hookrightarrow \mathrm{End}\, V \quad ,$$

and the action of G on V defines a homomorphism

$$\rho : G \to \mathrm{Aut}_{E\otimes\mathbb{Q}_\ell} V \quad ,$$

which is known to be the ℓ-adic representation attached to f. For $g \in G$, the automorphism of D induced by g is the restriction to D of the automorphism of $D \otimes \mathbb{Q}$ obtained by conjugating by $\rho(g)$ in $\mathrm{End}\, V$.

To compute this automorphism, we suppose that ℓ has been chosen to split completely in E. Then, in a well known way, V becomes the direct sum of $\mathbb{Q}_\ell$-submodules V_σ of dimension 2, indexed by the various embeddings σ of E into $\mathbb{Q}_\ell$.

Let σ and τ be two such embeddings, and let H be an open normal subgroup of G. It is easy to see that we have

$$\mathrm{Hom}_H(V_\sigma, V_\tau) = 0$$

unless $\tau = \sigma\gamma$ for some $\gamma \in \Gamma$. Moreover, if $\tau = \sigma\gamma$, then $\mathrm{Hom}_H(V_\sigma, V_\tau)$ is of dimension 1 if H is "small" and again 0 if H is not. The action of G on $\mathrm{Hom}_H(V_\sigma, V_\tau)$ is via the $\mathbb{Q}_\ell$-valued character $\sigma\chi_\gamma$.

Now the V_σ are stable under E (as a result of their construction); an $e \in E$ acts on V_σ by multiplication by σe. Hence conjugation by e in $\mathrm{End}\, V$ preserves each group $\mathrm{Hom}(V_\sigma, V_\tau)$ and more precisely acts on this group by the scalar $\tau e/\sigma e$. In the case where $\tau = \sigma\gamma$, this quotient becomes $\sigma(e^{\gamma-1})$.

For H sufficiently "small," it was proved in [4] that we have

$$D \otimes \mathbb{Q}_\ell = \mathrm{End}_H V = \bigoplus_{\sigma,\tau} \mathrm{Hom}_H(V_\sigma, V_\tau) \quad .$$

If $e \in E$ is such that conjugation by e agrees on $D \otimes \mathbb{Q}_\ell$ with conjugation by $\rho(g)$, then we have

$$\sigma\chi_\gamma(g) = \sigma(e^{\gamma-1})$$

for all $\sigma \in \mathrm{Hom}(E, \mathbb{Q}_\ell)$ and $\gamma \in \Gamma$. This proves the theorem.

Corollary:

All endomorphisms of A are defined over $\mathbb{R}$ if and only if $\chi_\gamma(-1) = 1$ for all $\gamma \in \Gamma$.

3. The Algebra D as a Crossed Product Algebra

Let $\mathfrak{X} = \mathrm{Hom}(G, \overline{\mathbb{Q}}^*)$ be the G-module of Dirichlet characters. For $\chi \in \mathfrak{X}$, we define a Gauss sum $\tau(\chi)$ in the usual way: if χ has conductor r , we view χ as a function on $(\mathbb{Z}/r\mathbb{Z})^*$ and set

$$\tau(\chi) = \sum_{a \bmod r} \chi(a) e^{2i\pi/r} \quad .$$

For $g \in G$ we then have

$$g(\tau(\chi)) = \tau(\chi^g) \cdot \chi^{-g}(g) \quad .$$

Especially, if χ and χ' are Dirichlet characters, the "Jacobi sum"

$$j(\chi,\chi') = \tau(\chi)\tau(\chi')/\tau(\chi\chi')$$

satisfies

$$j(g\chi, g\chi') = gj(\chi,\chi') \quad .$$

With this notation, we have

Theorem 5 ([2],[4]):

The algebra D is isomorphic to the crossed product algebra

$$\bigoplus_{\gamma \in \Gamma} E \cdot X_\gamma$$

furnished with the multiplication table

$$X_\gamma \cdot e = \gamma(e) X_\gamma \qquad (e \in E \ , \ \gamma \in \Gamma) \quad ,$$

$$X_\gamma X_{\gamma'} = j(\chi_\gamma^{-1}, \chi_{\gamma'}^{-\gamma}) X_{\gamma\gamma'} \qquad (\gamma, \gamma' \in \Gamma) \quad .$$

The multiplication described by the theorem arises quite naturally in the proof of the theorem, the X_γ being given by certain "twisting operators" generalizing those occurring in [5]. However, it seems that the two-cocycle $j(\chi_\gamma^{-1}, \chi_{\gamma'}^{-\gamma})$ masks quite effectively the fact that the class of D in the Brauer group of F has order 1 or 2. We will now make a few comments on such cocycles, hoping that these comments will clarify the relation between the algebra D and the $\mathfrak{X}$-valued 1-cocycle $\gamma \mapsto \chi_\gamma$ on Γ.

For this, we allow F briefly to be an arbitrary finite extension of $\mathbb{Q}$ (in $\overline{\mathbb{Q}}$) and consider a 1-cocycle $\Phi: g \mapsto \chi_g$ on $\mathrm{Gal}(\overline{F}/F)$ with values in $\mathfrak{X}$. (Of course, we obtain such a cocycle from the 1-cocycle on Γ defined by f by inflation.) It is easy to see that the formula

$$g,h \mapsto j(\chi_g^{-1}, \chi_h^{-g})$$

defines a 2-cocycle ψ on $\mathrm{Gal}(\overline{F}/F)$ with values in $\mathfrak{X}$.

<u>Proposition 1</u>:

The class in $H^2(\mathrm{Gal}(\overline{F}/F), \overline{F}^*)$ of ψ is equal to the class of the 2-cocycle

$$g,h \mapsto \chi_g(h) \quad .$$

In particular, this class depends only on the restrictions of the χ_g to $\mathrm{Gal}(\overline{F}/F)$.

<u>Proof</u>:

We must show that the map

$$g,h \mapsto \chi_g(h)^{-1} j(\chi_g^{-1}, \chi_h^{-g})$$

is a 2-coboundary, i.e., that it may be written in the form $\alpha(g)\alpha(h)^g/\alpha(gh)$ for a suitable (continuous) function α on $\mathrm{Gal}(\overline{F}/F)$. Taking

$$\alpha(g) = \tau(\chi^{-1}) \cdot \chi_g(g) \quad ,$$

we find after a short computation the required identity.

For E a finite extension of $\mathbb{Q}$, we let $\mathfrak{X}(E) \subseteq \mathfrak{X}$ be the G-module of E^*-valued Dirichlet characters.

Proposition 2:

The map on cocycles $\phi \mapsto \psi$ defines a homomorphism

$$\delta_F : H^1(\mathrm{Gal}(\overline{F}/F), \mathfrak{X}) \to H^2(\mathrm{Gal}(\overline{F}/F), \overline{F}^*) \quad .$$

If E is a finite Galois extension of F, the subgroup $H^1(\mathrm{Gal}(E/F), \mathfrak{X}(E))$ of the source is mapped by δ_F to the subgroup $H^2(\mathrm{Gal}(E/F), E^*)$ of the target.

Proof:

The first statement is most easily proved by writing the class of ψ as the class of the cocycle given in Proposition 1. For example, we must show that multiplying ϕ by a 1-coboundary $g \mapsto \varepsilon^{g-1}$ does not change the class of ψ. For this, we observe that the expression $\chi_g(h)$ gets multiplied by $\varepsilon(h)^g/\varepsilon(h)$, a factor which may be written in the form $\varepsilon(g)\varepsilon(h)^g/\varepsilon(gh)$. Thus the map $\phi \mapsto \psi$ indeed induces a map between the indicated cohomology groups, and we see immediately from Proposition 1 that the map is a homomorphism.

For the second statement, we have only to show that ψ is E^*-valued if ϕ is obtained by inflation from a cocycle on $\mathrm{Gal}(E/F)$ with values in $\mathfrak{X}(E)$. This follows from the formula at the beginning of this section which gives the behavior of Jacobi sums under automorphisms of $\overline{\mathbb{Q}}$.

We now return to the context of Theorem 5. We remark that, once the dimension of D over F is known to be $[E:F]^2$, the algebra D is determined by its class in the Brauer group of F , i.e., in $H^2(\mathrm{Gal}(\overline{F}/F),\overline{F}^*)$. This class is the class of the 2-cocycle ψ described by Jacobi sums, i.e., it is the image under δ_F of the class of the 1-cocycle $\gamma \mapsto \chi_\gamma$ on Γ . This latter class already has order dividing 2, as we see from the formula $\chi_\gamma^2 = \varepsilon^{\gamma-1}$, in which ε is the (Nebentypus) character of the form f . Since δ_F is a homomorphism, we obtain an alternate proof of Theorem 1. Similarly we have

Proposition 3:

The class of D in Br(F) does not change if we replace f by a twist $f \otimes \chi_o$ of f .

Proof:

By inflation, we view the cocycle $\gamma \mapsto \chi_\gamma$ as a 1-cocycle on $\mathrm{Gal}(\overline{F}/F)$ with values in $\mathfrak{X}$. When we twist f by χ_o , we multiply this 1-cocycle by the 1-coboundary $g \mapsto (\chi_o)^{g-1}$. Hence twisting does not affect the class of this cocycle in $H^1(\mathrm{Gal}(\overline{F}/F),\mathfrak{X})$; *a fortiori*, twisting does not affect its image under δ_F .

Remark. Proposition 3 may also be obtained as a corollary of [4, (4.7)].

4. Concerning Local Triviality of D

If v is a place of F , we let F_v be the completion of F at v and set

$$D_v = D \otimes_F F_v \quad .$$

Since D has order dividing 2 in the Brauer group of F, D_v has order dividing 2 in the Brauer group $Br(F_v)$ of F_v. In case v is an archimedean (i.e., real) place of F, the order of D_v in $Br(F_v)$ is already known to be 1 [2]. (This means that the algebra C of Section 1 is either F itself or else a totally indefinite quaternion algebra over F.) Therefore, we will discuss only non-archimedean places of F.

Suppose that v is such a place, say of residue characteristic p. Suppose further that p is prime to the level of f. We say that f is ordinary at v if the number $a_p^2\varepsilon(p)^{-1}$, easily seen to be in F, is prime to v.

Theorem 6:

If v is ordinary, then D_v is a matrix algebra over F_v.

Proof:

Our hypothesis on p implies that A has good reduction at p. Let $A^{\sim}$ be the reduction of A at p, and let V be the $\mathbb{Q}_p$-adic Tate module made from points of p-power order in $A^{\sim}(\mathbb{F}_p)$. As is well known, the $\mathbb{Q}_p$-dimension of V is equal to the number of p-adic unit roots of the characteristic polynomial of the Frobenius endomorphism of $A\,\mathbb{F}_p$. This polynomial is the norm from E to $\mathbb{Q}$ of the polynomial

$$\phi(t) = T^2 - a_p T + p\varepsilon(p) \in E[T] \quad .$$

The polynomial $\phi(T)$ itself controls the structure of V as an $E \otimes \mathbb{Q}_p$-module.

Namely, we first remark that the endomorphisms of A act on V, so that V may be considered as a $D \otimes \mathbb{Q}_p$-module and hence in particular as an $E \otimes \mathbb{Q}_p$-module or an $F \otimes \mathbb{Q}_p$-module. As an $E \otimes \mathbb{Q}_p$-module, V becomes the sum of subspaces V_w corresponding to the various completions E_w of E at the primes w of E dividing p. Each V_w is an E_w-vector space of dimension 1 or 0, and the dimension is more precisely the number of unit roots of $\phi(T)$, considered as a polynomial over E_w. Clearly $\phi(T)$ has a unit root if and only if the prime v of F induced by w is ordinary.

It follows that if v is an ordinary prime of F, the F_v-vector space

$$V_v = V \otimes_{(F\otimes\mathbb{Q}_p)} F_v = \bigoplus_{w|v} V_w$$

has dimension $\sum_{w|v} [E_w:F_v] = [E:F]$. It is, on the other hand, a D_v-module. Reasoning identical to that used in Section 1 shows that D_v is a matrix algebra over F_v.

References

1. Deligne, P. and Rapoport, P. Les shémas de modules de courbes elliptiques, Lecture Notes in Math. 349, 143-316 (1973).

2. Momose, F. On the ℓ-adic representations attached to modular forms, to appear.

3. Ribet, K. Galois representations attached to eigenforms with nebentypus, Lecture Notes in Math. 601, 17-52 (1977).

4. Ribet, K. Twists of modular forms and endomorphisms

of abelian varieties, Math. Ann, to appear.

5. Shimura, G. On the factors of the Jacobian variety of a modular function field, J. Math. Soc. Japan 25, 523-544 (1973).

6. Shimura, G. On the real points of an arithmetic quotient of a bounded symmetric domain, Math. Ann. 215, 135-164 (1975).

7. Shimura, G. Introduction to the Arithmetic Theory of Automorphic Functions, Princeton: Princeton University Press, 1971.

Ecole Polytechnique

Current Address:

Mathematics Department
University of California
Berkeley, California 94720 USA

ON THE STICKELBERGER IDEAL AND THE CIRCULAR UNITS OF AN ABELIAN FIELD

W. Sinnott

Let k be a finite abelian extension of the rational numbers $\mathbb{Q}$ in the complex numbers $\mathbb{C}$, and let h denote the class number of k. The so-called analytic class number formula, due essentially to Dirichlet, gives an expression for h in terms of the Dirichlet L-functions associated to the field k. For definiteness, let us suppose that k is imaginary; let k^+ be the maximal real subfield of k, h^+ the class number of k^+, and put $h^* = h/h^+$. The analytic class number formula gives separate expressions for h^* and h^+, and these expressions have a markedly different character.

Kummer [K], for the field $k = \mathbb{Q}(\zeta_\ell)$, where $\zeta_\ell = e^{2\pi i/\ell}$ and ℓ is an odd prime, found that the expression for h^+ could be interpreted as the index of a certain group of explicitly defined units (the circular units) in the full group of units of k. Relatively recently, Iwasawa [I] showed, for $k = \mathbb{Q}(\zeta_{\ell}e)$, $e \geq 1$, that the expression for h^* could also be interpreted as a group index, namely the index of the Stickelberger ideal attached to k in an appropriate submodule of the integral group ring of the Galois group of k.

These results have been generalized to an arbitrary abelian field by Leopoldt [L] and C.-G. Schmidt [Sch]. However, the definitions they use for the circular units and the Stickelberger ideal are somewhat artificial, and our aim here will be to consider what seem to be the most natural definitions, and try to determine the corresponding indices.

1. The Analytic Class Number Formula

Let k be an imaginary abelian field, k^+ the maximal real subfield of k, h^+ the class number of k^+, and put $h^* = h/h^+$. Then

$$h^* = Qw \prod_{\chi}{}^{-} \tfrac{1}{2} L(0,\chi) \quad ; \tag{1}$$

the product here is taken over the odd primitive Dirichlet characters attached to k, and $L(s,\chi)$ denotes the Dirichlet L-function attached to χ. Also, w is the order of W, the group of roots of unity in k, and Q denotes the "unit index" $[E:E^+W]$, where E (resp. E^+) is the unit group of k (resp. k^+). It is easy to see that Q is either 1 or 2.

As for h^+, we have

$$h^+ = \frac{1}{\operatorname{Reg}(k^+)} \prod_{\chi \neq 1}^{+} L'(0,\chi) \quad , \tag{2}$$

the product taken over the even, nontrivial Dirichlet characters attached to k. $\operatorname{Reg}(k^+)$ denotes the regulator of k^+, and $L'(0,\chi)$ the derivative at $s = 0$ of $L(s,\chi)$.

These formulas may be made more explicit. Let χ be a primitive Dirichlet character, and let f be the conductor of χ. If χ is nontrivial, then

$$L(0,\chi) = \sum_{t \bmod f} \chi(t) \langle -\tfrac{t}{f} \rangle \quad , \tag{3}$$

where, for any real number x, $\langle x \rangle$ denotes the unique real number x', $0 \le x' < 1$, satisfying $x - x' \in \mathbb{Z}$. If χ is even and nontrivial, then

$$L'(0,\chi) = \sum_{\substack{t \bmod f \\ (t,f)=1}} -\tfrac{1}{2}\chi(t) \log|1-\zeta_f^t| \quad , \tag{4}$$

where $\zeta_f = e^{2\pi i/f}$.

For a discussion of these formulas, see [H].

2. The Stickelberger Ideal and the Circular Units of k

Let $n \ge 1$, and let p be a prime not dividing n. Let $\mathfrak{p}$ be a prime of the field $\mathbb{Q}(\zeta_n)$, and let a be any integer. The Gauss sum $g_n(a,p)$ lies in $\mathbb{Q}(\zeta_{np})$, and can be factored explicitly; more precisely, $g_n(a,p)^n$ lies in $\mathbb{Q}(\zeta_n)$, and the ideal it generates in $\mathbb{Q}(\zeta_n)$ is given by

$$(g_n(a,p)^n) = p^{n\theta_n(a)} \quad , \tag{5}$$

where $\theta_n(a)$ is the element of the group ring $\mathbb{Q}[\mathrm{Gal}(\mathbb{Q}(\zeta_n)/\mathbb{Q})]$ defined by

$$\theta_n(a) = \sum_{\substack{t \bmod n \\ (t,n)=1}} <-\frac{at}{n}> (t,\mathbb{Q}(\zeta_n))^{-1} \quad . \tag{6}$$

Here $t \to (t,L)$, for any abelian field L , denotes the Artin map.

The remarkable thing about the factorization (5) is that $\theta_n(a)$ does not depend on p . In consequence, the formula (5), in conjunction with some formal properties of Gauss sums, may be used to generate relations in the ideal class groups of abelian fields. For example, (5) (for all p prime to n) implies immediately that $n\theta_n(a)$ annihilates the ideal class group of $\mathbb{Q}(\zeta_n)$.

Let $k_n = k \cap \mathbb{Q}(\zeta_n)$. We define an element $\theta_n'(a)$ in $\mathbb{Q}[G]$, $G = \mathrm{Gal}(k/\mathbb{Q})$, by

$$\theta_n'(a) = \mathrm{cor}_n \cdot \mathrm{res}_n \theta_n(a) \quad ,$$

where

$$\mathrm{res}_n : \mathbb{Q}[\mathrm{Gal}(\mathbb{Q}(\zeta_n)/\mathbb{Q})] \to \mathbb{Q}[\mathrm{Gal}(k_n/\mathbb{Q})]$$

is the natural restriction homomorphism, and

$$\mathrm{cor}_n : \mathbb{Q}[\mathrm{Gal}(k_n/\mathbb{Q})] \to \mathbb{Q}[G]$$

is the corestriction map, i.e., for $\sigma \in \mathrm{Gal}(k_n/\mathbb{Q})$,

$$\mathrm{cor}_n(\sigma) = \sum_{\tau} \tau$$

where τ varies over automorphisms of k which restrict to σ on k_n .

Let S' be the abelian group generated in $\mathbb{Q}[G]$ by the elements $\theta'_n(a)$, $a \in \mathbb{Z}$, $n \geq 1$. S' is in fact a module over the integral group ring $R = \mathbb{Z}[G]$, so that

$$S = R \cap S'$$

is an ideal in R . We call S the Stickelberger ideal (of k), and we have the following result.

Theorem:

We briefly sketch the proof, which is a generalization of an argument of Weil's. Extend $g_n(a,\mathfrak{p})$ to the group of all ideals of $\mathbb{Q}(\zeta_n)$ prime to n , by multiplicativity. For any ideal $\mathfrak{a}$ of k prime to n , put

$$g'_n(a,\mathfrak{a}) = g_n(a, N_{k/k_n}(\mathfrak{a})) \quad ,$$

where N_{k/k_n} is the norm from k to k_n , and $N_{k/k_n}(\mathfrak{a})$ is viewed as an ideal of $\mathbb{Q}(\zeta_n)$. By definition, we may write

$$\theta = \sum_i b_i \theta_{n_i}(a_i) \quad ,$$

with integers a_i , b_i , and n_i , with $n_i \geq 1$. If we define, for any ideal $\mathfrak{a}$ of k prime to all the integers n_i ,

$$g(\mathfrak{a}) = \prod_i g'_{n_i}(a_i,\mathfrak{a})_{b_i} \quad ,$$

then one can show that $g(\mathfrak{a})$ lies in $k^{\times}$, and that

$$(g(\mathfrak{a})) = \mathfrak{a}^{\theta} \quad .$$

In this connection, one may ask if $g(\cdot)$ is a grössencharacter of k . Weil [W] shows this to be true if the integers n_i are all equal.

Let A be the set of elements α in R satisfying $(1+j)\alpha \in s(G)\mathbb{Z}$, where $j = (-1,k)$, and $s(G)$ denotes the sum of R of the elements of G . It follows from (5) and (6) that $S \subseteq A$. A may also be described as the module of possible infinity types for grössencharacters of k of type (A_o) . The index $[A:S]$ is finite, and the proof of this finiteness uses the analytic class number formula for h^* in an essential way. We discuss $[A:S]$ in more detail in Section 3 below.

We may define the circular units of k in a similar fashion. Let $n > 1$, and let a be an integer not divisible by n . Then the number

$$N_{\mathbb{Q}(\zeta_n)/k_n}(1 - \zeta_n^a)$$

lies in k^x (here $k_n = k \cap \mathbb{Q}(\zeta_n)$, as above). We define the circular numbers D to be the subgroup of k^x generated by all such elements $N_{\mathbb{Q}(\zeta_n)/k_n}(1 - \zeta_n^a)$, $n > 1$, $a \not\equiv 0 \bmod n$, together with -1 . The circular units C of k are then defined by

$$C = E \cap D \quad ,$$

E denoting the unit group of k . The index $[E:C]$ is finite, and again this finiteness is a consequence of the analytic class number formula for h^+ .

3. The Indices [A:S] and [E:C] , and the Module U

In analyzing the indices $[A:S]$ and $[E:C]$, one obtains in each case an expression involving the class number h^* or h^+ , times a "discrepancy" which may be described in terms of a certain R-module U .

The module U may be defined as follows. For any prime p, let T_p denote the inertia group of p for the extension $k/\mathbb{Q}$, and let λ_p be a Frobenius automorphism for p in G (so that λ_p is only well-defined modulo T_p). Put

$$(p,k)^* = \lambda_p^{-1} \frac{s(T_p)}{|T_p|} ,$$

$s(T_p)$ denoting the sum in R of the elements of T_p, and $|T_p|$ the order of T_p. Of course, if p does not ramify in k, then $T_p = \{1\}$, and $(p,k)^* = (p,k)^{-1}$. Let m be the conductor of k, and let $\bar{m}$ denote the product of the primes dividing m. Then U is the R-module generated in $\mathbb{Q}[G]$ by the elements

$$s(T_r) \prod_{p|\bar{m}/r} (1 - (p,k)^*) ,$$

as r varies over the positive divisors of $\bar{m}$. Here T_r denotes the compositum in G of the inertia groups T_p for $p|r$.

It is not hard to show that U is a lattice in $\mathbb{Q}[G]$. U is not in general contained in R.

To state our formulas for the indices $[A:S]$ and $[E:C]$, we need the following notations. If L,M are lattices in a $\mathbb{Q}$-vector space V, let

$$(L:M) = |\det(\phi)| ,$$

where ϕ is any automorphism of V satisfying $\phi(L) = M$. Clearly $(L:M) = [L:M]$ when $M \subseteq L$. Also, let $e^- = (1-j)/2$, and $e^+ = (1+j)/2$.

<u>Theorem</u>:

$$[A:S] = \frac{h^*}{Q}(e^-R:e^-U) ,$$

$$[E:C] = h^{+}Q\cdot 2^{-g'} \frac{\prod_{p|m}[k_{p^e}:\mathbb{Q}]}{[k:\mathbb{Q}]}(e^{+}R:e^{+}U) \quad .$$

Here Q is the unit index appearing in (1); p^e denotes, for each prime p dividing m, the largest power of p dividing m; and g' is a nonnegative integer.

We have not been able to determine g' precisely; but we can show that g' is at most equal to the number of p for which $[k_{p^e}:\mathbb{Q}]$ is even, and at least equal to the number of primes p for which k_{p^e} is imaginary.

The module U arises in the following way. It is clear from comparing (3) and (6) that there is some relation between the elements $\theta_n(a)$ and the numbers $L(0,\chi)$. If one puts

$$\omega = \sum_{\chi} L(0,\overline{\chi})e_{\chi} \quad ,$$

where χ runs over the characters of G, and e_{χ} denotes the idempotent associated to χ in $\mathbb{C}[G]$, then ω actually lies in $\mathbb{Q}[G]$, and one finds that

$$S' = \omega U \quad .$$

Similarly, if we map k into $\mathbb{R}[G]$ by means of the map ℓ defined by

$$\ell(\alpha) = \sum_{\sigma\in G} -\tfrac{1}{2}\log|\alpha^{\sigma}|\sigma^{-1} \quad ,$$

one finds that

$$(1-e_1)\ell(D) = \omega'U \quad ,$$

where

$$\omega' = \sum_{\chi\neq 1}^{+} L'(0,\overline{\chi})e_{\chi} \quad ,$$

the summation taken over the even nontrivial characters of G.

We have not been able to find explicit formulas in general for the indices $(e^{\pm}R:e^{\pm}U)$ that appear in the above theorem. We have, however, been able to treat a number of special cases, and we conclude by listing some of our results on these indices.

(1) For any α in $\mathbb{Q}[G]$, $(\alpha R:\alpha U)$ is an integer divisible only by the primes dividing $|G|$.

(2) $(R:U)$ is divisible only by the primes dividing the integer

$$\left(\prod_{p|m} |T_p|\right)/[G] .$$

(3) $(e^+R:e^+U)(e^-R:e^-U) = (R:U)2^a$, for some $a \geq 0$.

(4) $(R:U) = 1$ if (a) at most two primes ramify in k, (b) G is the direct product of its inertia groups, or (c) G is cyclic.

(5) If k is a cyclotomic field with conductor $m > 2$, and if g denotes the number of primes dividing m, then

$$(e^+R:e^+U) = 2 , \quad (e^-R:e^-U) = 1 , \qquad \text{if} \quad g = 1 ,$$

$$(e^{\pm}R:e^{\pm}U) = 2^{2^{g-2}} , \qquad \text{if} \quad g > 1 .$$

(6) If precisely three primes p,q,r ramify in k, then

$$(R:U) = \frac{|T_p \cap T_q \cap T_r||T_p||T_q||T_r|}{|G||T_p \cap T_q||T_p \cap T_r||T_q \cap T_r|} .$$

(7) If k varies through the layers of a cyclotomic $\mathbb{Z}_\ell$-extension of an abelian field, then the indices $(e^{\pm}R:e^{\pm}U)$ are eventually constant.

This last result should be sufficient for applications to the theory of $\mathbb{Z}_\ell$-extensions. For more details on these results, see [S1] and [S2].

References

[H] Hasse, H. Über die Klassenzahl abelscher Zahlkörper, Akademie-Verlag Berlin, 1952.

[I] Iwasawa, K. A class number formula for cyclotomic fields, Ann. of Math. 76, 171-179 (1962).

[K] Kummer, E.E. Mémoire sur la théorie des nombres complexes composés de racines de l'unité et de nombres entiers, Collected papers I, Springer-Verlag Berlin-Heidelberg-New York, 1975.

[L] Leopoldt, H.W. Über Einheitengruppe und Klassenzahl reeller abelscher Zahlkörper, Abh. Deutsche Akad. Wiss. Berlin, math.-nat. Klasse 1953, No. 2 (1954).

[Sch] Schmidt, C.-G. Grossencharaktere und Relativklassenzahl abelscher Zahlkorper, Journal of No. Theory 11, 128-159 (1979).

[S1] Sinnott, W. On the Stickelberger ideal and the circular units of a cyclotomic field, Ann. of Math. 108, 107-134 (1978).

[S2] Sinnott,W. On the Stickelberger ideal and the circular units of an abelian field, to appear.

[W] Weil, A. Sommes de Jacobi et caractères de Hecke, Nachrich. der Akad. Gottingen 1974, 1-14.

Princeton University
Princeton, New Jersey, U.S.A.

REDUCIBILITY OF POLYNOMIALS AND RATIONAL POINTS ON ALGEBRAIC CURVES

V. G. Sprindžuk
Academy of Sciences
Minsk, U.S.S.R.

Let $F(x,y)$ be a polynomial in $\mathbb{Q}[x,y]$, irreducible in this ring.

Two major problems on the arithmetic properties of such polynomials have been investigated for many years.

The first problem is to determine or to describe all rational points on the curve

$$F(x,y) = 0 \quad .$$

This is the same as to determine all $x_0 \in \mathbb{Q}$ for which $F(x_0,y)$ has a linear factor in $\mathbb{Q}[y]$. The problem is very old and, of course, very difficult.

The second problem is much younger (about 90 years old) but not easier. This is the problem of determining all $x_0 \in \mathbb{Q}$ for which $F(x_0,y)$ is irreducible in $\mathbb{Q}[y]$.

Let $\mathcal{D}_F$ and $\mathcal{H}_F$ be the sets of all $x_0 \in \mathbb{Q}$ which constitute the solutions of the first and the second problems respectively. If $\deg_y F(x,y) \geq 2$, the intersection of these sets is empty:

$$\mathcal{D}_F \cap \mathcal{H}_F = \emptyset \quad .$$

Is it possible to describe the arithmetic structures of the sets $\mathcal{D}_F$ and $\mathcal{H}_F$? At first sight it is very difficult to foresee any relation between the multiplicative structure of the number $x_0 \in \mathbb{Q}$ and the multiplicative structure of the corresponding polynomial $F(x_0,y) \in \mathbb{Q}[y]$. But I shall show that such a relation exists and allows us to describe $\mathcal{H}_F$ as a "wide" set, hence to say something on $\mathcal{D}_F$.

Of course, it is necessary to restrict the set of polynomials $F(x,y)$ under consideration: we shall suppose that $F(x,y)$ is absolutely irreducible and that $\mathcal{D}_F$ is not empty.

1. Irreducibility Theorem of Hilbert's Type

In 1892 Hilbert [1] proved that $\mathcal{H}_F$ is infinite: that is the famous "Hilbert's Irreducibility Theorem" (H.I.T). Hilbert himself and Emmy Noether used this theorem for construction of algebraic equations with a given Galois group (of certain special types), and this theorem remains a basic tool in some recent works on the converse problem of the Galois theory.

Since the time of Hilbert's work the theorem was generalized, and several new proofs were proposed. Siegel [2] remarked that finiteness theorems on the set $\mathcal{D}_G$ for some polynomial $G \in \mathbb{Q}[x,y]$ connected with F, enable one to prove H.I.T. for F. There were many works showing that $\mathcal{H}_F$ is "wide" in some sense. Schinzel [3] proved that $\mathcal{H}_F$ contains an arithmetic progression and Fried [4] demonstrated recently that such a progression may be found by an effective procedure (the progression, of course, depends upon the polynomial F).

I have recently obtained an effective version of the H. I.T. which is as follows [6].

Theorem 1:

Let $F(x,y)$ be an absolutely irreducible polynomial with integer coefficients,

$$n = \deg_y F(x,y) \geq 2 \quad , \quad F(0,0) = 0 \quad , \quad \frac{\partial}{\partial y} F(0,0) \neq 0 \quad ,$$

a and b integers, $(a,b) = 1$, a_p the maximal power of a prime p in a (p-component of a),

$$\max(|a|,|b|) < C a_p^{\frac{n}{n-1} - \delta} \quad , \quad C > 0 \quad , \quad 0 < \delta \leq \frac{n}{n-1} \quad . (1)$$

Then the polynomial in y , $F(\frac{a}{b},y)$, is irreducible in $\mathbb{Q}[y]$ if $a_p > c_1$, where c_1 may be effectively determined in terms of C , δ and $F(x,y)$.

Thus we see that $F(p^t,y)$ is irreducible if $p^t > c_2$ (p a prime, t an integer; we may fix p and vary t , or fix t and vary p).

Another corollary concerns the arithmetic structure of rational points on the curve $F(x,y) = 0$. Let $x_0 \in \mathcal{D}_F$,

$x_0 = \frac{u}{v}$, $(u,v) = 1$, $|v| \leq C'|u|$, p any prime divisor of u and u_p the p-component of u . Then

$$u_p < c_2|u|^{1 - \frac{1}{n} + \varepsilon} \tag{2}$$

where $\varepsilon > 0$ is any number and c_2 depends effectively on C', ε and $F(x,y)$, but not on p .

We see that elements x_0 of $\mathcal{D}_F$ of the polynomials F specified above have certain multiplicative structure: the p-component of the numerator of x_0 can not be "too large" compared with the magnitude of the numerator. Hence, the diophantine equation

$$F(p^t, y) = 0 \quad , \tag{3}$$

in which p^t and y are unknowns, has only a finite number of solutions, and an effective bound for the size of solutions may be given. In fact, the bound takes the form

$$\max(p^t, |y|) < c_3 H_F^{c_4} \quad , \tag{4}$$

where c_3 and c_4 depend on the degree of $F(x,y)$ only, H_F being the height of $F(x,y)$.

The exponent $1 - \frac{1}{n} + \varepsilon$ in (2) is best possible (take $F = x - y(y+1)^{n-1}$) .

The proof of Theorem 1, as the proofs of all other theorems of this lecture, is based on the ideas and tools of p-adic diophantine approximations.

The equation $F(x,y) = 0$ is satisfied by the formal power series

$$f(x) = \sum_{v=1}^{\infty} f_v x^v \quad , \quad f_v \in \mathbb{Q} \quad , \tag{5}$$

which is defined by the analytic function $y(x)$ satisfying the same equation with initial conditions $x = 0$, $y = 0$. By the well known theorem of Eisenstein, there is an effectively determined positive integer $E = E_f$, such that

$$E^v f_v \in \mathbb{Z} \qquad (v = 1,2,\dots) \quad .$$

If p is a prime not dividing E , the series (5) converges in the p-adic metric $|\dots|_p$ and define an analytic p-adic function $f(\omega)_p$ in the disk $|\omega|_p < 1$, $\omega \in \mathbb{Q}_p$. We then prove that the p-adic number $f(\frac{a}{b})_p$, where a and b satisfy the conditions of the Theorem 1, is algebraic of degree n over $\mathbb{Q}$:

$$[f(\tfrac{a}{b})_p : \mathbb{Q}] = n \quad . \tag{6}$$

Since the function $f(\omega)_p$ $(|\omega|_p < 1$, $\omega \in \mathbb{Q}_p)$ satisfy the equation $F(\omega,f(\omega)_p) = 0$ identically in ω , the polynomial $F(\frac{a}{b},y)$ of degree n in y has a root $f(\frac{a}{b})_p$ of degree n ; thus it is irreducible.

To prove (6) we shall consider an auxiliary function

$$V(x) = A_o(x) + A_1(x)f(x) + \dots + A_{n-1}(x)f^{n-1}(x) \tag{7}$$

with $A_j(x) \in \mathbb{Z}[x]$ and having a zero of large order at $x = 0$. Our intention is to get a polynomial with integer coefficients which takes a "small" value in the p-adic metric at the point $f(\frac{a}{b})_p$ but is not equal to zero at this point. Unfortunately, this cannot be done by the direct substitution of $x = \frac{a}{b}$ to (7) and considering there all the expressions in the p-adic metric: $V(\frac{a}{b})_p$ may be zero (if not, we have the goal!). Hence, it is necessary to differentiate (7) many times, until we have a value not zero at $x = \frac{a}{b}$. This leads to the expression of the form (7) again, but we come now to the polynomials $A_j(x)$ having too large heights, which destroys all the construction.

Nevertheless, this approach has a salvation based on a purely algebraic idea.

2. Proof of the Theorem 1

In the subsequent we assume that the polynomial $F(x,y)$ is reduced to the form

$$F(x,y) = y^n - a_1(x)y^{n-1} - \dots - a_n(x) \quad , \quad a_i(x) \in Z[x] \quad ,$$

which does not give any loss in generality, and the numeration of the constants $c_1, c_2, \dots$ is independent of numeration in Section 1.

Lemma 1:

If $F(x,y)$ is absolutely irreducible, for any prime $q > c_1$, the reduced polynomial $\dot{F}(x,y) \pmod q = \overline{F}(x,y)$ is irreducible in $\mathbb{F}_q[x,y]$, where $\mathbb{F}_q$ is the field of residue classes mod q, c_1 is defined by the coefficients and degree of $F(x,y)$.

This is the well known theorem by Ostrowski [5].

Lemma 2:

Let q be a prime, $q > c_1$, $q \nmid E_f$. Then the power series

$$\overline{f}(x) = \sum_{v=1}^{\infty} \overline{f}_v x^v \quad ,$$

which is obtained from the series (5) by the embedding $f_v \to \overline{f}_v \pmod q$, is algebraic over $\mathbb{F}_q[x]$ of degree

$$[\overline{f}(x) : \mathbb{F}_q[x]] = n \quad .$$

The proof follows from the remark that $\overline{f}(x)$ satisfy $\overline{F}(x,\overline{f}(x)) = 0$ and the irreducibility of $\overline{F}(x,y)$ in $\mathbb{F}_q[x,y]$ by Lemma 1.

Lemma 3:

Let the coefficients of the series (5) satisfy

$$|f_v| \le A^v \qquad (v = 1,2,\ldots) \quad , \quad A \ge 1 \quad , \tag{8}$$

$h > 0$ is any integer, $0 < \varepsilon < 1$, $\varepsilon nh \ge 1$. There exist such polynomials

$$A_j(x) \in Z[x] \qquad (j = 0,1,\ldots,n-1)$$

of the degrees not more than h and the heights not exceeding $H_o = c_2(2E_fA)^{nh/\varepsilon}$ and not all zero, that the power series (7) in respect to x has the order

$$\mathrm{ord}V(x) \ge (1-\varepsilon)nh \quad . \tag{9}$$

The value c_2 is effectively determined through E_fA , n , ε .

Proof:

Put

$$A_j(x) = \sum_{i=0}^{h} a_{ij}x^i \qquad (0 \le j \le n-1) \quad , \tag{10}$$

where a_{ij} are unknown integers. We find

$$f^j(x) = \sum_{k=j}^{\infty} d_{kj}x^k \quad ,$$

$$d_{kj} = \sum_{v_1+\ldots+v_j=k} f_{v_1}\ldots f_{v_j} \quad , \quad E_f^k d_{kj} \in Z \quad .$$

Then force of (8)

$$|d_{kj}| \le k^n(E_fA)^k \quad , \quad (1 \le j \le n-1 \ ; \ k = j,j+1,\ldots) \quad .$$

Further, $V(x)$ for the polynomials (10) takes the form

$$V(x) = \sum_{\ell=0}^{\infty} b_\ell x^\ell \quad ,$$

$$b_\ell = a'_{\ell o} + \sum_{j=1}^{n-1} \sum_{\substack{i+k=\ell \\ 0\le i\le h, k\ge j}} a_{ij} d_{kj}$$

where $a'_{\ell o} = a_{\ell o}$ for $\ell = 0,1,\dots,h$ and is zero for $\ell \ge h+1$.

Now put $\ell_o = [(1-\varepsilon)(h+1)n]$ and consider the system of linear in a_{ij} equations $b_\ell = 0$ ($\ell = 0,1,\dots,\ell_o-1$). The number of such equations is ℓ_o and the number of unknowns is $(h+1)n > \ell_o$. By the well known theorem on the linear diophantine equations, there exist a nontrivial solution with

$$\max|a_{ij}| \le [(h+1)n\ell_o{}^n(EA)^{\ell_o}]^{\ell_o/((h+1)n-\ell_o)}$$

$$< n^{1/\varepsilon}(2nEA)^{n/\varepsilon}(2EA)^{hn/\varepsilon} \quad .$$

Hence, the corresponding polynomials defined by (10) satisfy the statements of the lemma.

<u>Lemma 4</u>

Let

$$B = B(x,f(x)) = \frac{\partial}{\partial y} F(x,y)\Big|_{y = f(x)} \quad ,$$

$D = \frac{d}{dx}$ the operator of differentiation in x, $V = V(x)$ is defined by the Lemma 3. Then for any integer $s \le 1$

$$D^s(B^{2s}V) = A_{os}(x) + A_{is}(x)f(x) + \dots + A_{n-1}(x)f^{n-1}(x) \quad , \tag{11}$$

where

$$A_{is}(x) \in Z[x] \quad , \quad \deg A_{is}(x) \le h + c_3 s \quad ,$$

$$\overline{|A_{is}(x)|} < c_4^{s} H_o \prod_{k=0}^{s-1} (s + h + c_3 k) \quad ,$$

c_3 and c_4 are effectively determined through $F(x,y)$.

Proof:

Let $P(x,y) = A_o(x) + A_1(x)y + \ldots + A_{n-1}(x)y^{n-1}$ with $A_j(x)$ defined by Lemma 3. Then we have for ℓ in the range $0 \le \ell \le s$:

$$D^{\ell}(B^{2s}P(x,f(x)) = B^{2s-2\ell}P_{\ell}(x,f(x)) \quad , \tag{12}$$

$$P_{\ell}(x,y) = A_{o\ell}(x) + A_{1\ell}(x)y + \ldots + A_{n-1\ell}(x)y^{n-1} \quad , \quad A_{ij}(x) \in Z[x].$$

This is proved by induction on ℓ and direct computation. It is easy to see that

$$h_{\ell+1} = \max_{0 \le i \le n-1} \deg A_{i\ell+1}(x) \le h_{\ell} + c_3$$

$$H_{\ell+1} = \max_{0 \le i \le n-1} \overline{|A_{i\ell+1}(x)|} \le c_4 H (s + h_{\ell}) \quad .$$

Hence, the lemma follows.

Lemma 5:

Let the suppositions of the Lemmas 3 and 4 be satisfied, where $F(x,y)$ is absolutely irreducible, and let π_s be the maximal divisor of $s!$ composed from the powers of primes exceeding c_1 and not dividing E_f :

$$\pi_s = \prod_{\substack{c_1 < q \le s \\ q \nmid E_f}} q^{\operatorname{ord}_q s!}$$

Then π_s divides all the coefficients of all the polynomials of $A_{is}(x)$ in (11).

Proof:

All the coefficients of the formal power series $D^s(B^{2s}V)$ are divisible by π_s, since the series $B^{2s}V(E_f x)$ has integer coefficients and the operator D^s supplies any member of the series with the factor of the form $k(k-1)\ldots(k-s+1)$ which is divisible on $s!$.

Taking a prime divisor q of π_s we obtain from (11) the equality over $\mathbb{F}_q$:

$$\overline{A}_{os}(x) + \overline{A}_{1s}(x)\overline{f}(x) + \ldots + \overline{A}_{n-1s}(x)\overline{f}^{n-1}(x) = 0 ,$$

where $\overline{A}_{is}(x)$ and $\overline{f}(x)$ are obtained from $A_{is}(x)$ and $f(x)$ by the embedding of their coefficient into $\mathbb{F}_q$. By the Lemma 2 the degree of $\overline{f}(x)$ over $\mathbb{F}_q[x]$ is n, hence all the polynomials $\overline{A}_{is}(x)$ have to be zero.

If q divides π_s with an exponent more than 1, reduce all the coefficients of the polynomials $A_{is}(x)$ by q and proceed as before. Following this way one finds that all the coefficients of $A_{is}(x)$ are divisible by $q^{\mathrm{ord}_q \pi_s}$, hence, by the product of all such factors, which is π_s.

Lemma 6:

Let p be a prime and $f(\omega)$ the p-adic function defined by the series (5) for $\omega \in \mathbb{Q}_p$ with $|\omega|_p < |E_f|_p$. Then the p-adic function

$$V(\omega) = A_o(\omega) + A_1(\omega)f(\omega) + \ldots + A_{n-1}(\omega)f^{n-1}(\omega) , \qquad (13)$$

where $A_o(x),\ldots,A_{n-1}(x)$ are the polynomials in $Z[x]$ of degrees not more than h and not all zero, has not more than $nh + c_5$ roots in the disk $|\omega|_p < |E_f|_p$. The value c_5 is effectively determined by the degree of $F(x,y)$.

Proof:

The function $f(\omega)$ satisfy $F(\omega,f(\omega)) = 0$, hence it is algebraic over $\mathbb{Q}[\omega]$ of degree n . It follows that $V(\omega)$ is not identically zero. All the roots of $V(\omega)$ are the roots of its norm from $\mathbb{Q}[\omega,f(\omega)]$ into $\mathbb{Q}[\omega]$, hence, are the roots of a nonzero polynomial of the degree not exceeding $nh + c_5$.

Lemma 7:

Let a,b be integers, $(a,b) = 1$, θ algebraic p-adic number satisfying $F(\frac{a}{b},\theta) = 0$, $d = [\theta:\mathbb{Q}]$,

$$\lambda = B_o + B_1\theta + \ldots + B_{n-1}\theta^{n-1} \neq 0 \quad , \quad B_i \in Z \quad .$$

Then

$$|\lambda|_p > c_6(\max(|a|,|b|)^{-nn_1d}B^{-d} \quad , \tag{14}$$

where

$$B = \max_{(i)}|B_i| \quad , \quad n_1 = \deg_x F(x,y) \quad ,$$

and $c_6 > 0$ is effectively defined by $F(x,y)$.

Proof:

Putting $\lambda' = b^{(n-1)n_1}\lambda$, we see that λ' is an algebraic integer and by the "Product formula", we have

$$|Nm(\lambda')||\lambda'|_p \geq 1 \quad .$$

The result follows from the estimation of $|Nm(\lambda')|$ from above.

Now we proceed with the proof of the Theorem 1.

Let p be a prime, $p \nmid E_f$, and in the disk $|\omega|_p < 1$, $\omega \in \mathbb{Q}_p$ the p-adic function $V(\omega)$ is defined by (13), where the polynomials $A_o(x),\dots,A_{n-1}(x)$ are taken by the Lemma 3, a and b are integers, $(a,b) = 1$, $p|a$.

Suppose that

$$V^{(i)}(\tfrac{a}{b}) = 0 (0 \le i \le s-1) \quad , \quad V^{(s)}(\tfrac{a}{b}) \ne 0 \quad .$$

By the Lemma 6 the number of the roots of $V(\omega)$ in the disk $|\omega|_p < 1$ does not exceed $nh + c_5$, while by the Lemma 3, $V(\omega)$ at the point $\omega = 0$ has a root of the multiplicity not less than $(1-\varepsilon)nh$. Hence,

$$s \le \varepsilon nh + c_5 < 2\varepsilon hn \qquad (h > h_o) \quad .$$

Put

$$V_s(x) = D^s(B^{2s}V)$$

in accordance with the Lemma 4. Then

$$\text{ord} V_s(x) \ge (1-\varepsilon)nh - s \ge (1-3\varepsilon)nh \quad .$$

Denote $W(x) = \frac{1}{\pi_s} V_s(x)$ with π_s defined by the Lemma 5. Then we have

$$W(x) = B_o(x) + B_1(x)f(x) + \dots + B_{n-1}(x)f^{n-1}(x) \quad ,$$

$$B_i(x) = \frac{1}{\pi_s} A_{is}(x) \in Z[x] \quad , \quad g = \max_{(i)} \deg B_i(x) \le h + c_3 s \quad .$$

Since

$$\pi_s \ge s! c_7^{-s} \quad ,$$

we find

$$H = \max_{(i)} \overline{|B_i(x)|} \le (c_4c_7)^s H_o \frac{1}{s!} \prod_{k=0}^{s-1} (s+h+c_3k)$$

$$< c_8{}^s H_o (\tfrac{h}{s})^s < c_8{}^s c_9{}^{h/\varepsilon} (2\varepsilon n)^{-2\varepsilon hn} < c_{10}{}^{h/\varepsilon} .$$

Further, we find

$$W(\tfrac{a}{b}) = \frac{1}{\pi_s} V_s(\tfrac{a}{b}) \neq 0 \quad , \quad B_i = b^g B_i(\tfrac{a}{b}) \in Z \qquad (0 \le i \le n-1) .$$

Hence

$$\lambda = b^g W(\tfrac{a}{b}) = B_o + B_1\theta + \ldots + B_{n-1}\theta^{n-1} \neq 0 \quad ,$$

where $\theta = f(a/b)$ is a p-adic number,

$$B = \max_{(i)} |B_i| \le (h+c_3s+1)c_{10}{}^{h/\varepsilon} (\max(|a|,|b|))^{h+c_3s}$$

$$< c_{11}{}^{h/\varepsilon} (\max(|a|,|b|))^{h(1+\varepsilon_1)} \quad , \quad \varepsilon_1 = 2nc_3\varepsilon .$$

Since $f(E_f x)$ is a power series with integer coefficients, the coefficient of the power series expansion of $W(x)$ are p-integers,

$$\mathrm{ord} W(x) \ge (1-3\varepsilon)nh .$$

Hence

$$|\lambda|_p \le p^{-\mathrm{ord}_p a \cdot \mathrm{ord} W(x)} \le p^{-m(1-3\varepsilon)hn} \quad , \quad m = \mathrm{ord}_p a .$$

Comparing the last inequality with (14), taking into account (1) and putting $h \to \infty$, we get

$$(1-3\varepsilon)n \le \frac{d \log c_{11}}{\varepsilon m \log p} + d(1+\varepsilon_1)(\frac{n}{n-1} - \delta) .$$

Assuming $m\log p > n\varepsilon^{-2}\log c_{11}$ and taking $\varepsilon = \frac{\delta}{6}(nc_3+1)^{-1}$, we get $d > n-1$, hence $d = n$. This completes the proof in case of $p \nmid E_f$. If $p | E_f$, consider $V(\omega)$ in the disk $|\omega|_p < |E_f|_p$, and argue as before.

3. Reducibility Theorems

The assertion of the Theorem 1 may be improved and generalized as follows [7].

Let $F(x,y)$, $f(x)$, E_f be as before, a and b integers, $(a,b) = 1$, $|b| \leq C|a|$, $x_o = \frac{a}{b}$. Denote $\theta_p = f(x_o)_p$ the sum of the series (5) at $x = x_o$ in the p-adic metric considering those p for which the series converges.

Theorem 2:

Let

$$F(x_o y) = F_1(y) \dots F_\tau(y)$$

be the decomposition of $F(x_o,y)$ into irreducible factors in $Q[y]$, $d_j = \deg F_j(y)$ $(1 \leq j \leq \tau)$. Then we have

$$\sum_{\theta_p \in F_j} \frac{\log a_p}{\log|a|} = \frac{d_j}{n} + O\left(\sqrt{\frac{\log H_F}{\log|a|}}\right) \qquad (1 \leq j \leq \tau) , \qquad (15)$$

where a_p is the p-component of a , H_F is the height of $F(x,y)$, $\theta_p \in F_j$ means $F_j(\theta_p) = 0$ and the symbol O hides the value which may be effectively determined through $\deg F$ and C .

Thus we see that the multiplicative structure of a influences essentially on the multiplicative structure of $F(x_o,y)$. The theorem gives the "ergodic law" of the distribution of the sums of the series (5) in p-adic metrics as the roots of the irreducible factors of $F(x_o,y)$. We see, in particular, that for any irreducible factor $F_j(y)$, there is such a prime divisor $p|a$ that the series (5) at $x = x_o$

in the metric $|\dots|_p$ converges to the root of $F_j(y)$, provided that $|a|$ is large enough.

Consider several simple corollaries from the formulas (15).

First of all we see that if $F(x_o,y) = F_1(y)\dots F_\tau(y)$, there exists such a decomposition of $|a|$ into co-prime factors $a_1,\dots,a_\tau$ that

$$a_j = |a|^{\frac{d_j}{n} + O(\sqrt{\log H_F/\log|a|})} \qquad (1\le j\le\tau) .$$

Hence, if $F(x_o,y)$ has a linear factor, there must be a factor of $|a|$, say a_1, with

$$a_1 = |a|^{\frac{1}{n} + O(\dots)} , \quad (a_1, \frac{|a|}{a_1}) = 1 .$$

More interesting corollary concerns x_o of the form $x_o = \frac{g^u}{v}$, where g is fixed, $u > 0$, v integers, $(g,v) = 1$, $|v| \le Cg^u$. Since

$$\frac{\log(g^u)_p}{\log(g^u)} = \frac{\log(g)_p}{\log(g)} ,$$

we see that the degrees $d_j = d_j(u)$ of all irreducible factors of $F(\frac{g^u}{v},y)$ for all u are connected with the fixed set of values $\log(g)_p/\log(g)$, $p|g$, by the equalities of the form

$$\sum_{p\in P_j} \log(g)_p/\log(g) = \frac{d_j(u)}{n} + O(\frac{1}{\sqrt{u}}) , \qquad (16)$$

where P_j are some subsets of the set of all primes of g. Left hand side sum takes the form $\log a_j/\log(g)$ with co-prime a_j, if there are several of them. It is easy to see that if the numbers $\log a_j/\log(g)$ and d_j/n are different, we have

$$\left|\frac{\log a_j}{\log(g)} - \frac{d_j}{n}\right| > g^{-n} \quad .$$

Hence, taking $u >> g^{2n}$, we shall find from (16)

$$a_j^{\ n} = g^{d_j} \qquad (\forall_j) \quad .$$

This is possible only in the case of one a_j and $d_j = n$. Thus $F(g^u/v,y)$ is irreducible.

In follows, in particular, that the diophantine equation

$$F(t^u,y) = 0 \quad , \tag{17}$$

in which $t \in \mathbb{Q}$, $|t| > 1$, has only a finite number of solutions in positive integers u and rational y , and all the solutions may be found effectively.

We also find the estimation (4) for the solutions of (3).

Finally, the assertion of the Theorem 2 may be improved by excluding the condition $|b| \leq c|a|$, but this changes the formulas (15).

Let v denote a prime or the symbol ∞ . Define v-component $(x_o)_v$ of a rational number $x_o = a/b$, $(a,b) = 1$, by the equality

$$(x_o)_v = \begin{cases} a_p & \text{if} \quad v = p \ , \\ \max(1,|\frac{b}{a}|) \ , & \text{if} \quad v = \infty \ . \end{cases}$$

Then we find

$$h(x_o) = \max(|a|,|b|) = \Pi(x_o)_v \quad ,$$

and the Theorem 2 changes as follows.

<u>Theorem 3</u>:

Under the suppositions of the Theorem 2, for any rational number $x_o \neq 0$ holds:

$$\sum_{\theta_v \in F_j} \frac{\log(x_o)_v}{\log h(x_o)} = \frac{d_j}{n} + O\left(\sqrt{\frac{\log H_F}{\log h(x_o)}}\right)$$

where θ_v denotes the sum (finite) of the series (5) at $x = x_o$ in the metric corresponding to v, the symbol O hides the value effectively determined by $\deg F(x,y)$.

It is apparent that this theorem contains both Theorem 1 and Theorem 2, but it leads to some new corollaries.

We now find that taking $x_o = \frac{a}{b}$, $(a,b) = 1$ with $|a| < |b|^{\frac{1}{n}-\varepsilon}/b$ ($\varepsilon > 0$ is any number) and $|b|$ large enough, the polynomial $F(x_o,y)$ is irreducible.

If $F(x_o,y)$ has a linear factor, there have to exist such a v that

$$(x_o)_v \ll (h(x_o))^{\frac{1}{n}+\varepsilon} \quad ;$$

the equation (17) has a finite number of solutions in case of $0 \neq |t| < 1$; and so on.

An interesting corollary concerns the "Abel's points" on the curve $F(x,y) = 0$. It is well known that Abel tried to prove the impossibility of a rational point with $x = p^u b^{-1}$ (p a prime) on the Fermat's curve $x^n + y^n = 1$. This conjecture is still not proved. We shall call "Abel's point" a point with $x = p^u b^{-1}$, where all numbers p, u and b are unknown, $(p,b) = 1$, $u \geq 1$. Considering such points on the curve $F(x,y) = 0$ with $F(x,y)$ satisfying the conditions of the Theorem 3 (that means: $F(x,y)$ is absolutely irreducible, $F(0,0) = 0$, $\frac{\partial}{\partial y}F(0,0) \neq 0$), we shall find from this theorem: given any $\varepsilon > 0$, there are only finitely many Abel's points on the curve with $|x| \geq \varepsilon$, and all of them may be found by effective procedure.

Indeed, it must be $p^u < |b|$ (if not, $F(\frac{p^u}{b},y)$ is irreducible), and we have to consider two quotients:

$$\frac{\log(x_o)_p}{\log h(x_o)} = \frac{u\log p}{\log|b|} ,$$

$$\frac{\log(x_o)_\infty}{\log h(x_o)} = \frac{\log \max(1,\frac{|c|}{p^u})}{\log h(x_o)} = 1 - \frac{u\log p}{\log|b|} .$$

Hence, by the Theorem 3, the only limit points for $\frac{\log p^n}{\log|b|}$ with abelean point x_o on the curve may be $\frac{1}{n}$ and $1 - \frac{1}{n}$.

In both cases the limit points for x_o are formed by the only point $x = 0$.

It is interesting to observe that the curve $x-y(y+1)^{n-1} = 0$ contains infinitely many abelean points with both limit points $1/n$ and $1 - \frac{1}{n}$ for $\log p^u/\log|b|$) .

4. Proofs of the Theorems 2 and 3

The proof of the Theorem 2 is based on the arguments described in the proof of the Theorem 1.

First of all, it is necessary to specify the lemmas of Section 2. It may be found that:

$$c_1 = c_1(n,n_1)H_F^c , \quad c = k^{2^k} , \quad k = (n+n_1-1)(n+n_1)/2 ,$$
$$n_1 = \deg_x F ,$$

$$A = H_F^{4n^2 n_1^2} , \quad c_2 = n^{1/\varepsilon}(2nE_f A)^{n/\varepsilon} , \quad c_3 = 2nn_1 ,$$

$$c_4 = c_2(n,n_1)H_F^{2n} , \quad E_f \le H_F^2 .$$

We denote here $c_i(n,n_1)$ the functions of n,n_1 which may be explicitly calculated, if necessary.

Let $(a,E_f) = 1$, $\varepsilon > 0$, $h > 0$ an integer, $\varepsilon nh \geq 1$. For any prime $p|a$ construct the auxiliary power series

$$W(x) = B_o(x) + B_1(x)f(x) + \ldots + B_{n-1}(x)f^{n-1}(x) \quad ,$$

$$B_i(x) \in Z[x] \quad , \quad g = \max_{(i)} \deg B_i(x) \leq h(1+4\varepsilon n_1 n^2) \quad ,$$

$$H = \max_{(i)} \overline{|B_i(x)|} \leq C_1^{h/\varepsilon} \quad , \quad C_1 = c_3(n,n_1)H_F^{8n^3n_1^2+2(c+2n)\varepsilon^2 n} \quad , \tag{18}$$

as was done in Section 2. We have

$$\operatorname{ord}W(x) \geq (1-3\varepsilon)nh \quad , \quad W(x_o) \neq 0 \quad ,$$

where substituting $x = x_o$ into (18), we define $f(x_o)$ as the sum of the series (5) in the p-adic metric.

Putting

$$b^g W(x_o) = B_o + B_1\theta_p + \ldots + B_{n-1}\theta_p^{n-1} \quad , \quad B_i = b^g B_i(x_o) \in Z \quad ,$$

we get the polynomial

$$L(y) = B_o + B_1 y + \ldots + B_{n-1}y^{n-1}$$

with integer coefficients, satisfying

$$B = \max_{(i)} |B_i| < C_2^{h/\varepsilon} |a|^{h(1+4\varepsilon n^2 n_1)} \quad ,$$

$$0 \neq |L(\theta_o)|_p < P^{-(1-3\varepsilon)nh \operatorname{ord}_p a} \quad , \tag{19}$$

where C_2 is estimated like C_1 .

The equality (18) and condition $\operatorname{ord}W(x) \geq (1-3\varepsilon)nh$ shows that substituting into $L(y)$ the values $\theta_q = f(x_o)_q$ for primes $q|a$ we shall get the inequalities like the right hand side of (19) with q instead of p (the inequality

$L(\theta_q) \neq 0$ is not guaranteed);

$$|L(\theta_q)|_q < q^{-(1-3\varepsilon)nh\, \mathrm{ord}_q a} \quad . \tag{20}$$

Let θ_p be the root of $F_1(y)$, $d = \deg F_1(y)$. Since $L(\theta_p) \neq 0$, $L(y)$ and $F_1(y)$ have no common root, the resultant

$$R(L,F_1) \neq 0 \quad .$$

Denote $\theta_{1p},\ldots,\theta_{dp}$ the roots of $F_1(y)$ in $\overline{\mathbb{Q}}_p$, the algebraic closure of $\mathbb{Q}_p$. Then θ_{ip} are algebraic p-integers and θ_p is one of them. Hence,

$$|R(L,F_1)|_p = \prod_{1\le i\le d} |L(\theta_{ip})|_p \le |L(\theta_p)|_p \quad .$$

If θ_q for a prime q with $q|a$ is also a root of $F_1(y)$, we have similarly

$$|R(L,F_1)|_q \le |L(\theta_q)|_q \quad .$$

In general $|R(L,F_1)|_q \le 1$, since the coefficients of L and F_1 are q-integers. Hence we find

$$\prod_{q|a} |R(L,F_1)|_q \le \prod_{\theta_q \in F_1} |L(\theta_q)|_q \quad . \tag{21}$$

Considering the resultant as the determinant formed by the coefficients of the polynomials L and F_1 , we see that it is a rational number with the denominator dividing $b^{n_1(n-1)}$. Hence,

$$\prod_{q\nmid a} |R(L,F_1)|_q \le |b|^{n_1(n-1)} \quad . \tag{22}$$

Observe yet that the absolute values of the complex roots θ of the polynomial $F_1(y)$, as the roots of $F(x_0,y)$ may be estimated from above by the value of the form

$$c_4(n,n_1)H_F\max(1,|\tfrac{a}{b}|)^{n_1} \quad .$$

Hence

$$|R(L,F_1)| = \prod_{\theta\in F_1} |L(\theta)| < c_5(n,n_1)(BH_F^{n-1}\max(1,|\tfrac{a}{b}|^{n_1(n-1)})^d \quad . \tag{23}$$

Joining together the estimates (19)-(23), we find now

$$1 = |R(L,F_1)|\prod_q |R(L,F_1)|_q$$

$$< c(n,n_1,C)H_F^{n^2}|a|^{nn_1}(C_2^{h/\varepsilon}|a|^{h(1+\varepsilon_1)})^d \prod_{\theta_q\in F_1} q^{-(1-3\varepsilon)hn\ \mathrm{ord}_q a}$$

Since we can take h arbitrarily large, we get

$$(1-3\varepsilon)n\sum_{\theta_q\in F_1}\log a_q \le d(1+\varepsilon_1)\log|a| + d\varepsilon^{-1}\log C_2 \quad ,$$

and since ε is arbitrary, we get

$$\sum_{\theta_q\in F_1}\frac{\log a_q}{\log|a|} \le \frac{d}{n} + O\left(\sqrt{\frac{\log H_F}{\log|a|}}\right) \quad . \tag{24}$$

Taking into account similar inequalities for other polynomials $F_j(y)$ and seeing that the sum of the left hand sides of (24) taken over all the polynomials $F_j(y)$ is 1, while the sum of the right hand sides is

$$1 + O(\sqrt{\ldots}) \quad ,$$

we get the formulas (15).

If $(a,E_f) \neq 1$, the contribution to (15) of the primes $q|E_f$ with $a_q > (E_f)_q$ is estimated as before. If $a_q \le (E_f)_q$, the contribution is estimated as

$$O\Big(\sum_{q|E_f} \frac{\log(E_f)_q}{\log|a|}\Big) = O\Big(\frac{\log H_F}{\log|a|}\Big) \quad .$$

Hence we have (15) again.

To prove Theorem 3 it is necessary to consider together with p-adic matrics also the ordinary absolute value $|\ldots|_\infty$. This takes no principle changes in the arguments described above.

5. Problems

It is very important to prove (15) with the remainder term of the order

$$O\Big(\frac{\log H_F}{\log|a|}\Big) \tag{25}$$

with the constant in O as small as possible. This is interesting even in the cases of special polynomials $F(x,y)$, since then some finiteness theorems on the rational points on the curves would follow.

In applications of the Theorems 1-3, it is useful to change the condition

$$F(0,0) = 0 \quad , \quad \frac{\partial}{\partial y}F(0,0) \neq 0 \tag{26}$$

by the equivalent condition that $F(0,y)$ has a simple rational root. A theorem similar to the Theorem 1 may be proved in the case of reducibility of $F(\frac{a}{b},y)$: if instead of (26) we have

$$F(0,y_1) = 0 \quad , \quad \frac{\partial}{\partial y}F(0,y_1) \neq 0 \quad , \quad [y_1:Q] = k \quad ,$$

then all the irreducible factors of $F(\frac{a}{b},y)$ are of the degrees not less than n/k . It seems probable that the bound cannot be improved, since any improvement of it shows that any nonlinear irreducible polynomial $p(y)$ represents only a finite number of primes (take $F(x,y) = x - p(y)$. To solve such questions, one needs to consider the series (15) with algebraic $f_v \in \mathbb{Q}(y_1) = \mathbb{K}$ $(v = 0,1,\ldots)$ and to construct auxiliary functions (7) over the field $\mathbb{K}$.

There is hope that a different proof of the Theorems 1-3 may be found which does not depend upon the ideas of the diophantine approximation theory.

References

1. Hilbert, D. Über die Irreduzibilität ganzer rationaler Funktionen mit ganzzahligen Koeffizienten. J. reine und angew. Math. 110 (1892).
2. Siegel, C.L. Über einige Anwendungen Diophantischer Approximationen. Abh. Preuss. Akad. Wiss. Phys. Math. Kl., 1 (1929), 14-67.
3. Schinzel, A. On Hilbert's Irreducibility Theorem. Acta Arithm., 16 (1965), 334-340.
4. Fried, M. On Hilbert's Irreducibility Theorem. J. Number Theory, 6 (1974), 211-231.
5. Schmidt, W.M. Equations Over Finite Fields. An Elementary Approach. Springer-Verlag, N.Y., 1976.
6. Sprindžuk, V.G. Hilbert's Irreducibility Theorem and rational points on algebraic curves. Doklady AN SSSR, 247, N 2 (1979), 285-289.
7. Sprindžuk, V.G. Reducibility of polynomials and rational points on algebraic curves. Doklady AN SSSR, 250, N 6 (1980), 1327-1330.

V. G. Sprindžuk
Academy of Sciences,
Minsk, U.S.S.R.

STRUCTURE GALOISIENNE DES ANNEAUX D'ENTIERS

M. J. Taylor

Introduction

Soit E/K une extension galoisienne de corps de nombres et soit Γ le groupe de Galois de cette extension. La question que je veux considérer est comment on peut décrire $\mathcal{O}_E$, l'anneau d'entiers de E , comme module galoisien.

La question la plus naturelle est de demander si $\mathcal{O}_E$ possède une base normale d'entiers sur $\mathcal{O}_K$. C'est-à-dire est-ce que $\mathcal{O}_E$ est libre sur l'algèbre de groupe $\mathcal{O}_K\Gamma$?

En général, globalement, ce n'est pas vrai. On sait que $\mathcal{O}_E$ n'est pas toujours libre même sur $\mathcal{O}_K$. D'ailleurs, localement, la réponse est beaucoup plus utile, et on a le théorème de Noether (cf. N).

Théorème 1

$\mathcal{O}_E$ est localement libre sur $\mathcal{O}_K$ pour un idéal premier de $\mathcal{O}_K$, si et seulement si cet idéal est modérément ramifié dans l'extension E/K .

Ce résultat suggère qu'il est naturel de considérer séparément le cas modéré et le cas sauvage (où on permet de la ramification non-modérée). Le but de cet exposé est de décrire de nouveaux résultats pour le cas sauvage. Néanmoins, afin d'être complet, je citerai d'abord un certain nombre de résultats importants pour le cas modéré.

Le Cas Modéré

L'idée fondamentale ici est sans doute la conjecture de A. Fröhlich qui constate que:

"Si E/K est une extension modérée, alors $\mathcal{O}_E \oplus \mathcal{O}_E$ est libre sur l'algèbre de groupe $\mathbb{Z}\Gamma$."

Dans le langage des groupes de classes des modules localement libres sur $\mathbb{Z}\Gamma$, cela signifie que la classe $(\mathcal{O}_E)$ est au plus d'ordre deux.

En outre, un grand nombre de résultats dû à A. Fröhlich et Philippe Cassou-Noguès (cf. F 1 et CN) suggèrent que la seule obstruction à l'existence d'une base normale d'entiers est le signe des "Artin Root Numbers" pour les caractères symplectiques de Γ .

On est maintenant très proche de la conjecture de A. Fröhlich, et, sous des hypothèses un peu plus fortes que "ramification modérée," on sait que l'ordre de la classe $(\mathcal{O}_E)$ divise quatre (cf. T 2).

Le Cas Sauvage

Le problème ici est de trouver de bonnes questions à poser. Grâce à Leopoldt, on a des résultats très complets pour le cas abélien et absolu (cf. L 1). Le résultat suivant est un corollaire de sa description:

Théorème 2

Soit E/Q une extension abélienne, soit $\Gamma = \mathrm{Gal}(E/Q)$ et soit $\mathcal{M}$ l'ordre maximal de $Q\Gamma$. Alors $\mathcal{O}_E\mathcal{M}$ est libre sur $\mathcal{M}$.

Dans le cas aù Γ est non-abélien, Martinet avait conjecturé que: "Si E/Q est une extension galoisienne avec $\Gamma = \mathrm{Gal}(E/Q)$, alors $\mathcal{O}_E$ est libre sur $\mathcal{M}$ pour chaque ordre maximal de $Q\Gamma$ qui contient $\mathbb{Z}\Gamma$."

A. Fröhlich a démontré cette conjecture pour le cas où l'extension E/K est modérée (cf. F 1).

Jean Cougnard l'a démontrée quand Γ est un p groupe (cf. C 1). D'ailleurs, il a trouvé un contre-example quand Γ est un groupe non abélien d'ordre pq (où p,q sont des nombres premiers tels que $q|p-1$) (cf. C 2).

Je veux maintenant considérer une situation moins

générale. Dans F2, A. Fröhlich a considéré la structure galoisienne des anneaux d'entiers pour des extensions de Kummer. Soit E/K une telle extension. Pour chaque caractère abélien χ de Γ, nous définissons

$$E^{\chi} = \{x \in E \mid x^{\gamma} = \chi(\gamma)x \quad \forall\gamma \in \Gamma\}$$

Grâce au théorème de base normale, on sait que E^{χ} est un espace vectoriel sur K de dimension 1. Nous posons $\mathcal{O}_E^{\chi} = \mathcal{O}_E \cap E^{\chi}$, et, suivant A. Fröhlich, nous définissons l'ordre de Kummer $\tilde{\mathcal{O}}_E$

$$\tilde{\mathcal{O}}_E = \sum_{\chi} \mathcal{O}_E^{\chi}$$

où les χ parcourent les caractères abéliens de Γ.

Nous notons $\mathcal{M}_K$ (respectivement $\mathcal{M}_Q$) l'ordre maximal de $K\Gamma$ (respectivement $Q\Gamma$). Le théorème principal est:

Théorème 3

$\tilde{\mathcal{O}}_E$ est isomorphe à $\mathcal{M}_K$, comme $\mathcal{M}_Q$-modules.

Remarque: Dans le résultat de Leopoldt et la conjecture de Martinet, on a considéré le module $\mathcal{O}\mathcal{M}$ c'est-à-dire le plus petit $\mathcal{M}$-module qui contient $\mathcal{O}$. Il est facile de vérifier que $\tilde{\mathcal{O}}_E$ est le plus grand $\mathcal{M}_K$-module qui est contenu dans $\mathcal{O}_E$. C'est un changement de point de vue que est très intéressant. On sait par exemple que le contre-exemple de Jean Cougnard était construit en utilisant le fait que les invariants des modules $\mathcal{O}\mathcal{M}$ se comportent très mal par rapport à l'inflation. Mais, par contre, on sait que les invariants du plus grand module contenu dans $\mathcal{O}_E$ se comportent beaucoup mieux par rapport à l'inflation (cf. Section 8 de F 3).

Il suffira d'esquisser les étapes principales de la démonstration (pour les détails, voir T 1).

On obtient facilement les isomorphismes d'anneaux

$$M_K \cong \prod_{\chi} \mathcal{O}_K \qquad M_Q \cong \prod_{\tilde{\chi}} \mathcal{O}_{\tilde{\chi}} \ .$$

Ici les $\tilde{\chi}$ sont les caractères irréductibles sur Q , χ est un caractère abélien contenu dans $\tilde{\chi}$, et $\mathcal{O}_{\tilde{\chi}}$ est l'anneau d'entiers du corps obtenu par l'adjonction des valeurs de χ à Q . $Cl(M_K)$ (respectivement $Cl(M_Q)$) désigne le groupe des classes des modules localement libres sur M_K (respectivement M_Q). Ces isomorphismes induisent les isomorphismes des groupes: (1) $Cl(M_K) \cong \prod_{\chi} Cl(\mathcal{O}_\chi)$; (2) $Cl(M_Q) \cong \prod_{\tilde{\chi}} Cl(\mathcal{O}_{\tilde{\chi}})$; où $Cl(\mathcal{O}_K)$, $Cl(\mathcal{O}_{\tilde{\chi}})$ sont les groupes des classes d'idéaux usuels.

(A) Dans le Théorème 3.1 de F2, A. Fröhlich a trouvé des $\mathcal{O}_K$-idéaux a_χ tels que $\prod_{\chi} \mathcal{O}_\chi$ représente la classe $(\tilde{\mathcal{O}}_E) \in Cl(M_K)$, par l'isomorphisme (1).

(B) Dans l'appendice VI de F1, A Fröhlich a décrit l'homomorphisme de restriction $R : Cl(M_K) \to Cl(M_Q)$, par rapport aux isomorphismes (1) et (2).

(C) Soit $\prod b_{\tilde{\chi}}$ un représentant de la classe de M_K comme M_Q-module, par isomorphisme (2). En utilisant les éléments de Stickelberger (cf. L2 par example), on vérifie que pour chaque $\tilde{\chi}$ l'ideal

$$(R(\prod a_\chi))_{\tilde{\chi}} b_{\tilde{\chi}}^{-1}$$

est principal.

<u>Références</u>

[CN] Cassou-Noguès, P. Quelques théorèmes de base normale d'entiers, Ann. Inst. Fourier <u>28</u>, <u>3</u>, 1-33 (1978).

[Cl] Cougnard, J. Propriétés galoisiennes des anneaux d'entiers des p-extensions, Compositio Math. <u>33</u>, 303-336 (1976).

[C 2] Cougnard, J. Contre-exemple à une conjecture de J. Martinet, Algebraic Number Fields, Proceedings of the Durham Symposium (ed. A. Fröhlich), Academic Press, London, 1977.

[F 1] Fröhlich, A. Arithmetic and Galois module structure for tame extensions, J. reine und agnew. Math. 286/287, 380-440 (1976).

[F 2] Fröhlich, A. The module structure of Kummer extensions over Dedekind domains, J. Reine angew. Math. 209, 39-53 (1962).

[F 3] Fröhlich, A. Module conductors and module resolvents, Proc. London Math. Soc., 32, 279-321 (1976).

[L 1] Leopoldt, H.W. Über die Hauptordnungen der ganzen Elemente eines abelschen Zahlkörpers, J. reine angew. Math. 201, 119-149 (1959).

[L 2] Leopoldt, H.W. Zur Arithmetik in abelschen Zahlkörpern, J. reine angew. Math 209, 54-71 (1962).

[N] Noether, E. Normalbasis bei Körpern ohne höhere Verzweigung, J. reine angew. Math. 167, 147-152 (1932).

[T 1] Taylor, M.J. Galois module structure of rings of integers in Kummer extensions, to appear in the Bulletin of the London Math. Soc.

[T 2] Taylor, M.J. Galois module structure of rings and integers, to appear.

Queen Mary College
London
and
Université de Besançon
France

ON THE DISCREPANCY OF A SEQUENCE IN [0,1)

R. Tijdeman

Let $\mathbb{N}$ and $\mathbb{N}_0$ denote the sets of positive and nonnegative integers, respectively. Let U be the unit interval consisting of numbers ξ with $0 \le \xi < 1$, and let $\omega = \{\xi_1, \xi_2, \ldots\}$ be a sequence of numbers in this interval. Given an $n \in \mathbb{N}_0$ and an x in U we write $Z_n(x)$ for the number of integers i with $1 \le i \le n$ and $0 \le \xi_i \le x$. The sequence ω is said to be uniformly distributed if $Z_n(x) \sim nx$ as $n \to \infty$ for every $x \in U$. For $n \in \mathbb{N}_0$ and $0 \le x \le 1$, we define the discrepancy $D_n(x)$ of ω by $D_n(x) = Z_n(x) - nx$.

It is easy to see that for every $n \in \mathbb{N}$ there is a sequence ω such that $|D_n(x)| \le 1$ for every $x \in U$ and that for every $x \in U$ there is a sequence ω such that $|D_n(x)| \le 1$ for every $n \in \mathbb{N}$. We shall consider more difficult questions of this type.

<u>QUESTION</u> 1. Can $D_n(x)$ be bounded for all n and x simultaneously?

Mrs. T. van Aardenne-Ehrenfest [1] showed in 1945 that there is no sequence for which $\sup_{n,x} |D_n(x)|$ is finite. Later she proved that for every sequence ω there are infinitely many $n \in \mathbb{N}$ with $\Delta_n \gg \log\log n / \log\log\log n$, where $\Delta_n = \sup_{x \in U} |D_n(x)|$ and $\gg$ is the Vinogradov symbol. By different methods K. F. Roth [12] improved this in 1955 by $\Delta_n \gg (\log n)^{\frac{1}{2}}$ and W. M. Schmidt [16] in 1972 even by $\Delta_n \ge \log n/100$. This result is best possible apart from the value of the constant, since in 1922 A. Ostrowski [11] showed that some sequence ω satisfies $\Delta_n \le 36 \log n$ for every n. The best estimates known at present for the constant factor of $\log n$ are the lower bound $(24 \log 2)^{-1}$ ($\approx .06$) by R. Bejian [3] and the upper bound $1919/(3454 \log 12)$ ($\approx .223$) by H. Faure [6].

We give a sketch of a variant of Schmidt's method which was developed by P. Liardet [10] and G. Wagner [23,24] independently of each other.

Let $M,t \in \mathbb{N}_0$ and put $N = 3^t$. Let ω be a sequence in U. Put $I = (M,M+N]$ and $F(I,x) = \max_{n\in I} D_n(x) - \min_{n\in I} D_n(x)$. Note that if $I_1 \subset I_2$, then $F(I_1,x) \le F(I_2,x)$. Put

$$\rho(N) = \inf \int_U F(I,x)dx \quad ,$$

where the infimum is taken over all sequences ω in U. Observe that $\rho(N)$ is nonnegative and independent of M. Split I into three parts of equal length and call them J_1, J_2, J_3 consecutively. Then

$$\int_U F(I,x)dx \ge \tfrac{1}{2} \int_U F(J_1,x)dx + \tfrac{1}{2} \int_U F(J_3,x)dx$$

$$+ \tfrac{1}{2} \int_U \left|\max_{n\in J_1} D_n(x) - \max_{n\in J_3} D_n(x)\right|dx + \tfrac{1}{2} \int_U \left|\min_{n\in J_1} D_n(x) - \min_{n\in J_3} D_n(x)\right|dx$$

$$\ge \tfrac{1}{2}\rho(\tfrac{N}{3}) + \tfrac{1}{2}\rho(\tfrac{N}{3}) + \tfrac{1}{2}V + \tfrac{1}{2}W \qquad \text{(say)}.$$

Observe that $D_n'(x) = -n$ except for at most n discontinuities. Hence

$$\frac{N}{3} \le \frac{d}{dx}\left(\max_{n\in J_1} D_n(x) - \max_{n\in J_3} D_n(x)\right) \le N$$

except for at most N discontinuities and at most finitely many other points. An interesting simple lemma tells us that a function f on $[0,1]$ with $f(0) = f(1)$, with at most W discontinuities and with $f'(x) \ge M$ for all but finitely many points, satisfies $\int_U f(x)dx \ge M/4W$. Hence

$$V \ge (N/3)/(4N) = 1/12$$

and similarly $W \ge 1/12$. So we have the inequality

$$\int_U F(I,x)dx \ge \rho(\tfrac{N}{3}) + \frac{1}{12} \quad .$$

Since the right-side is independent of ω, we obtain the reduction formula $\rho(N) \geq \rho(N/3) + 1/12$. Applying reduction t times yields

$$\rho(N) \geq \rho(\tfrac{N}{3}) + \tfrac{1}{12} \geq \rho(\tfrac{N}{9}) + \tfrac{2}{12} \geq \ldots \geq \rho(1) + \tfrac{t}{12} \geq \tfrac{t}{12} \gg \log N .$$

Hence there exists an $x_0 \in U$ such that $F(I,x_0) \gg \log N$. This implies that for some $n \leq N$ we have $|D_n(x_0)| \gg \log N$ and in particular that for this value of $n \leq N$ we have $\Delta_n = \sup_{x \in U} |D_n(x)| \geq c \log N$, where c is some absolute constant. It follows that $\limsup_{n\to\infty} \Delta_n/\log n \geq c > 0$.

It is very interesting that G. Halász [8] developed independently and simultaneously a variant of Roth's method which also implies that every sequence ω satisfies $\limsup_{n\to\infty} \Delta_n/\log n > 0$.

<u>QUESTION 2</u>. For how many values of n with $1 \leq n \leq N$ can $\Delta_n \leq K$?

Here K is an unspecified function of N. Interesting choices are $K = \log N/100$ and K is some absolute constant.

In 1979 Mrs. V. T. Sós [21] proved that for every $\alpha \in \mathbb{R}$ the sequence $\omega = \{\xi_n\}_{n=1}^{\infty}$ with $\xi_n = \{n\alpha\} = n\alpha - [n\alpha]$ has the property that $\Delta_n \geq 10^{-10} \log n$ for almost all n. By the Schmidt-Wagner approach Wagner and I [23] were able to prove such a result for every sequence. Indeed, for any sequence ω one has $\Delta_n \leq \log N/100$ for at most $2N^{5/6}$ integers n with $1 \leq n \leq N$. Moreover, if $K \leq \log N/100$, then for every sequence ω, one has $\Delta_n \leq K$ for at most $(\log N/20K)^{100K}$ integers n with $1 \leq n \leq N$. The well-known Van der Corput sequence has the property that there are infinitely many $N \in \mathbb{N}$ such that for every $K \in \mathbb{N}$ with $K \leq \frac{1}{2} \log N$ the number of integers n with $1 \leq n \leq N$ and $\Delta_n \leq K$ is at least $(\log N/K)^K$. Thus the results are the best possible apart from the values of the constants.

The idea of the proof is as follows. By $^{\#}A$ we denote

the number of elements of A . For any set A of positive integers we define

$$F(A,x) = \max_{n\in A} D_n(x) - \min_{n\in A} D_n(x) \quad .$$

Put

$$\rho(L,N) = \inf \int_U F(A,x)\,dx \quad ,$$

where the infimum is taken over all sequences ω in U and all subsets $A \subset \{M+1,M+2,\ldots,M+N\}$ with $^{\#}A \geq L$. Obviously $\rho(L,N)$ is independent of M , monotonically increasing in L and monotonically decreasing in N . Assume that N is a perfect power of four. Split $(0,N]$ into four intervals of equal length and call the subsets of A corresponding to A_1 , A_2 , A_3 , A_4 .

<u>Case 1</u>. There exist p and q with $q - p \geq 2$ such that $^{\#}A_p \geq L/8$ and $^{\#}A_q \geq L/8$.

Then, following the argument in the preceding section,

$$\int_U F(A,x)\,dx \geq \rho\left(\frac{L}{8},\frac{N}{4}\right) + \frac{1}{12} \quad .$$

<u>Case 2</u>. If $^{\#}A_p \geq L/8$ and $^{\#}A_q \geq L/8$, then $|p-q| \leq 1$.

Hence there exists an r such that the number of elements of $A_r \cup A_{r+1}$ is at least $3L/4$. Split $((r-1)N/4,$ $(r+1)N/4]$ into four intervals of equal length and call the corresponding subsets B_1,B_2,B_3,B_4 , respectively.

We again distinguish two cases.

<u>Case 2A</u>. There exist p and q with $q - p \geq 2$ such that $^{\#}B_p \geq L/8$ and $^{\#}B_q \geq L/8$.

Like in Case 1 this implies

$$\int_U F(A,x)\,dx \geq \rho\left(\frac{L}{8},\frac{N}{8}\right) + \frac{1}{12} \geq \rho\left(\frac{L}{8},\frac{N}{4}\right) + \frac{1}{12} \quad .$$

Case 2B. There exists an s such that the number of elements of $B_s \cup B_{s+1}$ is at least $L/2$.

The set $B_s \cup B_{s+1}$ is contained in an interval of length $N/4$. Hence

$$\int_U F(A,x)\,dx \geq \rho\left(\frac{L}{2},\frac{N}{4}\right) ,$$

which is only possible when $L/2 \leq N/4$.

On combining all cases and on taking the infimum over all sequences ω, we obtain

$$\rho(L,N) \geq \min\left(\rho\left(\frac{L}{8},\frac{N}{4}\right) + \frac{1}{12} , \rho\left(\frac{L}{2},\frac{N}{4}\right)\right) .$$

By applying reduction again and again, we find

$$\rho(L,N) \geq \min\left(\rho\left(\frac{L}{8^2},\frac{N}{4^2}\right) + \frac{2}{12} , \rho\left(\frac{L}{8\times 2},\frac{N}{4^2}\right) + \frac{1}{12} , \rho\left(\frac{L}{2^2},\frac{N}{4^2}\right)\right)$$

$$\geq \ldots \geq \min_{\lambda=0,1,\ldots,t} \rho\left(\frac{1}{8^\lambda} \cdot \frac{1}{2^{t-\lambda}} L , \frac{N}{4^t}\right) + \frac{\lambda}{12} .$$

Obviously

$$\frac{1}{8^\lambda 2^{t-\lambda}} L \leq \frac{N}{4^t} ,$$

or equivalently, choosing t such that $4^t = N$,

$$\lambda \geq -\frac{t}{2} + \frac{\log L}{2\log 2} .$$

Hence

$$\rho(L,N) \geq \frac{\lambda}{12} \geq \frac{-\log 4 + 2\log L}{48\log 2} .$$

Take $L \approx N^{5/6}$. Then

$$\rho(L,N) \geq \frac{\log N}{72 \log 2} .$$

It follows that $\Delta_n \geq c \log N$ for all but at most $N^{5/6}$ integers n with $1 \leq n \leq N$. A simple computation shows that one can take $c = 1/144 \log 2 \geq .01$.

By a variant of Roth's method Halasz [8] obtained a similar result but with an unspecified constant.

Question 3 is in a sense dual to Question 2.

QUESTION 3. How large can the set of x be for which

$$\max_{1 \leq n \leq N} |D_n(x)| \leq K \ ?$$

Here K is an unspecified function of N.

In 1963 P. Erdös [5] wondered whether for every sequence ω there exist numbers x such that $\sup_n |D_n(x)| = \infty$. This was answered by Schmidt [14] in the affirmative. Later [18, p. 40] he proved that for every sequence $\limsup_{n\to\infty} |D_n(x)|/\log\log n > 1/2000$ for almost all x and he posed the problem whether $\log\log n$ may be replaced by a faster increasing function, perhaps even by $\log n$. A first step was made by Mrs. V. T. Sós [20] who proved that $\limsup_{n\to\infty} |D_n(x)|/\log n > 0$ for almost all x in case ω has the special structure with $\xi_j = \{j\alpha\}$ $(j \in \mathbb{N})$ for some fixed number α. Wagner and I [23] were able to prove that for every sequence $\limsup_{n\to\infty} |D_n(x)|/\log n \geq 1/400$ for almost every x. More precisely, for every sequence ω and for every $N \in \mathbb{N}$ one has

$$\max_{1 \leq n \leq N} |D_n(x)| > \frac{1}{400} \log N - 2$$

for all $x \in U$ except for a set of measure at most $3N^{-1/6}$. For $K \leq \log N/400$ we can prove that for every sequence ω, the set of x with $\max_{1 \leq n \leq N} |D_n(x)| \leq K - 2$ has measure at most

$$\left(\frac{\log N}{80K}\right)^{400K} / N \quad .$$

The Van der Corput sequence has the property that there are infinitely many N such that for every $K \in \mathbb{N}$ with $K \leq \frac{1}{2} \log N$ the measure of the set of numbers x in U with $|D_n(x)| \leq K$ is at least $(\log N/K)^{K-1}/N$. Thus the results are best possible apart from the values of the constants. The proof is made by applying a kind of duality argument to the proof of the answer at Question 2. Also in this case Halasz [8] has derived a similar result with unspecified constants by using Roth's method.

<u>QUESTION 4</u>. How large can the set of x be for which

$$\sup_{n \in \mathbb{N}} |D_n(x)| < K \text{ ?}$$

Here K is some constant or ∞ .

In 1972 Schmidt [15] proved that for every sequence ω the set $S(\infty) := \{x : \sup_n |D_n(x)| < \infty\}$ is countable. M. Voorhoeve and I [22] deduced the opposite result that for every countable subset S of U there exists a sequence ω such that $\sup_n |D_n(x)| < \infty$ for every $x \in S$. The construction used for the proof is effective. We proved in particular that there exists a sequence ω such that $\sup_n |D_n(p/q)| < 1 + 4 \log q$ for every pair $p,q \in \mathbb{N}$ with $p < q$.

We call S a K-discrepancy set if there exists a sequence ω such that $\sup_{n \in \mathbb{N}} |D_n(x)| < K$ for every $x \in S$. A bounded discrepancy set (BDS) is a set which is a K-discrepancy set for some real K . Every finite set is a BDS, cf. [22]. A number γ is said to be a limit point of a set S if there is a sequence of distinct elements of S which converges to γ . The derivative $S^{(1)}$ of S consists of all the limit points of S . The higher derivatives are defined inductively by $S^{(d)} = (S^{(d-1)})^{(1)}$ $(d = 2,3,\ldots)$. Schmidt [15] proved that $S^{(d)}$ is empty if S is a K-discrepancy set and $d > 4K$. Furthermore, he showed that $S^{(d)}$ need not be empty if S is a d-discrepancy set. This provides a necessary condition for being a BDS. The fact that $S = \{n^{-1}\}_{n=2}^{\infty}$ is not a BDS and $S^{(2)} = \emptyset$ shows that the condition is not sufficient. Voorhoeve and I [22] gave another property of BDS's which this set S does not fulfill: If S is a BDS, then there is an $\varepsilon > 0$ such that every interval in U of length ℓ (say) contains a subinterval J of length $\varepsilon\ell$ with $J \cap S = \emptyset$. By repeating this argument often enough one can show that there exist positive constants c and δ such that among the N intervals $[r/N,(r+1)/N)$ $(r = 0,1,\ldots,N-1)$, at most $cN^{1-\delta}$ contain an element of S. This result can also be deduced from the proof by Wagner and me discussed in the previous section. Although it will be clear from these properties that BDS's are rather special sets, we did not succeed in finding a simple characterization of them, except in a rather special case. Namely, let $x_1,x_2,\ldots$ be a strictly decreasing sequence in U with limit 0. Suppose there exists a constant c such that $x_{n-1} - x_n \le c(x_{m-1}-x_m)$ for every n and m with $n \ge m$. Then $S = \{x_1,x_2,\ldots\}$ is a BDS if and only if for some positive integer h

$$\limsup_{n\to\infty} \frac{x_{n+h}}{x_n} < 1 .$$

REMARKS.

1. Define $D_n^*(x,y) = D_n(y) - D_n(x)$ for every pair $(x,y) \in U^2$ with $x \le y$. Let ω be any sequence in U. Consider the set Λ of numbers $\ell \in U$ such that $\sup_n |D_n^*(x,x+\ell)| < \infty$ for some x with $0 \le x < 1-\ell$. It was proved by Schmidt [17] that the set Λ is countable. L. Shapiro [19] gave an ergodic proof of this result. It is clear that this is an elegant generalization of the first result of Schmidt mentioned in the fourth section.

2. Consider N elements $(\xi_1,\eta_1),(\xi_2,\eta_2),\ldots,(\xi_N,\eta_N)$

of U^2 . For $(x,y) \in U^2$ define $Z(x,y) = \#\{i : 0 \le \xi_i < x$ $0 \le \eta_i < y , 1 \le i \le N\}$ and $D(x,y) = Z(x,y) - Nxy$. The result $\Delta_N >> \log N$ mentioned in the first section is equivalent to the inequality

$$(*) \qquad \sup_{\substack{0 \le x < 1 \\ 0 \le y < 1}} |D(x,y)| >> \log N \quad .$$

The proofs sketched in this paper give essentially the more general equality

$$\int_0^1 \sup_{0 \le y \le 1} |D(x,y)| dx >> \log N \quad .$$

As was mentioned before, Halasz [8] derived (*) by a modification of Roth's method. He also proved that

$$\int_0^1 \int_0^1 |D(x,y)| dxdy >> \sqrt{\log N} \quad .$$

This result is best possible in view of a result of H. Davenport [4].

3. The most important and intriguing problem in this area concerns the generalization to higher dimensions. Let $\omega = \{\xi_1, \xi_2, \ldots\}$ be a sequence in U^k and define for $x = (x^{(1)}, \ldots, x^{(k)})$ in U^k the counting function $Z_n(x) = \#\{i : 0 \le \xi_i^{(j)} < x^{(j)}$ for $j=1,2,\ldots,k, 1 \le i \le n\}$ and the discrepancy functions $D_n(x) = Z_n(x) - nx^{(1)}x^{(2)} \ldots x^{(k)}$ and $\Delta_n = \sup_{x \in U^k} |D_n(x)|$. It is a famous conjecture that for every ω

$$\limsup_{n \to \infty} \frac{\Delta_n}{(\log n)^k} > 0 \quad .$$

It is known that Hammersley sequences [9] satisfy

$\limsup_{n\to\infty} \Delta_n/(\log n)^k < \infty$. The best upper bound up to now is given by Faure [7] by using so-called Indian sequences, namely

$$\limsup_{n\to\infty} \frac{\Delta_n}{(\log n)^k} \le \frac{(p-1)^k}{k(\log p)^k} ,$$

where p is the smallest prime number greater than k . The best lower bound up to now was obtained by K. F. Roth [12], namely

$$\limsup_{n\to\infty} \sup_{x\in U^k} \frac{|D_n(x)|}{(\log n)^{k/2}} > 0$$

for every sequence ω . Roth actually proved that

$$\int_{U^k} |D_n(x)|^2 dx >> (\log n)^k$$

for infinitely many values of n . Recently he proved that this result cannot be improved upon, [13].

References

1. Aardenne-Ehrenfest, T. van. Proof of the impossibility of a just distribution, Indag. Math. 7, 71-76 (1945).

2. Aardenne-Ehrenfest, T. van. On the impossibility of a just distribution, Indag. Math. 11,264-269 (1949).

3. Bejian, R. Minoration de la discrépance à l'origine d'une suite quelconque, Ann. Facult. Sci. Univ. Toulouse, to appear.

4. Davenport, H. Notes on irregularities of distribution, Mathematika 3, 131-135 (1956).

5. Erdös, P. Problems and results on diophantine approximation, Compositio Math. 16, 52-66 (1964).

6. Faure, H. Discrépances des suites associées à un système de numération, to appear.

7. Faure, H. Suites à faible discrépance dans Π^s , to appear.

8. Halász, G. On Roth's method in the theory of irregularities of point distributions, Proc. Conf. Analytic Number Theory at Durham 1979, to appear.

9. Halton, J.H. On the efficiency of certain quasirandom sequences of points in evaluating multi-dimensional integrals, Num. Math. 2, 84-90 (1960).

10. Liardet, P. Discrépance sur le cercle, Primaths 1, Math. Sér. Univ. Marseille 1979, 7-11.

11. Ostrowski, A. Bemerkungen zur Theorie der diophantischen Approximationen, Abh. Hamburg Sem. I, 77-98 (1922).

12. Roth, K.F. On irregularities of distribution, Mathematika 7, 73-79 (1954).

13. Roth, K.F. On irregularities of distribution III, IV, Acta Arith., to appear.

14. Schmidt, W.M. Irregularities of distribution, Quart. J. Math. 19, 181-191 (1968).

15. Schmidt, W.M. Irregularities of distribution VI, Composito Math. 24, 63-74 (1972).

16. Schmidt, W.M. Irregularities of distribution VII, Acta Arith. 21, 45-50 (1972).

17. Schmidt, W.M. Irregularities of distribution VIII, Trans. Amer. Math. Soc. 198, 1-22 (1974).

18. Schmidt, W.M. Lectures on irregularities of distribu-

tion, Tata Institute of Fundamental Research, Bombay, 1977.

19. Shapiro, L. Regularities of distribution, Studies in probability and ergodic theory, Advances in mathematics supplementary studies, Vol. 2, Academic Press: New York, etc., 135-154 (1978).

20. Sós, V.T. On irregularities of $\{n\alpha\}$ sequences, Acta Math. Acad. Sci. Hungar., to appear.

21. Sós, V.T. On strong irregularities of the distribution of $\{n\alpha\}$ sequences, Studies in pure mathematics in memory of Paul Turan, to appear.

22. Tijdeman, R. and Voorhoeve, M. Bounded discrepancy sets, Compositio Math., to appear.

23. Tijdeman, R. and Wagner, G. A sequence has almost nowhere small discrepancy, Monatsh. Math., to appear.

24. Wagner, G. On a problem of Erdos in diophantine approximation, Bull. London Math. Soc., 12, 81-88 (1980).

Mathematisch Instituut
Postbus 9512
2300 RA Leiden
Pays Bas.

VALEUR AU CENTRE DE SYMETRIE DES FONCIONS L
ASSOCIEES AUX FORMES MODULAIRES

MARIE-FRANCE VIGNERAS

Les travaux de J.-L. Waldspurger sur les formes modulaires de poids demi-entier permettent d'obtenir des résultats frappants sur les valeurs au point central des fonctions L attachées aux formes modulaires à caractère trivial. Je vais exposer ces résultats.

Soit ϕ une forme primitive (= new-form normalisée) de caractère trivial, de poids k. La théorie de Hecke associe à ϕ une fonction holomorphe sur tout le plan complexe $L(\phi,s)$ vérifiante un équation fonctionnelle

$$L(\phi,s) = \varepsilon(\phi)A^{s-k/2}L(\phi,k-s),\ A > 0,\ \varepsilon(\phi) = \pm 1$$

On s'intéresse à la valeur de $L(\phi,s)$ à l'entier central $s = k/2$. Si les coefficients de ϕ sont rationnels, et si $k = 2$, c'est donc la valeur $L(\phi,1)$ pour laquelle on possède les conjectures de Birch et Swinnerton-Dyer. Quand $\varepsilon(\phi) = -1$, la valeur $L(\phi,k/2)$ est trivialement nulle. Nous supposerons désormais que $\varepsilon(\phi) = 1$. On considère tous les caractères de Dirichlet quadratiques η tels que $\varepsilon(\phi\eta) = 1$. Cet ensemble est partagé en classes pour la relation d'équivalence:

$$\eta \sim \eta' \Longleftrightarrow \begin{cases} \eta_p = \eta'_p & \text{si } p^2 \mid N \\ \varepsilon_p(\phi\eta)\eta_p(-1) = \varepsilon_p(\phi\eta')\eta'_p(-1), & \text{si } p \| N \end{cases}$$

où N est le niveau de ϕ, η_p la composante en p de η, $\pi_p(\phi)$ la représentation irréductible admissible unitaire de $GL(2,\mathbb{Q}_p)$ attachée à ϕ, et $\varepsilon_p(\phi)$ son facteur ε local, c.f. I,3. On note $X(\phi)$ une classe d'équivalence. Le nombre de classes est fini. Pour $\eta \in X(\phi)$ soit D le discriminant du corps quadratique défini par η. Le théorème principal est le suivant.

THEOREME PRINCIPAL. Il existe un caractère de Dirichlet η dans chaque classe d'équivalence tel que $L(\phi\eta,k/2) \neq 0$.

Il existe un nombre complexe $\Omega\varepsilon C^{\times}$, tel que pour tout $\eta\varepsilon X(\phi)$,

$$\Omega L(\phi\eta,k/2)\varepsilon(\chi_o\eta)\ |D|^{(k-1)/2}$$

est le carré d'un entier algébrique $a(\phi,\eta)\varepsilon Q(\phi,\chi_o)$.

Dans ce théorème χ_o est un caractère de Dirichlet attaché à ϕ, de façon non canonique. On veut le choisir tel que $\chi_o(-1) = (-1)^{k/2}$, et $\chi_{o,p}(-1) = -1$ pour tout nombre premier p vérifiant

$$\varepsilon_p(\phi) = -1 \text{ et } \pi_p(\phi) \text{ principale.} \qquad *$$

On peut supposer qu'il est d'ordre 2^n = p.p.c.m.(2^m, $2^m \| (p-1)$, p vérifiant *). Alors le corps $Q(\phi,\chi_o)$ engendré par les coefficients de Fourier de ϕ, et les valeurs de χ_o est égal à $Q(\phi,2^n)$. Les entiers algébriques $a(\phi,\eta)$ sont les coefficients d'une forme modulaire de poids demi-entier $(k+1)/2$:

$$f(z) = \sum_{X(\phi)} a(\phi,\eta) \sum_{m\geq 1} m^{(k-1)/2} c(m^2|D|)q^{m^2|D|}$$

où $q = \exp(2i\pi z)$, et les coefficients $c(m^2|D|)$ se calculent par des formules de récurrence en fonction des coefficients de ϕ. Pour presque tout p, la forme f est propre pour l'opérateur de Hecke $T(p^2)$ de valeur propre le p-ième coefficient de Fourier de ϕ.

Pour les formes primitives pour $SL(2,\mathbb{Z})$ l'étude de la correspondance avec les formes de poids demi-entier a été étudiée en détail par Cohen, Kohnen et Zagier. Voir l'article prochain de Kohnen et Zagier.

Je remercie vivement D. Zagier qui a attiré mon attention sur les liens entre les théorèmes de Waldspurger et les conjectures de Birch et de Swinnerton-Dyer. Les nombres $|a(\phi,\eta)|$ quand $Q(\phi,2^n) = Q$ sont-ils les ordres de groupes de Tate-Shafarevich attachés à des variétés définies par $\phi\eta$?

Je remercie chaleureusement J. Coates de m'avoir fait rectifier une première version du théorème principal. Si Ω et Ω' correspondent à deux classes d'équivalence distinctes $X(\phi)$ et $X'(\phi)$, peut-on interpréter leur quotient Ω/Ω' à l'aide de nombres de Tamagawa?

I. FORMES PRIMITIVES A CARACTERE TRIVIAL

Cette partie est constituée de rappels et de résultats assez élémentaires.

1. Caractères de Dirichlet

Soit X un caractère de Dirichlet. Le théorème chinois permet de décomposer uniquement $X = \prod_p X_p$ en produit des caractères X_p dont le conducteur est un puissance de p. Les caractères de Dirichlet X_p s'identifient canoniquement aux caractères continus de Z_p^x. Le groupe des caractères de Dirichlet est canoniquement isomorphe au groupe des caractères de $\hat{Z}^x = \Pi Z_p^x$. Soit A^x le groupe des idèles de Q. La décomposition $A = Q^x R^+ \hat{Z}^x$ montre que le groupe des caractères A^x/Q^x (continus) est isomorphe au produit du groupe des caractères de Dirichlet par le groupe des caractères de R^+. Si X_∞ est un caractère de R^+, on lui associe le caractère $\underline{X} = \Pi \underline{X}_p$ de A^x/Q^x défini par:

$$\underline{X}_\infty(x) = \begin{cases} X_\infty(x), & \text{si } x \in R^+ \\ X(-1), & \text{si } x = -1 \end{cases}$$

$$\underline{X}_p(x) = \begin{cases} X_p(x) & \text{, si } x \in Z_p \\ X'_p(\rho)^{-1} X_\infty(p)^{-1}, & \text{où } X'_p = \prod_{q \neq p} X_q, \text{ si } x = p. \end{cases}$$

On note $N(X)$ le conducteur de X.

DEFINITION. Un caractère de Dirichlet X est <u>pair</u> si $X(-1) = 1$. Il est <u>totalement pair</u> si toutes ses composantes locales X_p sont paires.

Cette terminologie a été introduite par Serre et Stark, p. 36.

LEMME 1.1. <u>Un caractère de Dirichlet est totalement pair si et seulement s'il est le carré</u> $X = \eta^2$ <u>d'un caractère de Dirichlet</u> η. <u>On peut choisir</u>

$$N(\eta) = \begin{cases} N(X) & \text{, si } N(X) \text{ est impair,} \\ 2N(X), & \text{si } N(X) \text{ est pair.} \end{cases}$$

<u>Si p est un nombre premier impair, et</u> $m \geq 0$ <u>est tel que</u> $2^m || p-1$, <u>tout caractère de conducteur une puissance de p et d'ordre non multiple de</u> 2^m <u>est pair. Il existe un caractère impair d'ordre</u> 2^m, <u>de conducteur</u> p.

Preuve. Un caractère $X = \eta^2$ est évidemment totalement pair. Inversement, il suffit de vérifier qu'un caractère X de Z_p^x tel que $X(-1) = 1$ est un carré. Il définit canoniquement un caractère η de $Z_p^{x^2}$ par $X(x) - \eta(x^2)$, $x \in Z_p^x$. Tout caractère de $Z_p^{x^2}$ se prolonge à Z_p^x. On peut le vérifier par induction à partir de la propriété: si G est un groupe commutatif, $H \subset G$ un sous-groupe à quotient cyclique d'ordre n, tout caractère η de H se prolonge à G. Si $g \in G$ a une image dans G/H d'ordre n, toute racine $\alpha \in C^x$ de l'équation $X^n - \eta(g^n) = 0$ permet de prolonger η à G en posant $\eta(g^r h) = \alpha^r \eta(h)$, $h \in H$, $0 \leqslant r \geqslant n-1$. On vérifie l'égalité sur les niveaux grâce aux relations

$$(U_p^n)^2 = U_p^n, \text{ si } n \geq 1 \text{ et } p \neq 2,\ U_2^1 = U_2^3,\ (U_2^n)^2 = U_2^{n+1}$$

si $n \geq 2$

où $U_p^n = 1 + p^n Z_p$. De plus, tout caractère de Z_2^x non trivial est de conducteur au moins 2^2. Le groupe des racines de l'unité dans Z_p, est isomorphe à $Z/2^m Z \cdot H$, H groupe d'ordre impair. Si X est un caractère de Z_p^x, on a $X(-1) = -1$ si et seulement si sa restriction à $Z/2^m Z$ est fidèle.

NOTATIONS. Soit $x \varepsilon Q^x$, on note $\eta = \eta_x$ le caractère de l'extension $Q(\sqrt{x})/Q$. Il est trivial si $x \varepsilon Q^{x2}$. Son conducteur est $|D|$ où D est le discriminant de l'extension. On convient désormais de prolonger un caractère de Dirichlet X en un caractère de A^x trivial sur R^+Q^x. Si $X = \eta_x$, alors $\underline{\eta}_p(u) = (x,u)_p$, si $u \varepsilon Q_p^x$, où $(.,.)_p$ est le symbole de Hilbert.

2. Twists et représentations.

Le groupe des caractères de Dirichlet opère sur l'ensemble des formes primitives par twist.

DEFINITION. Si $\phi(z) = \sum_{n \geq 1} a_n(\phi) q^n$ est une forme primitive, et η un caractère de Dirichlet, le <u>twist</u> de ϕ par η est la forme primitive $\phi\eta$ telle que $a_p(\phi\eta) = \eta(p) a_p(\phi)$ pour presque tout nombre premier p.

Le caractère de $\phi\eta$ est le produit du caractère de ϕ par η^2. Une forme primitive de caractère totalement pair est le twist d'une forme primitive de caractère trivial. Le groupe des <u>caractères de Dirichlet quadratiques</u> opère sur l'ensemble des formes primitives de <u>caractère trivial</u>.

On fixe un nombre premier p. On note π la représentation irréductible admissible unitaire de $GL(2,Q_p)$ associée à ϕ. Celle associée à $\phi\eta$ est égale à $\pi\underline{\eta}_p$, défini par $\pi\underline{\eta}_p(g) = \pi(g)\underline{\eta}_p(\text{dét} g)$, $g \varepsilon GL(2,Q_p)$. On note Λ le groupe des caractères de Dirichlet dont l'ordre est une puissance de p.

Ce groupe est isomorphe au groupe des caractères continus de Z_p^x.

LEMME 1.2. 1) π <u>est de la série principale si et seulement si</u>

a) <u>il existe</u> $\eta\varepsilon\Lambda$ <u>tel que le niveau de</u> $\phi\eta$ <u>soit premier à</u> p.

b) <u>sinon, il existe</u> η_1, $\eta_2\varepsilon\Lambda$, $\eta_1 \neq \eta_2$ <u>tels que</u> $a_p(\phi\eta_1)$ <u>et</u> $a_p(\phi\eta_2)$ <u>soient non nuls</u>.

2) π <u>est de la série spéciale si elle n'est pas de la série principale et s'il existe</u> $\eta\varepsilon\Lambda$ <u>tel que</u> $a_p(\phi\eta)$ <u>soit non nul</u>.

3) π <u>est de la série supercuspidale dans les autres cas</u>.

On peut éventuellement utiliser ce lemme comme définition. La vérification du lemme est facile en utilisant les dictionnaires figurant dans Deligne et Gelbart, entre formes primitives et représentations (= théorie des new-forms). Les caractères η en 1.a et 2 sont uniques. Les caractères η_1, η_2 en 1.b sont uniques, à permutation près. La partie en p du <u>niveau</u> de ϕ est

1.a $N(\eta)^2$

1.b $N(\eta_1)N(\eta_2)$

2 Max $(p,N(\eta)^2)$

La composante locale en p du caractère X de ϕ est

1.a η^{-2}

1.b $(\eta_1\eta_2)^{-1}$

2. η^{-2}

On prolonge les caractères à $\mathbb{Q}_p^\times$

1.a η se prolonge de deux façons, en choisissant pour $\eta(p)$ les inverses des racines de l'équation $X^2 - a_p(\phi\eta)p^{(1-k)/2}X + \chi'_p(p) = 0$. On obtient deux caractères η_1, η_2 de $\mathbb{Q}_p^\times$.

1.b $\eta_i(p)^{-1} = a_p(\phi\eta_i)p^{(1-k)/2}$, $i = 1,2$

2 comme en 1.b.

La représentation π est notée classiquement

1. $\pi(\eta_1{}^{-1}, \eta_2{}^{-1})$

2. $\pi(\eta^{-1}, \eta^{-1}\omega_1)$, $\omega_s(x) = |x|^s$, $x \in \mathbb{Q}_p^\times$, $|.|$ est la valeur absolue normalisée par $|p| = 1/p$.

Si le caractère de ϕ est trivial,

1. $\pi = \pi(\eta, \eta^{-1})$, η caractère de $\mathbb{Q}_p^\times$

2. $\pi = \pi(\eta\omega_{1/2}, \eta\omega_{-1/2})$ où η est un caractère quadratique de $\mathbb{Q}_p^\times$.

3. <u>Opérateurs d'Atkin-Lehner et facteurs</u> ε_p.

Soit ϕ une forme primitive de poids k de niveau N et de caractère χ. On définit pour tout $q|N$, $(q,N/q) = 1$, un opérateur W_q dans l'ensemble des new-forms non normalisées. Si $q = N$,

$$\phi|W_N(z) = N^{k/2}(Nz)^{-k}f(-1/Nz), \quad z \in \mathbb{C}, \ \mathrm{Im}\, z > 0.$$

Si $q \neq N$, la définition est plus compliquée, c.f. Atkin et Li, p. 222. Si q est une puissance de p, la forme $\phi|W_q = \lambda_p(\phi)\psi$ est un multiple d'une forme primitive ψ de poids k, de niveau N, de caractère $\overline{\chi}_p\chi'_p$ telle que

$$a_{p'}(\psi) = \begin{cases} \overline{\chi}_p(p')a_p(\phi), & \text{si } p' \neq p, \ p' \text{ premier}, \\ \chi'_p(p)a_p(\phi), & \text{si } p' = p. \end{cases}$$

DEFINITION. Le nombre $\lambda_p(\phi) \varepsilon C^x$ s'appelle une <u>pseudo-valeur propre</u> de W_q.

Cette terminologie a été introduite par Atkin et Li, p. 224.

Pour tout nombre premier p, on considère la représentation $\pi_p = \pi_p(\phi)$ unitaire de $GL(2, Q_p)$ associée à ϕ, et son facteur $\varepsilon_p(\phi)$, noté dans Tate, p. 17 $\varepsilon_L(\pi_p, \psi)$, avec $\psi(x) = \exp(2i\pi a/p^n)$ si $x = a/p^n + y\varepsilon Q_p^x$, $0 \leqslant a \leqslant p^n - 1$, $y\varepsilon Z_p$. Le nombre $\varepsilon_p(\phi)$ est de valeur absolue 1 et si $p \nmid N$, $\varepsilon_p(\phi) = 1$.

LEMME 1.3. <u>Pour $p|N$, la pseudo-valeur propre</u> $\gamma_p(\phi)$ <u>et le facteur</u> $\varepsilon_p(\phi)$ <u>sont reliés par la relation</u>
$\varepsilon_p(\phi) = \chi'_p(q)\chi_p(-1)\gamma_p(\phi)$, $q = p^a \| N$.

Preuve. Ce résultat se trouve dans Flath avec des normalisations différentes. Nous désignons les notations de Flath avec l'indice F. On a le dictionnaire:

$$W_{q,F} = W_q q^{-k/2} \text{ de pseudo-valeur propre}$$

$$\lambda_{q,F}(\phi) = \lambda_p(\phi) q^{-k/2}$$

$$\pi_{p,F} = \pi_p \omega_{-k/2} \text{ de facteur } \varepsilon_{p,F}(\pi_{p,F})$$

$$= \varepsilon_p(\pi_{p,F}\omega_{-1/2}) = \varepsilon(\pi_p \omega_{-(k+1)/2})$$

d'où $\varepsilon_{p,F}(\pi_{p,F}) = \varepsilon_p(\phi) q^{(k+1)/2}$.

$$\chi_{p,F}(x) = \begin{cases} \chi_p(x)^{-1}, & \text{si } x \varepsilon Z_p^x \\ \chi'_p(p) p^k, & \text{si } x = p \end{cases}$$

et Flath démontre que $\lambda_{q,F}(\phi) = q^{-1/2}X_{p,F}(-1/q)\varepsilon_{p,F}(\pi_{p,F})$.

Les opérateurs W_q ont été introduits par Akin et Lehner sur les formes primitives à caractère trivial. Une telle forme ϕ est propre pour W_q de valeur propre $\lambda_p(\phi) = \varepsilon_p(\phi)$.

Calcul de $\varepsilon_p(\phi)$, ϕ de caractère trivial.

1. $\pi_p(\phi) = \pi(\eta,\eta^{-1})$ est de la série principale, $\varepsilon_p(\phi) = \varepsilon(\eta)\varepsilon(\eta^{-1}) = \eta(-1)$.

2. $\pi_p(\phi) = \pi(\eta\omega_{1/2},\eta\omega_{-1/2})$ est de la série spéciale,

$$\varepsilon_p(\phi) = \varepsilon(\eta\omega_{1/2})\cdot\varepsilon(\eta\omega_{-1/2}) \cdot \begin{cases} 1 & \text{si } \eta \text{ est ramifié} \\ -\eta(p) & \text{si } \eta \text{ est non ramifié} \end{cases}$$

d'où l'on déduit

$$\varepsilon_p(\phi) = \begin{cases} \eta(-1), & \eta \neq 1 \\ -1 & , \eta = 1 \end{cases}$$

Les facteurs $\varepsilon_p(\eta)$ des caractères de $\mathbb{Q}_p^\times$ sont normalisés comme précédemment $\varepsilon_p(\eta) = \varepsilon_L(\eta,\psi)$, Tate, p. 19. On remarque que si η est non ramifié, en 2, $\varepsilon_p(\phi) = -a_p(\phi)p^{-k/2+1}$. On déduit de ce calcul le lemme suivant:

LEMME 1.4. Soit ϕ une forme primitive de caractère trivial, et η un caractère de Dirichlet quadratique. Le facteur $\varepsilon_p(\phi\eta)$ du twist $\phi\eta$ vérifie:

1. π_p principale, $\varepsilon_p(\phi\eta)\eta_p(-1) = \varepsilon_p(\phi)$

2. $\pi_p = (X\omega_{1/2},X\omega_{-1/2})$ spéciale, $\varepsilon_p(\phi\eta)\eta_p(-1) \neq \varepsilon_p(\phi)$ sauf si

$\eta = X = 1$ ou $X \neq 1$, $\eta \neq X$.

On définit pour la place archimédienne de $\mathcal{Q}$ un facteur $\varepsilon_\infty(\phi) = i^k$, c.f. Godement, p. 2.27. On a l'égalité $\varepsilon_\infty(\phi\eta)\underline{\eta_\infty}(-1) = \varepsilon(\phi)$ si et seulement si η est un caractère pair, $\eta(-1) = \underline{\eta_\infty}(-1) = 1$.

L'égalité précédente sur les facteurs ε des twists $\phi\eta$ est reliée au problème suivant. Soit π une représentation unitaire irréductible admissible de $GL(2,\mathcal{Q}_p)$ de caractère central trivial. Considérons un tore $T\subset GL(2,\mathcal{Q}_p)$. On lui associe canoniquement un caractère η de $\mathcal{Q}_p^x$. Le tore est déployé si et seulement si $\eta = 1$.

PROPOSITION 1.5. <u>Si $p = 2$, on suppose que π n'est pas supercuspidale. La restriction</u> $\pi|_T$ <u>contient la représentation triviale si et seulement si</u> $\varepsilon(\pi\eta)\eta(-1) = \varepsilon(\pi)$.

Cette proposition facilement vérifiée si π est principale ou spéciale est conjecturée, sans restriction si $p = 2$, en général. Le cas $p \neq 2$, π supercuspidale, se traite par un calcul détaillé utilisant la construction explicite de ces représentations par Gérardin et Kutzko.

4. <u>Fonctions L</u>.

Soit ϕ une forme primitive de poids k de niveau N de caractère trivial. Pour toute place de $\mathcal{Q}$, on définit une fonction L locale attachée à ϕ.

$$L_\infty(\phi,s) = (2\pi)^{-s}\Gamma(s)$$

$$L_p(\phi,s) = \begin{cases} [1 - a_p(\phi)p^{-s} + p^{k-1-2s}]^{-1}, & \text{si } p \nmid N \\ [1 - a_p(\phi)p^{-s}]^{-1} & , \text{si } p|N \end{cases}$$

où $s\in\mathcal{C}$. Si Re $s > k$ le produit infini $L_\infty(\phi,s)\Pi L_p(\phi,s)$ est uniformément convergent et définit une fonction holomorphe sans zéros. On sait que cette fonction admet un prolongement holomorphe $L(\phi,s)$ à tout le plan complexe vérifiant une <u>équation fonctionnelle</u> $L(\phi,s) = \varepsilon(\phi,s)L(\phi,k-s)$ où $\varepsilon(\phi,s) = A^{s-k/2}\varepsilon(\phi)$, $A > 0$ et $\varepsilon(\phi) = \varepsilon_\infty(\phi)\Pi\varepsilon_p(\phi)$.

<u>La fonction</u> $L(\phi,s)$ <u>ne s'annule pas pour</u> Re $s \geq (k+1)/2$. Si Re $s > (k+1)/2$ ceci se déduit de l'estimation par Deligne des coefficients de Fourier $a_n(\phi) = 0(n^{(k-1)/2})$. Pour Re $s = (k+1)/2$, on adapte aux formes modulaires la preuve classique, due à Mertens, de la non-nullité sur la droite Re $s = 1$ des fonctions L de Hecke, c.f. Shimura [2], p. 796, proposition 2, si $s = (k+1)/2$.

Au <u>centre de symétrie</u> $s = k/2$, entier car k est pair, la fonction $L(\phi,s)$ peut <u>trivialement s'annuler</u> si $\varepsilon(\phi) = -1$, car

$$L(\phi,k/2) = \varepsilon(\phi)L(\phi,k/2), \text{ où } L(\phi) = L(\phi,k/2).$$

où

$$\varepsilon(\phi) = (-1)^{k/2} \prod_{p|N} \varepsilon_p(\phi)$$

car si $p \nmid N$, on a $\varepsilon_p(\phi) = 1$, et $\varepsilon_\infty(\phi) = i^k$.

EXEMPLES. 1) ϕ est une forme primitive pour $SL(2,\mathbb{Z})$ et η un caractère de Dirichlet quadratique (= η^2 est trivial). Alors $L(\phi\eta)$ est trivialement nul si et seulement si

a) $4|k$, η imaginaire: $\eta(-1) = -1$

b) $2||k$, η réel: $\eta(-1) = 1$

2) ϕ est une forme primitive de niveau N sans facteurs carrés. On a $\varepsilon_p(\phi) = -a_p(\phi)$. Le nombre $L(\phi)$ est trivialement nul si et seulement si le nombre de $p|N$, tels que $a_p(\phi) = 1$ est

a) $4|k$, impair

b) $2||k$, pair.

3) <u>Calcul de</u> $L(\phi)$, <u>si</u> $k = 2$.

Supposons que $\varepsilon(\phi) = 1$. On a une formule très pratique pour calculer $L(\phi)$, c.f. Manin:

$$L(\phi) = \frac{1}{\pi} \sum_{n\geq 1} \frac{a_n(\phi)}{n} e^{-2\pi n/\sqrt{N}}$$

que l'on démontre de la façon suivante. La relation $\varepsilon(\phi) = 1$ est équivalente à $\phi|W_N = -\phi$, qui s'écrit $\phi(z) = -N^{-1}z^{-2}\phi(-1/Nz)$. D'autre part,

$$L(\phi,s) = \int_0^\infty \phi(iy)y^{s-1}dy$$

On sépare l'intégrale en deux parties et on applique la relation $\phi|W_N = -\phi$. On obtient l'intégrale

$$L(\phi) = 2\int_{1/\sqrt{N}}^\infty \phi(iy)dy$$

en $s = k/2$ que l'on sait intégrer

$$L(\phi) = 2 \sum_{n\geq 1} a_n(\phi)\int_{1/\sqrt{N}}^\infty e^{-2\pi ny}dy$$

On obtient l'expression indiquée plus haut.

II. FORMES MODULAIRES DE POIDS DEMI-ENTIER.

On suppose connus les définitions et résultats de Shimura [1] et de Serre et Stark. Soit k un entier pair, $k \geq 2$, et χ un caractère de Dirichlet pair. On considère l'espace $S((k+1)/2,\chi)$ formé des formes modulaires paraboliques de poids $(k+1)/2$, de caractère χ, orthogonales pour le produit scalaire de Petersson aux séries thêta construites à partir de la forme quadratique $q(x) = x^2$. Pour tout nombre premier p, on définit des opérateurs de Hecke $T(p^2)$ comme dans Serre et Stark, p. 38. Si $f \in S((k+1)/2, \chi)$ est propre pour $T(p^2)$, on note $\alpha_p(f)$ la valeur propre correspondante. Le premier résultat frappant sur les formes modulaires de poids demi-entier est dû à Shimura]1]. Soit $S(k, \chi^2)$ l'espace des formes modulaires paraboliques de poids k de caractère χ^2.

THEOREME 2.1. Si $f \in S((k+1)/2, \chi)$ est propre pour $T(p^2)$, pour presque tout p, il existe une forme primitive $\phi \in S(k, \chi^2)$ telle que $a_p(\phi) = \alpha_p(f)$, pour presque tout p.

1. Le théorème de Flicker.

L'ensemble S des formes primitives obtenues par l'application précédente $S = \{\phi$ primitive, $\exists f$ parabolique, de poids demi-entier, $a_p(\phi) = \alpha_p(f)$, pour presque tout p$\}$, a été déterminé par Flicker en termes de représentations puis transcrit par Waldspurger en termes de formes modulaires.

THEOREME 2.2. S est l'ensemble des formes primitives de caractère totalement pair telles que pour tout p où $\pi_p = \pi(\mu_1, \mu_2)$ est de la série principale, on a $\mu_1(-1) = \mu_2(-1) = 1$.

EXEMPLE: Formes primitives de caractère trivial.

Il existe un twist $\phi\chi_o$ d'une telle forme qui appartient à S. Soit $2^n = \text{p.p.c.m.}(2^m, 2^m || (p-1)\rangle\rangle$, pour p tel que π_p soit principale, $\varepsilon_p(\phi) = -1\}$. Soit M le produit des nombres premiers p ci-dessus. On a $M^2 || N$. On peut choisir χ_o d'ordre 2^n et de conducteur M si M est impair, 4M si M est pair, c.f. Lemme 1.1.

2. Le théorème de Waldspurger.

Soit $\phi_o \in S$ et χ un caractère de Dirichlet pair, tel que $\phi_o \in S(k, \chi^2)$. Waldspurger a déterminé une base propre pour les opérateurs de Hecke $T(p^2)$ de l'espace $S((k+1)/2, M, \mathcal{X}, \phi_o) = \{f \varepsilon S((k+1)/2, \mathcal{X})$ de niveau M, $a_p(\phi_o) = \alpha_p(f)$, pour presque tout $p\}$.

On pose $\mathcal{X}_o = \mathcal{X}(\frac{-1}{\cdot})^{k/2}$, et $\phi = \phi_o \mathcal{X}_o^{-1}$. La forme ϕ est de caractère trivial. On lui associe l'ensemble $X(\phi)$ des caractères de Dirichlet quadratiques η tels que pour tout p, $\varepsilon_p(\phi\eta)\eta_p(-1) = \varepsilon_p(\phi)$. On déduit du théorème I, p. 36 de W. [1] et du lemme 41 et de l'assertion 10 de W. [2]:

THEOREME 2.3 <u>Il existe un caractère quadratique</u> η <u>tel que</u>

a. $L(\phi\eta) \neq 0$

b. $\varepsilon_p(\phi\eta)\eta_p(-1) = \mathcal{X}_{o,p}(-1)$, <u>pour tout p</u>.

on a pour corollaire:

COROLLAIRE. <u>Soit</u> ϕ <u>une forme primitive de caractère trivial telle que</u> $\varepsilon(\phi) = 1$. <u>Il existe</u> $\eta \varepsilon X(\phi)$ <u>tel que</u> $L(\phi\eta) \neq 0$

PREUVE. On choisit un caractère $\mathcal{X}_o$ vérifiant $\mathcal{X}_o(\frac{-1}{\cdot})^{k/2}$ pair $\mathcal{X}_{o,p}(-1) = \varepsilon_p(\phi)$ et $\phi\mathcal{X}_o \varepsilon \mathcal{S}$.

En utilisant la proposition 3 et le lemme 5 de W.2 on peut rendre plus précis ce corollaire. Si ϕ vérifie les conditions du corollaire précédent, on a:

COROLLAIRE. <u>Pour tout choix de nombres premiers</u> p_i, $1 \leq i \leq n$ <u>et de caractères de Dirichlet quadratiques</u> η_i <u>d'ordre une puissance de</u> p_i <u>vérifiant</u> $\varepsilon_{p_i}(\phi\eta_i)\eta_i(-1) = \varepsilon_{p_i}(\phi)$, <u>il existe</u> $\eta \varepsilon X(\phi)$ <u>tel que</u>

a. $L(\phi\eta) \neq 0$

b. $\eta_{p_i} = \eta_i$, $1 \leq i \leq n$.

Si η vérifie le théorème 2.3, on note $X(\mathcal{X}_o,\phi) = \eta X(\phi\eta)$. On note $\mathbb{Q}^x(\mathcal{X}_o,\phi) = \{x\varepsilon \mathbb{Q}^x$, tel que $\eta_x \varepsilon X(\mathcal{X}_o,\phi)\}$, où η_x est le caractère quadratique associé à l'extension $\mathbb{Q}(\sqrt{x})$. Pour toute fonction A sur $X(\mathcal{X}_o,\phi)$ et toute fonction c sur $\mathbb{Q}^x(\mathcal{X}_o,\phi)$, à valeurs complexes, on définit une suite de coefficients $a_n(c,A)$, $n \geq 1$, et une fonction $f(c,A)$ sur le demi-plan supérieur en posant $f(c,A)(z) = \sum_{n\geq 1} a_n(c,A)q^n$, avec $a_n(c,A) = 0$ si $\eta_n \neq X(\mathcal{X}_o,\phi)$

$$a_n(c,A) = A(\eta_n)n^{(k-1)/4}c(n), \text{ si } \eta_n \varepsilon\ X(\phi_o,\mathcal{X}).$$

Pour toute puissance p^e de p, $e \geq 0$, p nombre premier, Waldspurger définit un ensemble fini de fonctions sur $\mathbb{Q}_p^x$ noté $U_p(e,\phi_o)$. Une fonction non nulle de $U_p(e,\phi_o)$ est de l'un des types suivants:

1. la <u>fonction caractéristique</u> $\gamma[a,x]$ d'un ensemble $E_{a,x} = \{u\varepsilon x\mathbb{Q}_p^{x2},\ v_p(u) = a\}$, où v_p est la valuation de $\mathbb{Q}_p$.

2. une fonction $c(u)$ invariante modulo $\mathbb{Z}_p^{x2}$ donnée par une <u>série génératrice</u>

$$\sum_{h\geq 0} c(up^{2h})X^h = P_u(X)^{-1}C_u(X),\ u\varepsilon \mathbb{Z}_p^x,\ v_p(u) = 0 \text{ ou } 1.$$

où $P_u(X)$ est un polynôme tel que $P_u(0) = 1$, avec différentes possibilités:

A. $d^oP_u = 2$, C_u est un polynôme de degré 1 tel que $C_u(0) = 1$

B. $d^oP_u = 1$, C_u est une constante

C. $d^oP_u = 1$ et C_u est un polynôme de degré 1.

Le support commun aux fonctions de $\underset{e}{U}U_p(e,\phi_o)$ est l'ensemble

$$Q_p^x(X_o,\phi) = \{x\varepsilon Q_p,\ \varepsilon_p(\phi\eta_x)\eta_{x,p}(-1) = X_{o,p}(-1)$$

D'après le lemme 5 de W.[2], on a en effet:

LEMME 2.4. <u>Si</u> $x\varepsilon Q_p^x(X_o,\phi)$, <u>il existe</u> $h\varepsilon N$ <u>et</u> $c\varepsilon \underset{e}{U}U_p(e,\phi_o)$ <u>tel que</u> $c(xp^{2h}) \neq 0$.

Pour tout entier E soit $U(E,\phi_o) = \prod_p U(e,\phi_o)$, $p^e||E$ et soit $V(E,\phi_o,X,A)$ l'espace vectoriel complexe engendré par les fonctions $f(c,A)$, $c\varepsilon U(E,\phi_o)$. Cet espace peut être nul,

THEOREME 2.4. <u>Soit ϕ_o tel que $\pi_2(\phi_o)$ ne soit pas supercuspidale. Il existe une fonction A sur</u> $X(X_o,\phi)$ <u>et un entier $\tilde{N}$ tels que</u>:

a. $A(\eta)^2 = L(\phi\eta)\varepsilon(X_o^{-1}\eta)$, si $\eta \varepsilon X(X_o, \phi)$

b. $S((k+1)/2,M,X,\phi_o) = \bigoplus_{\tilde{N}|E|M} V(E,\phi_o,X,A)$

Ce théorème de Waldspurger décrit complètement l'image réciproque de l'application de Shimura. Le choix de la racine carrée donnant A reste entièrement mystérieux.

3. Construction de bases algébriques

La base $f(c,A)$, $c\varepsilon U(E,\phi_o)$, construite par Waldspurger pour l'espace $V(E,\phi_o,X,A)$ n'est pas algébrique. On entend par là qu'il n'existe pas, en général de nombre complexe $\lambda_c \neq 0$ tel que les coefficients de Fourier de $\lambda_c f(c,A)$ soient des nombres algébriques. On sait qu'il existe une base algébrique, car d'après Serre et Stark, lemme 8 p. 47 et remarque 1 p. 48, et la définition des opérateurs de Hecke,

$$f(z) = \sum_{n\geq 1} a_n(f)q^n \ \varepsilon\ V(E,\phi_o,X,A)$$

implique que pour tout automorphisme complexe σ:

$$f^{\sigma}(z) = \sum_{n\geq 1} a_n(f)^{\sigma} q^n \in V(E,\phi_o^{\sigma},\chi^{\sigma},A)$$

Nous allons construire une autre base de fonctions $f(c,A)$, $c\in U'(E,\phi_o)$ de façon à gagner l'algébricité, quitte à perdre la propriété d'être fonctions propres pour les opérateurs de Hecke $T(p^2)$, pour certains premiers divisant le niveau E.

La définition des ensembles $U_p(e,\phi_o)$ fait intervenir 11 cas différents. Dans les cas 1, 2, 3, 4, 6, 7 on garde les ensembles $U_p(e,\phi_o)$ inchangés. Dans les autres cas on modifie un sous-ensemble formé de deux éléments:

$$X_p = \begin{cases} \{c'(\delta),\ c'(\delta')\} & \text{si } \delta \neq \delta' \\ \{c'(\delta),\ c''(\delta)\} & \text{si } \delta = \delta' \end{cases}$$

où δ, δ' sont les racines de l'équation $X^2 - a_p(\phi_o)p^{(1-k)/2}X + \chi^2(p) = 0$ et les fonctions c', c'' désignent respectivement les fonctions notées $'c_p$ ou c'_p, $''c_p$ dans W. [2]. Elles sont du type 2.B, 2.C respectivement avec $P_u(X) = 1 - \delta X$.

DEFINITION. Soit $u\in Q_p$, $v_p(u) = 0$ ou 1. On dit que u est du <u>type I</u> si $p \neq 2$ et $\nu_p(\mu) = 1$, ou $p = 2$, $\nu_2(\mu) = 0$ et $(\mu, -1)_2 = \chi_{0,2}(-1)$ sinon u est du <u>type II</u>.

Les valeurs de C_u sont données par le tableau suivant où

$$\beta = \delta - (p,u)_p \chi_{o,p}(p)p^{-1/2}$$

u	$c'(\delta)(u)$	$c''(\delta)(u)$	$c_p(u)$	$c'_p(u)$
type I	β	$\delta(p-1)^{-1}$	1	0
type II	1	0	0	1

c_p, c'_p sont les combinations linéaires (uniques) des fonctions de X_p ayant les valeurs données par le tableau. Elles sont données par les formules explicites:

$$c_p = \begin{cases} (\beta - \beta')^{-1}(c'(\delta) - c'(\delta')), & \delta \neq \delta' \\ (p - 1)\delta^{-1}c''(\delta) & , \delta = \delta' \end{cases}$$

$$c'_p = \begin{cases} \beta^{-1}c'(\delta) - \beta'^{-1}c'(\delta') & , \delta \neq \delta' \\ c'(\delta) - (p - 1)\delta^{-1}c''(\delta) & , \delta = \delta' \end{cases}$$

On remarque que $c_p(up^2) = 1$ si u est du type II. On remplace l'ensemble X_p par l'ensemble $X'_p = \{c_p, c'_p\}$, si X_p apparaît dans $U_p(e,\phi_o)$. Les ensembles obtenus sont notés $U'_p(e,\phi_o)$. Si $c \varepsilon U'_p(e,\phi_o)$ soit x un élément de valuation minimum tel que $x \varepsilon Z_p$, et $c(x) \neq 0$. On note c_x l'élément c. On remarque que pour chaque $c \varepsilon U'_p(e,\phi_o)$ on peut choisir x de sorte que l'on ait la propriété:

$$c_x(x') \neq 0 \Longleftrightarrow c_x = c_{x'}$$

pour tous les éléments $c_x \varepsilon U'_p(e,\phi_o)$. On remarque que si e = 0, cas 3 de W.[2], alors x = 1 et $U'_p(0,\phi_o)$ est réduit à un élément du type 2.A.

Soit $E \geq 1$ un entier tel que pour tout nombre premier p, $p^e || E$, l'ensemble $U_p(e,\phi_o)$ soit non vide. Alors l'ensemble $U'(E,\phi_o) = \prod_p U'_p(e,\phi_o)$ est non vide. Soit $c \varepsilon U'(E,\phi_o)$. Les nombres premiers étant rangés dans l'ordre croissant naturel, on pose $x = (x_i)$, si c_{x_i} est la composante locale en p_i de c, $p_i | E$. On identifie aussi x avec l'idèle de composante locale x_i en p_i, $p_i | E$ et 1 sinon. On a alors la propriété:

$$c_x(x') \neq 0 \Longleftrightarrow c_x = c_{x'} \text{ pour tout } x' \;\varepsilon\; \underline{X}(E,\phi_o),$$

où $\underline{X}(E,\phi_o) = \{x,\ c_x \;\varepsilon\; U'(E,\phi_o)\}$.

LEMME 2.5. <u>Soit</u> $c_x \in U'(E,\phi_o)$. <u>Il existe</u> $n \in N$ <u>tel que</u>

(i) $n \in x_i Z_{p_i}^{x^2}$, $\forall\, p_i | E$

(ii) $L(\phi\eta_n) \neq 0$

(iii) $c_x(n) \neq 0$

PREUVE. En utilisant le second corollaire du théorème 2.3 on sait qu'il existe n vérifiant (i) et (ii). Si $p \neq p_i$, $\forall i$, $cx_i(np^2) = cx_i(n)$. D'autre part $\eta_{np^2} = \eta_n$. On peut donc supposer que $p^2 \times n$. Alors, $v_p(n) \leq 1$ et si $c_p \in U_p'(O,\phi_o)$ on a $c_p(n) = P_u(O)^{-1}C_u(O) = 1$.

PROPOSITION 2.6. <u>L'espace vectoriel</u> $Cf(c_x,A)$ <u>de dimension 1 est le sous-espace de</u> $V(E,\phi_o,X,A)$ <u>formé des formes modulaires f telles que</u> $a_n(f) \neq 0$ <u>pour</u> $n \in x_i' Z_{pi}^{x^2}$, <u>pour tous les diviseurs</u> p_i <u>de</u> E, <u>implique</u> $x' = x = (x_i)$ <u>pour tout</u> $x' = (x_i') \in \underline{X}(E,\phi_o)$.

PREUVE. La fonction $f(c_x,A)$ vérifie évidemment la condition. Inversement, soit $f = \sum w_{x'} f(c_{x'},A$ où $w_{x'} \in C^x$, $x' \in X(E, \phi_o)$ une fonction vérifiant les conditions de la proposition. Soit n comme dans le lemme 2.5 pour x'. On a $a_n(f) = w_{x'}a_n(f(c_{x'},A)) \neq 0$. Donc $x = x'$, et $f = w_x f(c_x,A)$.

Soit $Q(\phi_o,X)$ le corps engendré par les coefficients de ϕ_o et les valeurs de X. Si σ est un automorphisme complexe fixant les éléments de $Q(\phi_o,X)$ on a $V(E,\phi_o,X,A) = V(E,\phi_o,X,A)^\sigma$. Evidemment $a_n(f) = 0$ est équivalent à $a_n(f^\sigma) = 0$, $n \geq 1$. On en déduit que $Cf(c_x,A) = Cf(c_x,A)^\sigma$ pour tout automorphisme complexe σ fixant les éléments de $Q(\phi_o,X)$. On en déduit l'existence de $\lambda_x \in C$ tel que les coefficients de $\lambda_x f(c_x,A)$ soient des éléments de $Q(\phi_o,X)$. D'après Serre et Stark p. 47, leurs dénominateurs sont bornés. On en déduit le théorème:

THEOREME 2.7. Il existe $\Omega_x \varepsilon C^x$ tel que les coefficients de $\Omega_x f(c_x,A)$ soient des entiers algébriques dans le corps $\mathcal{Q}(\phi_o,X)$, pour tout $x \varepsilon \underline{X}(E,\phi_o)$.

Nous avons donc obtenu une base $f(c_x,A)$, $c_x \varepsilon U'(E,\phi_o)$ de $V(E,\phi_o,X,A)$ algébrique.

4. Le théorème principal.

Nous allons déduire du théorème de Waldspurger algébrique le théorème principal donné dans l'introduction.

On considère désormais une forme primitive ϕ de caractère trivial, de niveau N de poids k telle que $L(\phi) \neq 0$.

1) Choix d'un caractère.

On choisit X_o d'ordre aussi petit que possible, de sorte que $X = X_o(\frac{-1}{\cdot})^{k/2}$ soit pair, et $\phi X_o = \phi_o \varepsilon S$. On choisit le caractère de l'exemple de II.1 s'il a la bonne parité, sinon on le multiplie par le caractère quadratique impair de conducteur p', où p' est un nombre premier impair tel que $p' \nmid N$, $2 \| (p'-1)$. On posera $p' = 1$, si le caractère de l'exemple a la bonne parité. Si N est sans facteurs carrés, on choisit ainsi $X = 1$.

2) Construction de formes modulaires de poids demi-entier.

Soient n_p, $\tilde{n}_p$ les exposants des puissances de p divisant N, $\tilde{N}$. Différents cas se produisent (W.[2], cas 1, 3, 4, 9, 5, 8):

1) $n_p \geq 2$, alors $\tilde{n}_p = n_p + 2v_p(2)$ car $1 \varepsilon \mathcal{Q}_p^x(\phi)$ et pour $\varepsilon = 0$ ou 1

$$U_p(\tilde{n}_p+\varepsilon,\phi_o) = \{\gamma[\varepsilon,x],\ x \ \varepsilon\ \mathcal{Q}_p^x(\phi),\ \nu_p(x) = \varepsilon \bmod 2\}$$

2) $p \neq 2, p'$ et $n_p = 0$, alors $\tilde{n}_p = 0$ et $U_p(\tilde{n}_p,\phi_o)$ est réduit à une fonction du type 2.A. (II,2).

3) $p \neq 2, p'$ et $n_p = 1$, alors $\tilde{n}_p = 1$ et $U_p(\tilde{n}_p,\phi_o)$ est réduit à une fonction du type 2.B.

4) $p = 2$ et $n_2 = 1$, alors $\tilde{n}_2 = 2$ et l'on a les mêmes résultats qu'en 3).

5) $p = p'$ alors $n_{p'} = 0$ et $\tilde{n}_{p'} = 1$ et $U_p(\tilde{n}_p,\phi_o)$ est de la forme X_p, c.f. II,3.

6) $p = 2$ et $n_2 = 0$, alors $\tilde{n}_2 = 2$ et l'on a les mêmes résultats qu'en 5).

On note p_i, $1 \leq i \leq s$ les nombres premiers tels que $p_i^2 | N$. Pour tout $x = (x_1,\ldots,x_s)$, $x_i \in \mathbb{Q}_{pi}^x(\phi)/\mathbb{Q}_{pi}^{x^2}$, soit $c_x \in U'(N_x,\phi_o)$ la fonction dont les composantes locales sont égales à c_p, si p vérifie 5) ou 6) et égales à $\gamma[\varepsilon_i,x_i]$ où $\varepsilon_i = v_{pi}(x_i)$ si $p = p_i$, $1 \leq i \leq s$. On a $N_x = N\Pi p_i^{\varepsilon_i}$ et,

$$f(c_x,A) = \sum_{\eta} A(\eta)n^{(k-1)/4} \sum_{m\geq 1} m^{(k-1)/2}c_x(nm^2)q^{nm^2}$$

où η parcourt l'ensemble $X_x(\phi)$ des caractères de $X(\phi)$ de composante locale η_{x_i} en p_i, $1 \leq i \leq s$. Si D est le discriminant de l'extension définie par η, on pose $n = D$ si $p'|D$, et $n = p'^2D$ si $p' \nmid D$.

On remarque que les valeurs de $c_x(n)$ ne dépendent que de la classe de n dans $\mathbb{Z}_p/\mathbb{Z}_p^2$, pour p vérifiant 3) ou 4). En effet, pour les autres premiers p, si c_p est la composante locale en p de c_x, on aura $c_p(n) = 1$. Ces remarques et les résultats du paragraphe précédent nous donnent le lemme suivant dont on déduit facilement le théorème principal (où $X(\phi)$ est l'ensemble $X_x(\phi)$).

LEMME 2.8. A. L'espace $Cf(c_x, A)$, où A est défini comme dans le theoreme 2.4, est le sous-espace vectoriel de $S((k+1)/2, N_x, X, \phi_o)$ formé des fonctions f telles que $a_n(f) \neq 0$ implique

a. $n \in x_i Z_{p_i}^{x2}$, $1 \leq i \leq s$,

b. $(-1)^{k/2} n \equiv 0$ ou 1 mod 4

c. $p' | n$

B. $L(\phi\eta) \neq 0$, $\eta \in X(\phi)$ est équivalent à l'existence de $n \in N$ tel que $a_n(f(c_x, A)) \neq 0$, $\eta = \eta_n$, $\eta_{p_i} = \eta_{x_i}$, $1 \leq i \leq s$.

III. FORMES PRIMITIVES POUR SL(2,Z).

Pour ces formes, on a en plus des résultats précédents quelques résultats de non nullité, pour $L(\phi\eta)$, si le poids de ϕ est divisible par 4 et le caractère quadratique η réel. On remarque que $\varepsilon(\phi) = (-1)^{k/2}$ et $\varepsilon(\phi\eta) = 1$ est équivalent à $\eta(-1) = (-1)^{k/2}$.

1. D'après Shimura [2],

$$L(\phi) = \lambda_\phi < \phi, G_{k'}^2 > \qquad \lambda_\phi \in C^x$$

et

$$G_{k'}(z) = 1 + \frac{2k'(-1)^{k'/2}}{B_{k'/2}} \sum_{n \geq 1} \sigma_{k'-1}(n)\, q^n$$

est la série d'Eisenstein de poids k' = k/2 pour SL(2,Z), et <.,.> est le produit scalaire de Petersson. Il est facile de vérifier par des arguments de croissance que $B_r \neq B_{2r}$, $r \geq 1$, sauf si r = 2 où l'on a $B_2 = B_4 = 1/30$. On vérifie ainsi que $G_k \neq G_{k'}^2$, car $k \geq 12$.

Il existe donc une forme primitive ϕ pour SL(2,$\mathbb{Z}$) de poids k telle que L(ϕ) $\neq$ 0, pour tout k $\geq$ 12, 4|k.

Si l'algèbre de Hecke opérant sur les formes modulaires de poids k sur SL(2,$\mathbb{Z}$) est irréductible sur $\mathbb{Q}$, comme $G_k{}'^2 - G_k$ est à coefficients dans $\mathbb{Z}$, pour toute forme primitive ϕ de poids k pour SL(2,$\mathbb{Z}$), on a L(ϕ) $\neq$ 0.

BIBLIOGRAPHIE.

Atkin, A.O.L. and Lehner, J.: Hecke Operators on $\Gamma_o(m)$. Math. Ann. 185, 134-160 (1970).

Atkin, A.O.L., Li, W.-C.W.: Twists of Newforms and Pseudo-Eigenvalues of W-Operators. Inventiones math. 48,221-243 (1978).

Cohen, H.: Formes modulaires à une et deux variables. Thèse de doctorat. Bordeaux (1976).

Deligne, P.: Formes modulaires et représentations de GL(2). International Summer School on Modular Functions. Antwerp 1972. Springer-Verlag Lecture Notes 349.

Flath, D.: Atkin-Lehner Operators. Math. Ann. 246, 121-123 (1980).

Gelbart, S.S.: Automorphic Forms on Adele Groups. Ann. of Math. Studies. Princeton (1975).

Gérardin, P., Kutzko, P.: Facteurs locaux pour GL(2). Preprint Paris (1979).

Godement, R.: Notes on Jacquet-Langlands's theory. The Institute for Advanced Study. Princeton (1970).

Kohnen, W.: Modular Forms of Half-Integral Weight on $\Gamma_o(4)$. Math. Ann. 248, 249-266 (1980).

Manin, Y.I.: Cyclotomic Fields and Modular Curves. Russian Math. Surveys, 26, 6, 7-78 (1971).

Serre, J.-P. and Stark, H.M.: Modular forms of weight 1/2. International Summer School on Modular Functions. Bonn 1976. Springer-Verlag Lecture Notes 627.

Shimura, G.[1]: On modular forms of half integral weight. Ann. of Math. 97, 440-481 (1973).

_____[2]: The special values of the zeta functions associated with cusp forms. Comm. on pure and applied math. XXIX, 783-804 (1976).

Tate, J.: Number Theoretic Background. Automorphic Forms, Representations, and L-Functions. Proc. of Symp. in Pure Math. XXXIII, Part 2, 3-26 (1979).

Waldspurger, J.-L.[1]: Correspondance de Shimura. J. Math. pures et appl. 59, 1-133 (1980).

_____[2]: Sur les coefficients de Fourier des formes modulaires de poids demi-entier. Preprint Paris (1980).

Zagier, D.: On the values at negative integers of the zeta-function of a real quadratic field. Enseignement Mathématique XXII, 55-95 (1976).

Université de Paris VII,
Paris, France

CORRESPONDANCE DE SHIMURA

J. L. WALDSPURGER

En 1972, Shimura a défini une application associant à une forme modulaire parabolique de poids demi-entier, une forme modulaire parabolique de poids entier pair [4]. En 1975, Shintani définit une application dans l'autre sens, au moyen de séries thêta construites à l'aide d'une forme quadratique indéfinie de trois variables [5]. Le conférencier a étudié cette application [6], dans un langage adélique plus proche de celui de Jacquet et Langlands [3]. On obtient alors, comme corollaire, le théorème faible de multiplicité 1 sur le groupe métaplectique au dessus de SL_2.

I Rappels et notations

Soient F un corps de nombres, A l'anneau de ses adèles, I le groupe de ses idèles. Si v est une valuation de F, on note F_v le complété de F pour la valuation v.

1 - Le groupe métaplectique [2].

Soit S le groupe SL_2. Plaçons-nous sur F_v; Le groupe métaplectique $\tilde{S}_v$ est un revêtement de degré 2 de S_v, non trivial si $F_v \neq \mathbb{C}$. On peut l'identifier à l'ensemble $S_v \times \{\pm 1\}$, la multiplication étant donnée par la formule

$$(\sigma,\varepsilon)(\sigma',\varepsilon') = (\sigma\sigma', \varepsilon\varepsilon'\beta_v(\sigma,\sigma')),$$

où β_v est un cocycle, la topologie étant telle que $U \times \{1\}$ est un voisinage de (id,1) si U est un voisinage de l'identité dans S_v.

Plaçons-nous sur A. Alors S_A est le produit restreint des groupes S_v, relativement aux groupes compacts Γ_v, définis par

$\Gamma_v = SL_2(\mathcal{O}_v)$, si v est finie ($\mathcal{O}_v$ désignant l'anneau des entiers de F_v),

$\Gamma_v = SO_2(\mathbb{R})$, si $F_v = \mathbb{R}$,

$\Gamma_v = SU_2(\mathbb{C})$, si $F_v = \mathbb{C}$.

On construit $\tilde{S}_A$ de la même façon que dans le cas local, le cocycle correspondant étant $\beta_A = \Pi_v \beta_v$. Cette construction est possible car $\beta_v(\sigma,\sigma') = 1$ si $\sigma,\sigma' \varepsilon \Gamma_v$, ceci pour preque tout v (i.e. pour tout v sauf un nombre fini). On utilisera les deux propriétés suivantes:

- il existe un homomorphisme (unique) de S_F dans $\tilde{S}_A$, section sur S_F de la projection $\tilde{S}_A \to S_A$. On identifie S_F et son image par cet homomorphisme;

- l'application

$$\begin{pmatrix} 1 & \eta \\ 0 & 1 \end{pmatrix} \longmapsto \left[\begin{pmatrix} 1 & \eta \\ 0 & 1 \end{pmatrix}, 1\right]$$

est un homomorphisme du groupe unipotent N_A de S_A dans $\tilde{S}_A$. On identifie N_A et son image par cet homomorphisme.

2 - Les formes automorphes paraboliques.

Soit G le groupe GL_2. On note A_0 l'espace des formes automorphes paraboliques sur $G_F \backslash G_A$, de caractère central trivial, tel qu'il est défini dans [3]. Soient H_v l'algèbre de Hecke locale de groupe G_v, et $H_A = \otimes H_v$ [3]. L'algèbre H_A agit dans A_0 par la représentation ρ: pour $f \varepsilon H_A$, $\phi \varepsilon A_0$ et $g \varepsilon G_A$, on a

$$\rho(f)\phi(g) = \int_{G_A} \phi(gh) f(h) dh.$$

En utilisant les propriétés rappelées ci-dessus du groupe métaplectique, on peut définir, comme pour GL_2, mutatis mutandis:

- l'espace $\tilde{A}_0$ des formes automorphes paraboliques sur $S_F \backslash \tilde{S}_A$ (si $t \varepsilon \tilde{A}_0$, on suppose que t est "impaire", i.e.

$$t(\alpha(\mathrm{id},\varepsilon)) = \varepsilon t(\sigma)$$

pour tous $\sigma\varepsilon\tilde{S}_A$, $\varepsilon\varepsilon\{\pm 1\}$),;

- l'algèbre de Hecke locale $\tilde{\mathcal{H}}_v$ du groupe $\tilde{S}_v$, et l'algèbre globale

$$\tilde{\mathcal{H}}_A = \otimes\tilde{\mathcal{H}}_v,$$

- la représentation $\tilde{\rho}$ de $\tilde{\mathcal{H}}_A$ dans $\tilde{A}_\circ$.

La représentation ρ (resp. $\tilde{\rho}$) a les propriétés suivantes: l'espace $A_\circ$ (resp. $\tilde{A}_\circ$) est somme directe de sous-espaces irréductibles pour cette action. Si V (resp. T) est au tel sous-espace, soit ρ_V (resp. $\tilde{\rho}_T$) la représentation de $\mathcal{H}_A$ dans V (resp. de $\tilde{\mathcal{H}}_A$ dans T). Alors ρ_V (resp. $\tilde{\rho}_T$) est isomorphe à un produit tensoriel $\rho_V \sim \otimes\rho_{V,v}$ (resp. $\tilde{\rho}_T \sim \otimes\tilde{\rho}_{T,v}$), où $\rho_{V,v}$ (resp. $\tilde{\rho}_{T,v}$) est une représentation irréductible de $\mathcal{H}_v$ (resp. $\tilde{\mathcal{H}}_v$).

3 - La représentation de Weil.

Soit E un espace de dimension finie impaire sur F, muni d'une forme quadratique q non dégénérée. Soit Ψ un caractère continu non trivial de F\A. Plaçons-nous sur F_v et notons $\mathcal{S}(E_v)$ l'espace des fonctions de Schwartz sur le complété E_v. On définit une représentation $r_{\psi,q,v}$ de $\tilde{S}_v$ dans $\mathcal{S}(E_v)$ par les formules suivantes, où $f\varepsilon\mathcal{S}(E_v)$ et $x\varepsilon E_v$:

$$r_{\psi,q,v}\left(\begin{pmatrix} 1 & \eta \\ 1 & 0 \end{pmatrix}\right)f(x) = \psi_v(\eta q_v(x))f(x)$$

$$r_{\psi,q,v}\left(\left(\begin{pmatrix} 0 & 1 \\ -1 & 0 \end{pmatrix},\varepsilon\right)\right) f(x) = \varepsilon\gamma_{\psi,q,v} \int_{E_v} f(y)\psi_v(q_v(x,y))d_v y,$$

où $q(x,y) = q(x+y) - q(x) - q(y)$, $\gamma_{\psi,q,v}$ est une certaine constante de module 1, et $d_v y$ est une mesure de Haar sur E_v bien choisie [2]. Globalement, on définit par tensorisation la représentation $r_{\psi,q}$ de $\tilde{S}_A$ dans l'espace de Schwartz,

$\mathcal{S}(E_A)$. Si $f\varepsilon\mathcal{S}(E_A)$, la fonction

$$\sigma \mapsto \sum_{x\varepsilon E_F} r_{\psi,q}(\sigma)f(x)$$

est invariante à gauche par S_F, et est à croissance modérée.

Dans le cas particulier où E = F et $q(x) = x^2$, on note Ⓗ$_1$ l'espace engendré par ces dernières fonctions (pour tous les caractères ψ). On note $\tilde{A}_{oo}$ l'espace des formes automorphes paraboliques t orthogonales à Ⓗ$_1$, i.e.

$$\int_{S_F/\tilde{S}_A} t(\sigma)\overline{\theta_1(\sigma)}d\sigma = 0$$

pour tout $\theta_1\varepsilon$ Ⓗ$_1$.

II La construction de Shintani.

1 - Soit ψ un caractère non trivial de $F\backslash A$. Notons H l'espace des matrices 2 x 2 de trace nulle, et, pour $x\varepsilon H$,

$$q(x) = -\det x = u^2 + vw \qquad \left(\text{si } x = \begin{pmatrix} u & v \\ w & -u \end{pmatrix}\right)$$

Le groupe $G = GL_2$ agit sur H par $x \cdot g = g^{-1}xg$. Notons Z le centre de G. Cette action identifie G/Z à SO(H,q). Sur l'espace de Schwartz $\mathcal{S}(H_A)$, on a donc

- une action de $\tilde{S}_A$ donnée par $r_{\psi,q}$, qu'on note simplement r_ψ,

- une action R de G_A définie par $R(g)f(x) = f(g^{-1}xg)$, pour $f\varepsilon\mathcal{S}(H_A)$, $g\varepsilon G_A$, et $x\varepsilon H_A$.

Ces actions commutent: $r_\psi(\sigma)R(g)f = R(g)r_\psi(\sigma)f$.

Pour $f\varepsilon\mathcal{S}(H_A)$, $\sigma\varepsilon\tilde{S}_A$, $g\varepsilon G_A$, on pose

$$\theta_\psi(f,\sigma,g) = \Sigma_{x\varepsilon H_F}\ r_\psi(\sigma)R(g)f(x)$$

C'est une fonction sur $\tilde{S}_A \times G_A$, invariante à gauche par $S_F \times G_F Z_A$.

On suppose dans la suite que la condition suivante est vérifiée: f est somme de fonctions du type $\otimes f_v$, où

- $f_v \varepsilon \mathcal{S}(H_v)$ si v est finie,
- pour $x = \begin{pmatrix} u & v \\ w & -u \end{pmatrix}$,

$$f_v(x) = P(u,v,w)\exp(-2\pi|c|(u^2 + \frac{v^2}{2} + \frac{w^2}{2})),$$

si v est réelle, où P est un polynôme quelconque et c est tel que $\psi_v(t) = \exp(2\pi ict)$,

$$f_v(x) = P(u,\bar{u},v,\bar{v},w,\bar{w})\exp(-4\pi|c|^{1/2}(|u| + \frac{|v|}{2} + \frac{|w|}{2})),$$

si v est complexe, où P est un polynôme quelconque et c est tel que

$$\psi_v(t) = \exp(4\pi i\ \mathrm{Re}(ct))\ \ (\text{et } |t| = t\bar{t}, \text{ pour } t\varepsilon\mathbb{C}).$$

On note $\mathcal{S}_\psi(H_A)$ l'espace des fonctions de ce type.

2 - Soient $\phi\varepsilon\mathcal{A}_\circ$ et $f\varepsilon\mathcal{S}_\psi(H_A)$. On pose

$$t_\psi(f,\sigma,\phi) = \int_{G_F Z_A \backslash G_A} \theta_\psi(f,\sigma,g)\phi(g)dg.$$

Proposition 1. L'intégrale précédente converge absolument, et la fonction

$$\sigma \longmapsto t_\psi(f,\sigma,\phi) \text{ appartient à } \mathcal{A}_\circ.$$

Si V est un sous-espace irréductible de $\mathcal{A}_\circ$, on note $T(\psi,V)$ l'espace de fonctions $\sigma \longmapsto t_\psi(f,\sigma,\phi)$ pour tous

$\phi \in V$ et $f \in \mathcal{S}_\psi(H_A)$.

Soient maintenant $t \in \tilde{\mathcal{A}}_{\circ\circ}$ et $f \in \mathcal{S}_\psi(H_A)$. On pose

$$\phi_\psi(f,t,g) = \int_{S_F \backslash \tilde{S}_A} t(\sigma)\overline{\theta_\psi(f,\ \sigma,\ g)}\, d\sigma.$$

<u>Proposition 2. L'intégrale précédente converge absolument et la fonction</u>

$$g \longmapsto \phi_\psi(f,t,g) \quad \text{appartient à } \mathcal{A}_\circ.$$

Si T est un sous-espace irréductible de $\tilde{\mathcal{A}}_{\circ\circ}$, on note $V(\psi,T)$ l'espace des fonctions $g \longmapsto \phi_\psi(f,t,g)$, pour tous $t \in T$ et $f \in \mathcal{S}_\psi(H_A)$.

<u>III Coefficients de Fourier</u>

Soient $t \in \tilde{\mathcal{A}}_\circ$, ψ' un caractère non trivial de $F\backslash A$. Le ψ'-ième coefficient de Fourier de t est la fonction:

$$\tilde{W}(\psi',t,\sigma) = \int_{F\backslash A} t\left(\begin{pmatrix}1 & \eta\\ 0 & 1\end{pmatrix}\sigma\right)\psi'(-\eta)\,d\eta$$

Si T est un sous-espace de $\tilde{\mathcal{A}}_\circ$, on note $\tilde{W}(\psi',T)$ l'espace des fonctions $\sigma \longmapsto \tilde{W}(\psi',t,\sigma)$ quand t décrit T.

Soient V un sous-espace irréductible de $\tilde{\mathcal{A}}_\circ$, $\phi \in V$, $f \in \mathcal{S}_\psi(H_A)$ et $\xi \in F^\times$. Supposons que $f = t_\psi(f,\cdot,\phi)$ et que ψ' est le caractère ψ^ξ défini par $\psi^\xi(x) = \psi(\xi x)$. Alors

$$\tilde{W}(\psi^\xi,t,\sigma) = \int_{G_F Z_A \backslash G_A} \sum_{\substack{x \in H_F\\ q(x)=\xi}} r_\psi(\sigma)R(g)f(x)\phi(g)\,dg.$$

Posons $x_\xi = \begin{pmatrix}0 & 1\\ \xi & 0\end{pmatrix}$, et soit O_ξ son stabilisateur dans G (on vérifie que O_ξ est formé des matrices dans G de la forme $\begin{pmatrix}a & b\\ b\xi & a\end{pmatrix}$). Si $x \in H_F$ est tel que $q(x) = \xi$, il existe $h \in G_F$ tel que $x = h^{-1}x_\xi h$. Alors

$$\tilde{W}(\psi^{\xi},t,\sigma) = \int_{G_F Z_A \backslash G_A} \sum_{h\in O_{\xi,F}\backslash G_F} r_{\psi}(\sigma)R(hg)f(x_{\xi})\phi(g)dg$$

$$= \int_{O_{\xi,F}Z_A\backslash G_A} r_{\psi}(\sigma)R(g)f(x_{\xi})\phi(g)dg$$

$$= \int_{O_{\xi,A}\backslash G_A} r_{\psi}(\sigma)R(g)f(x_{\xi})\int_{O_{\xi,F}Z_A\backslash O_{\xi,A}} \phi(hg)dh\, dg.$$

Proposition 3. *Supposons qu'il existe* $\phi\in V$ *et* $g\in G_A$ *tels que*

$$\int_{O_{\xi,F}Z_A\backslash O_{\xi,A}} \phi(hg)dh \neq 0.$$

Alors:

1) *pour toute place v, il existe un unique espace* U_v *de fonctions continues sur* $O_{\xi,v}\backslash G_v$, *stable par la représentation de* $\mathcal{H}_v$ *déduite de l'action de* G_v *par translations à droite, et tel que* $\rho_{V,v}$ *soit isomorphe à cette réprésentation de* $\mathcal{H}_v$ *dans* U_v;

2) *il existe un isomorphisme de représentations de* $\mathcal{H}_A$

$$V \xrightarrow{u} \otimes U_v$$

$$\phi \longmapsto u_{\phi}$$

tel que si $\phi\in V$ *correspond à* $u_{\phi} = \otimes u_{\phi,v}$, *on ait*

$$\int_{O_{\xi,F}Z_A\backslash O_{\xi,A}} \phi(hg)dh = \prod_v u_{\phi,v}(g).$$

Dans la situation précédente, supposons que $u_{\phi} = \otimes u_v$ et $f = \otimes f_v$ et posons, pour chaque place v,

$$\tilde{W}_v(\psi^{\xi},u_v,\sigma) = \int_{O_{\xi,v}\backslash G_v} r_{\psi,v}(\sigma)R(g)f_v(x_{\xi})u_v(g)dg.$$

Corollaire. Sous ces hypothèses, on a l'égalité

$$\tilde{W}(\psi^{\xi},t,\sigma) = \prod_{v} \tilde{W}_v(\psi^{\xi},u_v,\sigma).$$

Le corollaire ramène l'étude de l'espace $T(\psi,V)$ à une étude d'espaces locaux.

IV Les résultats

Dans les théorèmes 1 et 2 suivants, ψ est un caractère non trivial de F\A, V est un sous-espace irréductible de A_{o}, T est un sous-espace irréductible de $\tilde{A}_{oo}$.

Théorème 1. 1) L'espace $T(\psi,V)$ est un sous-espace irréductible de $\tilde{A}_{oo}$.

2) L'espace $V(\psi,T)$ est un sous-espace irréductible de A_{o}.

Notons L(V,s) la fonction L associée à la représentation ρ_V [3]. Cette fonction possède une équation fonctionnelle en $s \longmapsto 1 - s$.

Théorème 2. 1) Les conditions suivantes sont équivalentes:

(i) l'espace $T(\psi,V)$ est non nul;

(ii) l'espace des ψ-ièmes coefficients de Fourier $\tilde{W}(\psi,T(\psi,V))$ est non nul;

(iii) $L(V, 1/2) \neq 0$.

2) Les conditions suivantes sont équivalentes:

(i) l'espace $V(\psi, T)$ est non nul;

(ii) l'espace des ψ-ièmes coefficients de Fourier $\tilde{W}(\psi,T)$ est non nul.

Théorème 3. *Soit ψ un caractère non trivial de* $F\backslash A$. *L'application* $T \longmapsto V(\psi,T)$ *est une bijection de l'ensemble des sous-espaces irréductibles* T *de* $\tilde{A}_{oo}$, *tels que* $\tilde{W}(\psi,T)$ *soit non nul, sur l'ensemble des sous-espaces irréductibles* V *de* A_o *tels que* $L(V, 1/2) \neq 0$. *Son application réciproque est* $V \longmapsto T(\psi,V)$.

Corollaire. *Si* T *est un sous-espace irréductible de* $\tilde{A}_{oo}$, *il existe un caractère* ψ *non trivial de* $F\backslash A$, *et un sous-espace irréductible* V *de* A_o *tels que* $T = T(\psi,V)$.

Si $b\varepsilon F^x$, on note χ_b le caractère quadratique de $F^x\backslash I$ associé à l'extension $F(\sqrt{b})$. Si V est un sous-espace de A_o, on note $V\otimes\chi_b$ l'espace des fonctions $\phi x(\chi_b \circ \det)$, pour $\phi\varepsilon V$.

Proposition 4. *Soient* $b\varepsilon F^x$ *et* ψ *un caractère non trivial de* $F\backslash A$.

1) *Si* V *et* V' *sont deux sous-espaces irréductibles de* A_o *tels que* $T(\psi,V)$ *et* $T(\psi^b,V')$ *soient égaux et non-nuls, on a l'égalité* $V' = V\otimes\chi_b$.

2) *Soit* T *un sous-espace irréductible de* $\tilde{A}_{oo}$. *Supposons que* $V(\psi,T)$ *et* $V(\psi^b,T)$ *sont tous deux non nuls. Alors* $V(\psi^b,T) = V(\psi,T)\otimes\chi_b$.

Remarque: l'assertion 2) est un corollaire de l'assertion 1); ce n'en est pas un réciproque.

Theorème 4. *Soient* T_1 *et* T_2 *deux sous-espaces irréductibles de* $\tilde{A}_{oo}$. *Si* $\tilde{\rho}_{T_1}$ *et* $\tilde{\rho}_{T_2}$ *sont isomorphes, on a l'égalité* $T_1 = T_2$.

Remarque. Le théorème 4 est un théorème de multiplicité un faible. Le théorème fort (consistant à remplacer, dans l'énoncé précédent, l'hypothèse "$\tilde{\rho}_{T_1} \sim \tilde{\rho}_{T_2}$" par "$\tilde{\rho}_{T_1,v} \sim \tilde{\rho}_{T_2,v}$ pour presque toute place v") est faux. Si on remplace le groupe métaplectique au dessus de SL_2 par son analogue au dessus de GL_2, le théorème fort devient vrai (Flicker [1]).

V Compléments

1 - Soient T_1 et T_2 deux sous-espaces irréductibles de $\tilde{A}_{oo}$. Notons Σ_1 (resp. Σ_2) l'ensemble des valuations v pour lesquelles $\tilde{\rho}_{T_1,v}$ (resp. $\tilde{\rho}_{T_2,v}$) n'est ni spéciale, ni supercuspidale. Supposons que $\tilde{\rho}_{T_1,v}$ et $\tilde{\rho}_{T_2,v}$ soient isomorphes pour presque tout v. On montre alors que $\Sigma_1 = \Sigma_2$, et que pour $v \in \Sigma_1 (= \Sigma_2)$, $\tilde{\rho}_{T_1,v}$ et $\tilde{\rho}_{T_2,v}$ sont isomorphes.

2 - Soient ψ un caractère non trivial de $F\backslash A$, T un sous-espace irréductible de $\tilde{A}_{oo}$, b un élément de F^x tel que $\tilde{W}(\psi^b,T)$ soit non nul. Posons $V^{\circ}(\psi,T) = V(\psi^b,T) \otimes \chi_b$. D'après le théorème 2, cet espace est non nul. D'après la proposition 4, il est indépendant de b, et égal à $V(\psi,T)$ si ce dernier est non nul. Posons $L_{\psi}(T,s) = L(V^{\circ}(\psi,T),s)$. Alors

<u>Proposition 5</u>. <u>Sous ces hypothèses, l'espace</u> $\tilde{W}(\psi,T)$ <u>est non nul si et seulement si les deux conditions suivantes sont vérifiées</u>:

(i) <u>pour toute place v</u>, $\tilde{\rho}_{T,v}$ <u>admet un modèle de Whittaker relatif à</u> ψ_v;

(ii) $L_{\psi}(T, 1/2) \neq 0$.

3 - soit M' une algèbre de quaternions sur F, non déployée. On peut effectuer des constructions analogues à celles du §II en remplaçant $G = GL_2$ par le groupe G' des éléments inversibles de M', H par l'espace H' des éléments de M' de trace réduite nulle, q par la forme $q' = $ -norme réduite (l'espace A_o doit être remplacé par l'espace A'_o des formes automorphes sur $G'_F Z_A \backslash G'_A$ orthogonales aux formes $\chi o N$, où N est la norme réduite et χ un caractère quadratique de $F^x \backslash I$). Les propositions 1 et 2 restent vraies.

Soient V' un sous-espace irréductible de A'_o, et ψ un caractère non trivial de $F\backslash A$. On peut donc associer à V' un sous-espace $T(\psi,V')$ de $\tilde{A}_{oo}$. D'autre part, la correspondance de Langlands [3] associe à V' un sous-espace irréductible V de A_o. Enfin, on peut associer à V le sous-espace $T(\psi,V)$ de $\tilde{A}_{oo}$. Le diagramme ci dessous résume la situation. Contrairement à toute attente, $T(\psi,V')$ et $T(\psi,V)$ ne sont pas égaux (bien que, s'ils sont tous deux non nuls, les représentations de $\tilde{H}_A$ sur ces espaces soient isomorphes presque partout). Cela permet de construire des contre-exemples au théorème fort de multiplicité 1.

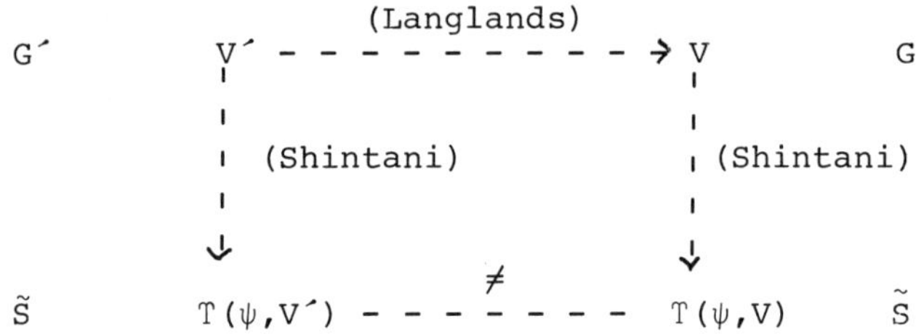

Bibliographie

[1] Y. Z. Flicker, Automorphic forms on covering groups of GL(2), preprint IAS.

[2] S. Gelbart, Weil's Representation and the spectrum of the metaplectic group, Springer L.N. 530 (1976).

[3] H. Jacquet, R. P. Langlands, Automorphic forms on GL(2), Springer L.N. 114 (1970).

[4] G. Shimura, Modular forms of half integral weight, in Modular functions of one variable I, Springer L.N. 320 (1973).

[5] T. Shintani, On construction of holomorphic cusp forms of half integral weight, Nagoya Math. J. 58 (1975), 83-126.

[6] J. L. Waldspurger, Correspondance de Shimura, J. de Math. Pures et Appliquées. 59 (1980), 1-133.

9 rue Victor Considérant
Paris IVe

SUR LA CONJECTURE DE SAITO-KUROKAWA (D'APRES H. MAASS)

D. ZAGIER

Il existe une correspondance bijective entre les formes modulaires à une variable et certaines formes modulaires pour le groupe modulaire de Siegel de degré 2. Ce fait a été conjecturé indépendamment en 1977 par H. Saito et N. Kurokawa à partir de calculs numériques explicites pour les coefficients de Fourier des formes de basse dimension. Dans l'article [8], Kurokawa décrit l'espace des formes modulaires de Siegel que l'on doit obtenir de cette façon et donne quelques exemples. Il fait la remarque que ces formes ne satisfont pas à la conjecture de Ramanujan généralisée. Dans une série de trois articles [12-14] parus dans les Inventiones Mathematicae en 1979 et complétés par un article d'Andrianov [2], Maass démontre l'existence de cette correspondance dans le sens contraire, sans toutefois en pouvoir démontrer la bijectivité. Notre but est d'expliquer sous une forme simplifiée les résultats de Maass-Andrianov et en même temps de démontrer complètement la conjecture de Saito-Kurokawa. On ramène celle-ci à des questions sur la relation entre formes modulaires de poids demi-entier et formes de poids entier qui avaient été résolues antérieurement par les travaux de Shimura [21], Niwa [15] et, dans la forme précise dont on aura besoin, par Kohnen [6]. On signale que la conjecture a été étudiée du même point de vue par Eichler, qui obtient également des résultats dans le cas (non traité ici) des formes de niveau > 1.

§1. Rappels sur les formes modulaires ordinaires et de Siegel. Conjecture de Saito-Kurokawa.

Pour fixer les notations, on rappelle très brièvement les propriétés les plus importantes des formes modulaires en une variable. Pour k un entier positif et pair on note M_k l'espace des formes modulaires sur $\Gamma = SL_2(\mathbb{Z})$, c'est-à-dire des fonctions $f: H \to \mathbb{C}$ (H demi-plan supérieur complexe) satisfaisant à

$$f\left(\frac{a\tau + b}{c\tau + b}\right) = (c\tau + d)^k f(\tau) \qquad \left(\begin{pmatrix} a & b \\ c & d \end{pmatrix} \in \Gamma,\ \tau \in H\right) \tag{1}$$

et ayant un développement de Fourier

$$f(\tau) = \sum_{n=0}^{\infty} a(n) q^n \qquad (q = e^{2\pi i \tau}), \tag{2}$$

et par S_k le sous-espace des formes paraboliques ($a(0) = 0$). On associe à $f \in S_k$ la série de Dirichlet $L_f(s) = \sum_{n=1}^{\infty} a(n) n^{-s}$. Pour tout premier p on a l'opérateur de Hecke $T(p): S_k \to S_k$; l'espace S_k a une base canonique donnée par les formes propres simultanées de ces opérateurs et la série L d'une telle forme a une décomposition en produit eulérien du type

$$L_f(s) = \prod_p (1 - \lambda_p p^{-s} + p^{k-1-2s})^{-1} \qquad (T(p) f = \lambda_p f). \tag{3}$$

D'après la conjecture de Ramanujan-Petersson, démontrée par Deligne, le polynôme $1 - \lambda_p t + p^{k-1} t^2$ apparaissant en (3) a des racines conjuguées complexes, c'est-à-dire

$$\lambda_p^2 < 4\, p^{k-1} \qquad (\forall\, p). \tag{4}$$

La définition des formes modulaires de Siegel (de degré 2) est analogue, sauf que l'on remplace Γ par $\Gamma_2 = Sp_4(\mathbb{Z})$ et $\tau \in H$ par une variable Z dans le demi-plan supérieur de Siegel H_2, c'est-à-dire

$$Z = \begin{pmatrix} \tau & z \\ z & \tau' \end{pmatrix}, \quad \tau, \tau' \in H,\ z \in \mathbb{C}, \qquad \operatorname{Im}(z)^2 < \operatorname{Im}(\tau)\operatorname{Im}(\tau'). \tag{5}$$

L'espace $M_k(\Gamma_2)$ des formes modulaires de poids k pour Γ_2 est formé des fonctions $F: H_2 \to \mathbb{C}$ satisfaisant à la loi de transformation

$$F(AZ+B)(CZ+D)^{-1}) = \det(CZ+D)^k F(Z) \tag{6}$$

$$\left(\begin{pmatrix} A & B \\ C & D \end{pmatrix} \in \Gamma_2,\ A,B,C,D \in M_2(\mathbb{Z})\right)$$

et ayant un développement de Fourier de la forme

$$F(Z) = \sum_{Q\geq 0} A(Q)e^{2\pi i Q\cdot Z} \tag{7}$$

$$= \sum_{n,r,m} A(n,r,m)\, e^{2\pi i(n\tau+rz+m\tau')},$$

où la sommation porte sur les formes quadratiques binaires semi-définies positives

$$Q = [n,r,m] = nx^2+rxy+my^2 \tag{8}$$

$$(n,r,m\in\mathbb{Z},\quad n,m\geqslant 0,\quad 4nm - r^2\geqslant 0)$$

(on a préféré ici le langage des formes quadratiques à la notation matricielle $\begin{pmatrix} n & r/2 \\ r/2 & m \end{pmatrix}$ habituelle). Le sous-espace $S_k(\Gamma_2)$ des formes paraboliques est défini de la même façon mais avec $Q > 0$ (c'est-à-dire $4nm > r^2$). La théorie des opérateurs de Hecke, bien plus difficile dans ce cas que dans celui des formes sur $SL_2(\mathbb{Z})$, a été développée par Andrianov [1], qui montre comment associer à une forme F propre pour ces opérateurs une série de Dirichlet de la forme

$$Z_F(s) = \prod_p Z_{F,p}(p^{-s})^{-1}, \tag{9}$$

où $Z_{F,p}(t)$ est un polynôme de degré 4 dont les coefficients dépendent des valeurs propres de F pour $T(p)$ et $T(p^2)$ (nous n'allons pas préciser). Ce qu'ont découvert Saito et Kurokawa est que, pour certaines formes F et pour des petites valeurs de p, ce polynôme a la forme

$$Z_{F,p}(t) = (1 - p^{k-1}t)(1 - p^{k-2}t)\left(1 - \lambda_p t + p^{2k-3}t^2\right) \tag{10}$$

où λ_p est la valeur propre de T(p) pour une certaine forme propre $f \in S_{2k-2}$ qui dépende de F mais non de p; ceci mène à la

CONJECTURE DE SAITO-KUROKAWA (version faible): _Il y a une correspondance_ $f \leftrightarrow F$ _entre_ S_{2k-2} _et un certain sous-espace de_ $S_k(\Gamma_2)$, _caractérisée par l'identité_

$$Z_F(s) = \zeta(s-k+1)\zeta(s-k+2)L_f(s) \qquad (11)$$

des séries de Dirichlet associées.

Comme on l'a déjà mentionné, l'équation (11) (ou même (10) pour une valeur de p) implique que la forme F en question ne satisfait pas à la conjecture de Ramanujan-Petersson généralisée qui voudrait que les racines du polynôme $Z_{F,p}(t)$ soient toujours de valeur absolue $p^{-k+3/2}$. Par contre, Kurokawa conjecture que toute forme propre $F \in S_k(\Gamma_2)$ ne provenant pas d'une forme de S_{2k-2} satisfait à cette hypothèse. Les dimensions de $S_k(\Gamma_2)$ et S_{2k-2} pour k petit sont données par la table

k	<10	10	12	14	16	18	20
dim S_{2k-2}	0	1	1	1	2	2	2
dim $S_k(\Gamma_2)$	0	1	1	1	2	2	3

,

et pour la forme propre en $S_{20}(\Gamma_2)$ qui n'est pas associée à un élément de S_{38} Kurokawa a vérifié pour p = 2, 3 que $Z_{F,p}(t) = (1 - \alpha_p t + p^{37}t^2)(1 - \beta_p t + p^{37}t^2)$ avec $|\alpha_p|$, $|\beta_p| < 2\ p^{37/2}$.

§2. L'espace de Maass. Formes de poids demi-entier. Énoncés des théorèmes.

L'investigation de Maass est basée sur l'étude d'un certain sous-espace de $M_k(\Gamma_2)$ qu'il appelle le "Spezialschar" et que nous allons appeler l'espace de Maass. C'est l'espace des formes (7) dont les coefficients de Fourier satisfont aux identités

$$A(n,r,m) = \sum_{\substack{d>0 \\ d|(n,r,m)}} d^{k-1} A(1,\tfrac{r}{d},\tfrac{mn}{d^2}) \tag{12}$$

$$((n,r,m) \neq (0,0,0)).$$

On note cet espace (resp. son intersection avec $S_k(\Gamma_2)$) par $M_k^*(\Gamma_2)$ (resp. $S_k^*(\Gamma_2)$). Alors la conjecture précise faite par Kurokawa dans [8] est

CONJECTURE DE SAITO-KUROKAWA (version forte): L'espace $S_k^*(\Gamma_2)$ est engendré par des formes propres pour les opérateurs de Hecke. Il y a une correspondance bijective entre ces formes et les formes propres de S_{2k-2} donnée par la relation (11) entre les séries L.

La définition un peu étrange de l'espace de Maass a été faite pour des raisons empiriques: il a été découvert par Saldaña [20] que les coefficients de Fourier des séries d'Eisenstein pour Γ_2 satisfont à (12) (ce qui fut démontré ensuite par Maass [9]) et par Resnikoff et Saldaña [19] que les mêmes relations sont satisfaites par les coefficients de certaines formes de Siegel paraboliques; ces calculs ont mené Maass en [11] et puis de façon plus systématique en [12-14] à considérer l'espace défini par (12). Nous allons donner une définition plus naturelle de l'espace de Maass. Si $Q = [n,r,m]$ est une forme quadratique binaire définie, on note par $d(Q) = 4nm-r^2$ la valeur absolue de son discriminant et par $e(Q) = (n,r,m)$ le p.g.c.d. de ses coefficients, de façon que Q est e(Q) fois une forme primitive (donc avec e = 1) de discriminant $-d(Q)/e(Q)^2$. Alors on a le

<u>Théorème 1</u>: <u>Soit</u> F <u>une forme modulaire de Siegel de degré</u> 2 <u>et de poids</u> k <u>avec le développement de Fourier (7)</u>. <u>Alors les conditions suivantes sont équivalentes</u>:

i) F <u>appartient à l'espace de Maass</u>, <u>c'est-à-dire les coefficients</u> A(Q) <u>satisfont aux relations (12)</u>;

ii) <u>les coefficients</u> A(Q) <u>ne dépendent que de</u> d(Q) <u>et de</u> e(Q);

iii) <u>les coefficients</u> A(Q) <u>pour</u> Q <u>primitive ne dépendent que de</u> d(Q).

Avant d'énoncer le deuxième théorème, il nous faudra rappeler des résultats sur les formes modulaires de poids demi-entier. Une forme modulaire de poids $k - 1/2$ ($k \in \mathbb{N}$) sur le groupe $\Gamma_0(4) = \{\begin{pmatrix} a & b \\ c & d \end{pmatrix} \in SL_2(\mathbb{Z}) \mid c \equiv 0 \pmod 4\}$ est une fonction $h: H \to \mathbb{C}$ holomorphe et satisfaisant aux conditions de croissance usuelles aux pointes telle que

$$h\left(\frac{a\tau+b}{c\tau+d}\right) = \varepsilon_k\begin{pmatrix} a & b \\ c & d \end{pmatrix}(c\tau+d)^{k-1/2}h(\tau) \quad \begin{pmatrix} a & b \\ c & d \end{pmatrix} \in \Gamma_0(4) \tag{13}$$

où $\varepsilon_k\begin{pmatrix} a & b \\ c & d \end{pmatrix}$ est une certaine racine 8-ième d'unité, définie par exemple par le fait que la série thêta $\left(\sum_{\infty}^{\infty} e^{2\pi i n^2\tau}\right)^{2k-1}$ doit satisfaire à (13). La théorie des telles formes a été initiée par Shimura [21], qui a défini des opérateurs de Hecke et montré comment associer à une forme de poids $k - 1/2$ sur $\Gamma_0(4)$ (ou $\Gamma_0(4N)$, $N \in \mathbb{N}$ propre pour ces opérateurs une forme propre de poids $2k-2$ ayant pour presque tout premier p les mêmes valeurs propres; il conjecturait que le niveau des formes de poids entier obtenues ainsi est 2N, ce qui fut démontré après par Niwa [15]. Cette correspondance $M_{k-1/2} \to M_{2k-2}$ n'est pourtant pas parfaite, car même dans le cas N = 1 il existe des formes propres non proportionnelles de poids k - 1/2 ayant les mêmes valeurs propres pour presque tous les opérateurs de Hecke. Récemment, Kohnen [6] a pu remédier à ce défaut en introduisant un certain sous-espace de $M_{k-1/2}$, défini pour N = 1 et k pair comme l'ensemble des formes h satisfaisant à (13) et ayant un développement de Fourier de la forme

$$h(\tau) = \sum_{\substack{n\geqslant 0 \\ n\equiv 0 \text{ ou } 3 \pmod 4}} c(n)\, e^{2\pi i n\tau} \tag{14}$$

On note par $M^+_{k-1/2}$ cet espace et par $S^+_{k-1/2}$ le sous-espace des formes paraboliques (c(0) = 0). Alors on a le

<u>Théorème</u> (Kohnen [6]): <u>Soit</u> k > 0 <u>un entier pair</u>. <u>L'espace</u> $M^+_{k-1/2}$ <u>est stable par les opérateurs de Hecke définis par</u>

$$T(p)h(\tau) = \sum_{\substack{n\geqslant 0 \\ n\equiv 0 \text{ ou } 3 \pmod 4}} \left\{c(p^2n) + \left(\frac{-n}{p}\right)p^{k-2}c(n) + p^{2k-3}c(n/p^2)\right\} e^{2\pi i n\tau} \tag{15}$$

<u>et possède une base</u> (<u>unique à des permutations et des multiplications par des scalaires près</u>) <u>de formes propres pour ces opérateurs</u>. <u>Il y a une bijection canonique entre ces formes propres et les formes propres dans</u> M_{2k-2} <u>telle que les valeurs propres des formes correspondantes sont les mêmes</u>. <u>Pour l'obtenir</u>, <u>on pose pour</u> $h = \sum c(n)\, q^n \in M^+_{k-1/2}$ <u>et</u> D <u>le discriminant d'un corps quadratique imaginaire</u>

$$S^+_D h(\tau) = \frac{1}{2}c(0)L_D(2-k) + \sum_{n=1}^{\infty}\left(\sum_{\substack{d\mid n \\ d>0}} \left(\frac{D}{d}\right) d^{k-2} c\left(\frac{n^2}{d^2}|D|\right)\right) e^{2\pi i n\tau} \tag{16}$$

(où $L_D(s) = \zeta_{\mathbb{Q}(\sqrt{D})}(s)/\zeta(s) = \sum (\frac{D}{n}) n^{-s}$); alors $S_D^+ h \in M_{2k-2}$, l'application S_D^+ commute aux opérateurs de Hecke, et il y a une combinaison linéaire des S_D^+ qui est un isomorphisme.

Kohnen démontre ce résultat également dans le cas de k impair, où il faut remplacer "$n \equiv 0$ ou 3" par "$n \equiv 0$ ou 1", $(\frac{-n}{p})$ par $(\frac{n}{p})$, et D par 1 ou le discriminant d'un corps quadratique réel, mais nous n'aurons besoin que du cas cité ici. Nous pouvons maintenant formuler le résultat principal de cette note.

Théorème 2: Il y a un isomorphisme canonique, commutant aux opérateurs de Hecke, et faisant correspondre des formes paraboliques à des formes paraboliques, entre l'espace $M_k^*(\Gamma_2)$ de Maass et l'espace $M_{k-1/2}^+$ de Kohnen, donné comme il suit: Si $F \in M_k^*(\Gamma_2)$ a le développement de Fourier (7), on pose $c(o) = \frac{2}{\zeta(1-k)} A(0)$ pour tout n positif et congru 0 ou 3 (mod 4), et $c(n) = A(Q_n)$, où Q_n est une forme binaire primitive quelconque de discriminant $-n$. Alors la fonction h définie par (14) appartient à $M_{K-1/2}^+$ inversément, pour $h \in M_{k-1/2}^+$ avec le développement de Fourier (14), la fonction définie par (7) avec

$$A(Q) = \sum_{\substack{d \mid e(Q) \\ d > 0}} d^{k-1} c\left(d(Q)/d^2\right) \qquad (Q \neq 0) \tag{17}$$

et $A(0) = \frac{1}{2}\zeta(1-k)\ c(0)$ appartient à $M_k^*(\Gamma_2)$.

Corollaire: La "version forte" de la conjecture de Saito-Kurokawa est vraie.

La plus grande partie de ce théorème est contenue dans les travaux de Maass-Andrianov, dont nous rappelons brièvement le contenu pour faciliter la comparaison avec notre résultat. L'idée essentielle d'associer à une forme de $M_k^*(\Gamma_2)$ une forme de poids demi-entier est déjà contenue dans le premier papier de Maass [12], où il l'emploie pour démontrer que la dimension de $M_k^*(\Gamma_2)$ est au plus égale à celle de

M_{2k-2}. Dans le deuxième papier [13] il montre l'égalité de ces dimensions par le moyen de l'application inverse (demi-entier → Siegel). Dans le troisième [14] il étudie la fonction zêta d'une forme propre de $S_k^*(\Gamma_2)$ et montre qu'elle a la forme (11) pour une certaine forme propre $f \in S_{2k-2}$. Pour ceci il a besoin d'une certaine hypothèse sur les coefficients de Fourier; cette hypothèse a été éliminée par Andrianov [2], qui a démontré en même temps l'invariance de l'espace de Maass par les opérateurs de Hecke. Les deux auteurs ont utilisé les résultats de Shimura. Les améliorations données ici consistent en ce que l'espace $M_{k-1/2}^+$ est plus naturel et a une définition plus simple que l'espace des formes de poids demi-entier dans lequel Maass envoie son espace (ce qui permet de simplifier les démonstrations de [12] et [13]) et que l'on dispose des résultats, plus précis que ceux de Shimura, de Kohnen (ce qui permet d'éviter entièrement les arguments donnés en [14] et [2]).

Signalons aussi l'article très récent [4] de Evdokimov, où l'auteur redémontre l'invariance de l'espace de Maass par les opérateurs de Hecke et démontre pour une forme propre $F \in S_k(\Gamma_2)$ l'équivalence des trois énoncés suivants:

i) F $S_k^*(\Gamma_2)$

ii) $Z_F(s)$ est donnée par (11) pour une forme propre $f \in S_{2k-2}$;

iii) $Z_F(s)$ a un pôle simple en $s = k$ (d'après Andrianov [1], c'est le seul pôle possible pour la fonction zêta d'une forme en $S_k(\Gamma_2)$). L'implication i)→ii) est le résultat de Maass-Andrianov et l'implication ii)→iii) est triviale; les implications contraires donnent une autre caractérisation de l'espace de Maass que celle du Théorème 1.

La démonstration du Théorème 2 sera donnée au §3; on montre ici comment en déduire le corollaire. D'après le

Théorème 2.4.1 d'Andrianov [1], la relation entre la fonction zêta d'une forme propre $F \in S_k(\Gamma_2)$ et ses coefficients de Fourier est donnée par la formule

$$\left(\sum_{i=1}^{h(D)} A(Q_i)\right) Z_F(s) = \zeta_K(s-k+2) \sum_{i=1}^{h(D)} \sum_{m=1}^{\infty} \frac{A(mQ_i)}{m^s}, \tag{18}$$

où D est le discriminant de n'importe quel corps quadratique K et Q_i $(i=1,\ldots,h(D))$ des représentants pour les classes d'équivalence des formes binaires quadratiques définies positives de discriminant D. Si l'on suppose F dans l'espace de Maass, alors les coefficients de Fourier $A(Q_i)$ et $A(mQ_i)$ sont indépendants de i et donnés d'après le Théorème 2 par

$$A(Q_i) = c(|D|),\quad A(mQ_i) = \sum_{d|m} d^{k-1}\, c\left(\frac{m^2}{d^2}|D|\right),$$

où les c(n) sont les coefficients de la forme propre $h \in S^+_{k-1/2}$ qui correspond à F. En divisant les deux membres de (18) par h(D) on obtient donc

$$c(|D|)\; Z_F(s) = \zeta(s-k+2) L_D(s-k+2) \zeta(s-k+1) \sum_{n=1}^{\infty} \frac{c(n^2|D|)}{n^s}.$$

D'autre part, d'après le théorème de Kohnen, la forme $S^+_D h$ définie par (16) est multiple scalaire de la forme propre normalisée $f \in S_{2k-2}$ ayant les mêmes valeurs propres que h. L'équation (16) entraîne alors $S^+_D h = c(|D|) f$ et

$$c(|D|) L_f(s) = L_D(s-k+2) \sum_{n=1}^{\infty} \frac{c(n^2|D|)}{n^s}.$$

En comparant les deux dernières équations et en choisissant D tel que $c(|D|) \neq 0$ (ce qui est toujours possible, car $h \not\equiv 0$) on retrouve la relation (11) de Saito-Kurokawa; la correspondance

$$S_k^*(\Gamma_2) \underset{\text{Théorème 2}}{\overset{\sim}{\longleftrightarrow}} S_{k-1/2}^+ \underset{\substack{\text{Théorème de}\\ \text{Kohnen}}}{\overset{\sim}{\longleftrightarrow}} S_{2k-2}$$

est donc bien la même que celle de leur conjecture.

§3. Développement de Fourier-Jacobi. Démonstrations des théorèmes.

Nous commençons par construire une application $M_k(\Gamma_2) \to M_{k-1/2}^+$ dont la restriction à l'espace de Maass sera l'isomorphisme du Théorème 2.

Théorème 3: Soit $F \in M_k(\Gamma_2)$ avec le développement de Fourier (7). On pose

$$c_0(n) = A(n,0,1), \quad c_1(n) = A(n,1,1).$$

Alors la fonction $h(\tau) = \sum_{n=0}^{\infty} c_0(n) q^{4n} + \sum_{n=1}^{\infty} c_1(n) q^{4n-1}$ appartient à $M_{k-1/2}^+$.

Démonstration: La fonction $F(Z) = F(\tau, z, \tau')$ satisfait aux équations de transformation

$$F(\tau,z,\tau') = (c\tau+d)^{-k} F\left(\frac{a\tau+b}{c\tau+d}, \frac{z}{c\tau+d}, \tau' - \frac{cz^2}{c\tau+d}\right) \quad \left(\begin{pmatrix} a & b \\ c & d \end{pmatrix} \in \Gamma\right) \tag{19a}$$

$$F(\tau,z,\tau') = F(\tau, z+s\tau, \tau'+2sz+s^2\tau) \quad (s \in \mathbb{Z}), \tag{19b}$$

comme on le voit en appliquant (6) aux éléments

$$\left(\begin{array}{cc|cc} a & & b & \\ & 1 & & 0 \\ \hline c & & d & \\ & 0 & & 1 \end{array}\right), \quad \left(\begin{array}{cc|cc} 1 & & & \\ s & 1 & & \\ \hline & & 1 & -s \\ & & & 1 \end{array}\right)$$

de Γ_2. Soit

$$F(\tau,z,\tau') = \sum_{m=0}^{\infty} \phi_m(\tau,z) e^{2\pi i m\tau'} \tag{20}$$

le développement de Fourier de F par rapport à la variable τ'; alors les équations (19) deviennent

$$\phi_m\left(\frac{a\tau+b}{c\tau+d}, \frac{z}{c\tau+d}\right) = (c\tau+d)^k\, e^{\frac{2\pi imcz^2}{c\tau+d}}\, \phi_m(\tau,z), \qquad (21a)$$

$$\phi_m(\tau,z+s\tau) = e^{-2\pi im(2sz+s^2\tau)}\phi_m(\tau,z). \qquad (21b)$$

D'après (7), la fonction ϕ_m a un développement de Fourier de la forme

$$\phi_m(\tau,z) = \sum_{\substack{n,r\in Z\\ 4nm\geq r^2}} A(n,r,m)q^n\zeta^r \qquad (22)$$

$$(q = e^{2\pi i\tau},\ \zeta = e^{2\pi iz}).$$

Nous appelons une fonction ϕ_m sur $H \times \mathbb{C}$ satisfaisant à (21) et (22) une <u>forme de Jacobi</u> (de poids k et indice m) et (20) le <u>développement de Fourier-Jacobi</u> de la forme modulaire de Siegel F.

On considère maintenant le premier coefficient ϕ_1. L'équation (21) entraîne $A(n,r,1) = A(n-rs+s^2,r-2s,1)$, donc avec $s - [\frac{r}{2}]$

$$A(n,r,1) = \begin{cases} c_0(n - \frac{r^2}{4}) & \text{si } r \equiv 0 \pmod 2, \\ c_1(n - \frac{r^2-1}{4}) & \text{si } r \equiv 1 \pmod 2. \end{cases} \qquad (23)$$

Ceci implique

$$\phi_1(\tau,z) = h_0(\tau)\Theta_0(\tau,z) + h_1(\tau)\Theta_1(\tau,z) \qquad (24)$$

où

$$h_0(\tau) = \sum_{n=0}^{\infty} c_0(n)\, q^n, \quad h_1(\tau) = \sum_{n=0}^{\infty} c_1(n) q^{n-1/4}$$

et

$$\Theta_i(\tau,z) = \sum_{\substack{r\in\mathbb{Z} \\ r \equiv i \pmod 2}} q^{r^2/4}\, \zeta^r$$

L'équation (21a) appliquée à $\begin{pmatrix} a & b \\ c & d \end{pmatrix} = \begin{pmatrix} 0 & -1 \\ 1 & 0 \end{pmatrix}$ nous donne alors

$$h_0(\tfrac{-1}{\tau})\Theta_0(\tfrac{-1}{\tau},\tfrac{z}{\tau}) + h_1(\tfrac{-1}{\tau})\Theta_1(\tfrac{-1}{\tau},\tfrac{z}{\tau})$$

$$= \tau^k e^{\frac{2\pi i z^2}{\tau}} \Big(h_0(\tau)\Theta_0(\tau,z) + h_1(\tau)\Theta_1(\tau,z)\Big);$$

d'autre part, on obtient aisément à l'aide de la formule de sommation de Poisson les identités

$$\Theta_0(\tfrac{-1}{\tau},\tfrac{z}{\tau}) = \sqrt{\tfrac{\tau}{2i}}\, e^{2\pi i z^2/\tau} \Big(\Theta_0(\tau,z) + \Theta_1(\tau,z)\Big),$$

$$\Theta_1(\tfrac{-1}{\tau},\tfrac{z}{\tau}) = \sqrt{\tfrac{\tau}{2i}}\, e^{2\pi i z^2/\tau} \Big(\Theta_0(\tau,z) - \Theta_1(\tau,z)\Big).$$

Les fonctions Θ_0 et Θ_1 étant linéairement indépendantes (l'une est une fonction paire, l'autre une fonction impaire de ζ), ceci implique

$$\begin{aligned} h_0(-1/\tau) &= \frac{1+i}{2}\, \tau^{k-1/2}\Big(h_0(\tau) + h_1(\tau)\Big), \\ h_1(-1/\tau) &= \frac{1+i}{2}\, \tau^{k-1/2}\Big(h_0(\tau) - h_1(\tau)\Big). \end{aligned} \tag{25}$$

D'autre part on a évidemment $h_0(\tau+1) = h_0(\tau)$, $h_1(\tau+1) = -i\, h_1(\tau)$
On en déduit pour la fonction $h\ (\tau) = h_0(4\tau) + h_1(4\tau)$:

$$h(\tau+1) = h(\tau),$$

$$h(\frac{\tau}{4\tau+1}) = h_0(\frac{-1}{4\tau+1}) - i\ h_1(\frac{-1}{4\tau+1})$$

$$= \frac{1+i}{2}(4\tau+1)^{k-1/2}\Big((1-i)h_0(4\tau+1)+(1\tau+i)h_1(4\tau+1)\Big)$$

$$= (4\tau+1)^{k-1/2}h(\tau)$$

Le groupe (libre) $\Gamma_0(4)$ étant engendré par les matrices $\begin{pmatrix}1&1\\0&1\end{pmatrix}$ et $\begin{pmatrix}1&0\\4&1\end{pmatrix}$, il en suit que la fonction h est une forme modulaire de poids k-1/2 par rapport à ce groupe; elle a en plus un développement de Fourier de la forme (14) avec

$$c(n) = \begin{cases} c_0(n/4) & \text{si } n \equiv 0 \pmod 4 \\ c_1((n+1)/4) & \text{si } n \equiv 3 \pmod 4 \\ 0 & \text{autrement} \end{cases}, \tag{26}$$

donc $h \in M^+_{k-1/2}$. Le théorème 3 est démontré.

Avec c(n) donné par (26), l'identité (23) devient simplement $A(n,r,1) = c(4n-r^2)$; elle exprime le fait que le coefficient A(Q) en (7) pour une forme Q qui représente 1 ne dépend que du discriminant de Q, ce qui est d'ailleurs clair puisque deux telles formes du même discriminant sont toujours équivalentes. Pour la même raison on a $A(1,r,m) = c(4m-r^2)$. Pour F dans l'espace de Maass les équations (12) deviennent donc

$$A(n,r,m) = \sum_{d|(n,r,m)} d^{k-1} c(\frac{4nm-r^2}{d^2}) \tag{27}$$

ce qui est équivalent à (17). Ceci montre que l'application de $M^*_k(\Gamma_2)$ en $M^+_{k-1/2}$ donnée par le Théorème 3 est bien celle du Théorème 2. L'injectivité de cette application est claire, car (27) définit tous les coefficients de F à partir de ceux de h. Pour démontrer la surjectivité, il faut montrer que pour $\sum c(n)q^n \in M^+_{k-1/2}$ la fonction F définie par (27) et (7) est une forme modulaire de Siegel (qu'elle appartient à l'espace de Maass est alors évident). On se contentera d'en esquisser la démonstration, que l'on peut trouver dans Maass [13].

Soit donc $h \in M^+_{k-\frac{1}{2}}$ comme en (14) et F la fonction donnée par (27) et (7). Il suffit de démontrer que F satisfait à l'équation (19a). En effet, l'égalité de A(n,r,m) et A(m,r,n) entraîne alors que F satisfait à la même équation avec les rôles de τ et τ' échangés, et la forme du développement de Fourier implique que F est périodique de période 1 par rapport à toutes les trois variables et satisfait à (19b); les transformations correspondantes engendrent le groupe de Siegel. Nous devons donc vérifier que les fonctions ϕ_m définies par (20) (ou (22)) satisfont à l'équation (21a). Cela se fait pour m=1 en faisant les mêmes calculs que dans la démonstration du Théorème 3 mais dans le sens contraire: on vérifie que les fonctions $h_0(\tau) = \sum c(4n)q^n$ et $h_1(\tau) = \sum c(4n-1)q^{n-1/4}$ satisfont a (25) et par conséquence que la fonction ϕ_1 donnée par (24) satisfait à (21a) pour $\binom{a\ b}{c\ d} = \binom{0\ -1}{1\ \ 0}$, donc pour tout $\binom{a\ b}{c\ d} \in \Gamma$. En écrivant les développements de Fourier de ϕ_1 et ϕ_m on s'aperçoit que la fonction $\phi_m(\tau,0)$ est l'image de la fonction $\phi_1(\tau,0) \in M_k$ par l'opérateur de Hecke T_m ordinaire. Il est donc naturel d'essayer de définir un opérateur de Hecke pour les formes de Jacobi et de l'utiliser pour déduire des propriétés connues de ϕ_1 celles de ϕ_m. En effet, cela est possible: si l'on pose

$$T_m\phi_1(\tau,z) = m^{k-1} \sum_{\binom{a\ b}{c\ d}} (c\tau+d)^{-k} e^{-\frac{2\pi imcz^2}{c\tau+d}} \phi_1\left(\frac{a\tau+b}{c\tau+d}, \frac{m\,z}{c\tau+d}\right)$$

où la sommation porte comme d'habitude sur un système de représentants pour les matrices $\binom{a\ b}{c\ d} \in M_2(\mathbb{Z})$ de déterminant m modulo multiplication à gauche par des éléments de $SL_2(\mathbb{Z})$, alors on vérifie facilement que $T_m\phi_1$ est bien définie (c'est-à-dire indépendante du choix des représentants), qu'elle est une forme de Jacobi de poids k et indice m, et (en choisissant les $\binom{a\ b}{c\ d}$ triangulaires) qu'elle a le même développement de Fourier que ϕ_m. La fonction ϕ_m satisfait donc à (21a) pour tout $m\geq 1$. Enfin, pour m=0 on trouve

$$A(n,r,0) = \begin{cases} 0 & \text{si } r<0, \\ \sigma_{k-1}(n)\ c(0) & \text{si } r=0,\ n>0, \\ \frac{1}{2}\zeta(1-k)\ c(0) & \text{si } r=n=0, \end{cases}$$

où $\sigma_{k-1}(n)$ désigne comme d'habitude la somme des (k-1)-ièmes puissances des diviseurs positifs de n. On a donc $\phi_0(\tau,z) = c(0)\ G_k(\tau)$ (indépendant de z), où $G_k = \frac{1}{2}\zeta(1-k)+\sum_{n>0}\sigma_{k-1}(n)q^n$ est la série d'Eisenstein en M_k, et (21a) est satisfait pour m=0 aussi. Cela termine la démonstration du Théorème 2.

Il reste à établir le Théorème 1. Les implications i)⇒ii)⇒iii) sont triviales. Soit donc F une forme de Siegel ayant la propriété iii), donc telle que $A(Q) = c(d(Q))$ pour toute Q primitive et des certains coefficients c(n), $n\equiv 0$ ou 3 (mod 4). Le Théorème 3 implique que ces coefficients sont les coefficients de Fourier d'une certaine forme $h\in M^+_{k-1/2}$, et en soustrayant de F la forme en $M_k(\Gamma_2)$ associée à h par le Théorème 2, on peut se ramener au cas c(n)=0. L'énoncé qu'il nous faut démontrer est donc: si F est une forme modulaire par rapport à Γ_2 dont les coefficients de Fourier A(Q) s'annullent pour toute forme Q primitive, alors $F\equiv 0$. Pour le voir, soit m le plus petit entier tel que $\phi_m\neq 0$ et j le plus petit entier tel que $\phi_m^j(\tau)= \frac{\partial^j}{\partial z^j}\ \phi_m(\tau,z)|_{z=0} \not\equiv 0$. Alors ϕ_m^j est une forme modulaire (même parabolique si j>0) de poids m + 2j sur $SL_2\mathbb{Z}$, et l'hypothèse faite sur F entraîne que m>1 et que le n-ième coefficient de Fourier de ϕ_m^j est nul pour tout n avec (n,m) = 1; il est bien connu qu'une telle forme n'existe pas.

§4. Compléments.

1. Séries d'Eisenstein

Le groupe $\Gamma_0(4)$ ayant deux pointes régulières, il y a deux séries d'Eisenstein de poids k-1/2 pour ce groupe, mais une seule (à une constante près) qui appartient à $M^+_{k-1/2}$; c'est la forme $\mathcal{H}_{k-1}$ introduite par Cohen [3]. Son développement de Fourier, donné par Cohen, se déduit de l'énoncé du théorème de Kohnen donné au §2, car, pour chaque discriminant D d'un corps quadratique imaginaire, $S^+_{D}(\mathcal{H}_{k-1})$ doit être multiple de la série d'Eisenstein $G_{2k-2} = \frac{1}{2}\zeta(3-2k) + \sum\sigma_{2k-3}(n) \in M_{2k-2}$, ce qui entraîne (d'après (16))

$$\mathcal{H}_{k-1}(\tau) = \sum_{N=0}^{\infty} H(k-1,N)\, q^N$$

avec

$$\sum_{d|n} \left(\frac{D}{d}\right) d^{k-2} H\left(k-1,\frac{n^2}{d^2}|D|\right) = \frac{H(k-1,0)}{\zeta(3-2k)} L_D(2-k)\sigma_{2k-3}(n),$$

donc (avec une normalisation convenable)

$$H(k-1,N) = \begin{cases} \zeta(3-2k) & \text{si } N=0, \\ 0 & \text{si } N\equiv 1,2 \pmod 4, \\ L_D(2-k)\sum_{d|n} \mu(d)\left(\frac{D}{d}\right) d^{k-2}\sigma_{2k-3}\left(\frac{n}{d}\right) & \text{si } N=|D|n^2>0. \end{cases}$$

Or, à une constante multiplicative près, la forme $F \in M^*_k(\Gamma_2)$ qui correspond à $\mathcal{H}_{k-1}$ sous l'isomorphisme du Théorème 2 est forcément la série d'Eisenstein

$$G^{(2)}_k(Z) = \sum_{\{C,D\}} \det(CZ+D)^{-k} \qquad (Z \in H_2)$$

(sommation sur un système de paires de matrices non-associées, symétriques et sans facteur commun $C,D \in M_2(\mathbb{Z})$), car c'est la seule forme propre non parabolique en $M_k(\Gamma_2)$. Les coefficients de F sont donnés d'après le Théorème 2 par

$$A(0) = \frac{1}{2}\zeta(1-k)\; H(k-1,0) = \frac{1}{2}\zeta(1-k)\; \zeta(3-2k),$$

$$A(Q) = \sum_{d|e(Q)} d^{k-1}H(k-1,d(Q)/d^2) \qquad (Q \geq 0,\ Q \neq 0);$$

le terme constant de $G_k^{(2)}$ étant 1, son coefficient Q-ième doit être $A(O)^{-1}A(Q)$. On retrouve alors le développement de Fourier obtenu (avec des calculs bien plus compliqués) par Maass ([9], correction en [10]).

2. Formes de Jacobi. Formule de trace

Désignons par $J_{k,m}(k,m\in\mathbb{N})$ l'espace des formes de Jacobi de poids k et indice m au sens du §3. Le contenu essentiel de ce papier était la construction de deux isomorphismes canoniques et commutant aux opérateurs de Hecke

$$M_k^*(\Gamma_2) \xrightarrow{\sim} J_{k,1} \xleftarrow{\sim} M_{k-1/2}^+,$$

le premier étant la restriction à l'espace de Maass de l'application $M_k(\Gamma_2) \to J_{k,1}$ qui envoie une forme de Siegel à son premier coefficient de Fourier-Jacobi, le deuxième l'application qui envoie $\sum c(n)\, q^n$ sur $\sum_{n\equiv -r^2 (4)} c(n)\, q^{(n+r^2)/4}\zeta^r$. Une fois ceci établi, la conjecture de Saito-Kurokawa sur la correspondance entre $M_k^*(\Gamma_2)$ et M_{2k-2} suivait immédiatement des résultats de Kohnen sur la correspondance entre $M_{k-1/2}^+$ et M_{2k-2}. Or, ceux-ci sont basés sur une formule de trace pour les opérateurs de Hecke en poids demi-entier due à Niwa [16]. On peut donc demander s'il est possible de démontrer directement la correspondance $J_{k,1} \leftrightarrow M_{2k-2}$ par moyen d'une formule de trace, sans passer par les formes de poids demi-entier, et retrouver ainsi la conjecture de Saito-Kurokawa. Cela s'avère praticable: par une formule analogue à (15) on peut définir pour chaque premier p un opérateur de Hecke sur $J_{k,m}$ (à ne pas confondre avec l'opérateur $T_m: J_{k,1}\to J_{k,m}$ utilisé au §3) et en calculer la trace au moyen d'une fonction noyau comme dans le cas des formes modulaires ordinaires, et le résultat que l'on trouve pour m=1 est identique avec la formule d'Eichler-Selberg pour $Tr(T(p), M_{2k-2})$. Les calculs, qui seront décrits en [5], sont un peu étranges: par exemple, parmi les nombres de classes qui interviennent comme contributions "elliptiques" dans le cas classique, tous apparaissent ici de la même façon sauf un seul, qui se retrouve maintenant parmi les termes paraboliques et se présente là sous la forme d'une série infinie représentant la valeur à s=1 d'une série L. Il serait intéressant d'interpréter les résultats que l'on trouve pour les traces des opérateurs de Hecke agissant sur $J_{k,m}$, m>1.

3. Représentation de Weil

La représentation de Weil fournit un outil pour construire des correspondances entre des espaces de formes modulaires à partir des séries thêtas. La théorie générale en a été développée par Rallis et Schiffmann (voir e.g. [18]), le cas spécial des séries thêtas associées à des formes quadratiques indéfinies de signature (2,n-2) ayant été étudié auparavant par Oda [17]. Dans ce cas, on obtient une correspondance entre des formes modulaires ordinaires (de poids entier ou demi-entier, selon que n est pair ou impair) et des formes sur SO(2,n-2). Les cas $SO(2,1) \sim SL_2(\mathbb{R})$ et $SO(2,2) \sim SL_2(\mathbb{R}) \times SL_2(\mathbb{R})$ correspondent aux résultats de Shintani et Niwa sur la correspondance de Shimura et à ceux de l'auteur [22] sur le relèvement de Doi-Naganuma. Les cas $SO(2,3) \sim Sp_4(\mathbb{R})$ qui nous intéresse ici a été étudié le premier par Kudla [7] dans un papier qui est resté inédit puisqu'il était supplanté par les résultats plus généraux de Oda et de Rallis-Schiffmann (où ce cas particulier n'est cependant pas discuté explicitement, de façon qu'il est assez difficile de traduire leurs résultats en le langage des formes de Siegel). Quitte à vérifier des détails concernant les choix des réseaux et caractères, le niveau des formes obtenues, etc., la situation comme me l'a expliquée Kudla est comme suit:

D'après le résultat principal de [7], la fonction $\Omega(Z,\tau^*)$ définie par

$$\Omega(Z,\tau^*) = \sum_{N>0} N^{3/2-k}\omega_N(Z)e^{2\pi i N\tau^*} \quad (Z=\begin{pmatrix}\tau & z\\ z & \tau'\end{pmatrix}\in H_2, \tau^*\in H),$$

où

$$\omega_N(Z) = \sum_{\substack{(p,n,r,m,q)\in\mathbb{Z}^5\\ 4nm-r^2-4pq=N}} (p(\tau\tau'-z^2) + n\tau+rz+m\tau'+q)^{-k}$$

est pour k pair et ≥ 8 une forme modulaire sur Γ_2 de poids k par rapport à Z et une forme modulaire sur $\Gamma_0(4)$ de poids k-1/2 par rapport à τ^*. (La fonction Ω apparaît comme projection holomorphe de la série thêta attachée par la théorie de Weil à l'espace quadratique $(\mathbb{R}^5, 4nm-r^2-4pq)$.) On obtient donc par produit scalaire

$$h(\tau) \to F_h(Z) = \langle h,\Omega\rangle = \int_{H/\Gamma_0(4)} h(u+iv)\,\Omega(Z,u-iv)\,v^{k-\frac{1}{2}}\,\frac{du\,dv}{v^2}$$

une application $S^+_{k-1/2} \to S_k(\Gamma_2)$. Le Théorème 2.3 de [18], qui est une généralisation du résultat principal de [22], doit donner dans notre cas l'identité

$$\Omega(Z,\tau^*) = (\text{const.}) \sum_{N>0} \omega^0_N(Z)\; P_N(\tau^*),$$

où $P_N(\tau^*)$ est la N-ième série de Poincaré en $S^+_{k-1/2}$ (caractérisée par $\langle h,P_N\rangle = c(N)$ pour $h = \sum c(n)q^n \in S^+_{k-1/2}$) et ω^0_N est la somme des termes avec p=0 dans la série qui définit ω_N. On a donc

$$h(\tau) = \sum_n c(n)q^n \longrightarrow F_h(Z) = (\text{const.}) \sum_N c(n)\;\omega^0_N(Z)$$

La formule de Lipschitz

$$\sum_{q\in\mathbb{Z}} (z+q)^{-k} = (\text{const.}) \sum_{d=1}^{\infty} d^{k-1}\, e^{\pm 2\pi i dz} \qquad (\pm z\in H)$$

donne alors

$$F_h(Z) = (\text{const}) \sum_{d=1}^{\infty} \sum_{\substack{n,r,m\in\mathbb{Z} \\ n,m\geq 0}} d^{k-1} c(4nm-r^2) e^{2\pi i d(n\tau+rz+m\tau')}.$$

C'est la formule du Théorème 2.

Bibliographie

[1] Andrianov, A. N.: Euler products corresponding to Siegel modular forms of genus 2 (en russe). Uspekhi Mat. Nauk 29 (1974) 43-110; trad. angl. en Russian Math. Surveys 29 (1974) 45-116.

[2] _____: Modular descent and the Saito-Kurokawa conjecture. Invent. math. 53 (1979) 267-280.

[3] Cohen, H.: Sums involving the values at negative integers of L-functions of quadratic characters. Math. Ann. 217 (1975) 171-185.

[4] Evdokimov, S. A.: Une caractérisation de l'espace de Maass de formes paraboliques modulaires de Siegel de genre 2 (en russe). Mat. Sbornik (154) 112 (1980) 133-142.

[5] Eichler, M. et Zagier, D.: Jacobi forms (en préparation).

[6] Kohnen, W.: Modular forms of half-integral weight on $\Gamma_0(4)$. Math. Ann. 248 (1980) 249-266.

[7] Kudla, S.: On modular forms of $\frac{1}{2}$- integral weight and Siegel modular forms of genus 2. Maryland 1977 (inédit)

[8] Kurokawa, N.: Examples of eigenvalues of Hecke operators on Siegel cusp forms of degree two. Invent. Math. 49 (1978) 149-165.

[9] Maass, H.: Die Fourierkoeffizienten der Eisensteinreihen zweiten Grades. Mat. Fys. Medd. Dan. Vid. Selsk. 34 (1964) 1-25.

[10] _____: Über die Fourierkoeffizienten der Eisensteinreihen zweiten Grades. Mat. Fys. Medd. Dan. Vid. Selsk. 38 (1972) 1-13.

[11] _____: Lineare Relationen für die Fourierkoeffizienten einiger Modulformen zweiten Grades. Math. Ann. 232 (1978) 163-175.

[12] _____: Über eine Spezialschar von Modulformen zweiten Grades. Invent. math. 52 (1979) 95-104.

[13] ______: _____, II. Invent. math. 53 (1979) 249-253.

[14] ______: _____, III. Invent. math. 53 (1979) 255-265.

[15] Niwa, S.: Modular forms of half-integral weight and the integral of certain theta-functions. Nagoya Math. J. 56 (1974) 147-161.

[16] _____: On Shimura's trace formula. Nagoya Math. J. 66 (1977) 183-202.

[17] Oda, T.: On modular forms associated with indefinite quadratic forms of signature (2,n-2). Math. Ann. 231 (1977) 97-144.

[18] Rallis, S. et Schiffmann, G.: On a relation between $\tilde{SL}_2$ cusp forms and cusp forms on tube domains associated to orthogonal groups, à paraître en Trans. A.M.S.

[19] Resnikoff, H. L. et Saldaña, R. L.: Some properties of Fourier coefficients of Eisenstein series of degree two. J. f. d. reine u. angew. Math. 265 (1974) 90-109.

[20] Saldaña, R. L.: The Fourier coefficients of Siegel modular forms of degree two. Master's thesis, Rice Univ., 1971.

[21] Shimura, G.: On modular forms of half-integral weight. Ann. of Math. 97 (1973) 440-481.

[22] Zagier, D.: Modular forms associated to real quadratic fields. Invent. math. 30 (1975) 1-46.